国家艺术基金资助项目

文化大数据发展政策

孙一钢　主编

国家图书馆出版社

图书在版编目（CIP）数据

文化大数据发展政策 / 孙一钢主编 . — 北京 : 国家图书馆出版社，2020.12

ISBN 978-7-5013-6943-0

Ⅰ.①文… Ⅱ.①孙… Ⅲ.①文化产业－产业政策－研究－中国 Ⅳ.①G124

中国版本图书馆 CIP 数据核字（2020）第 018000 号

书　　名　**文化大数据发展政策**
著　　者　孙一钢 主编
责任编辑　邓咏秋
编辑助理　张晴池
封面设计　耕者设计工作室

出版发行　国家图书馆出版社（北京市西城区文津街 7 号　100034）
（原书目文献出版社　北京图书馆出版社）
010-66114536　63802249　nlcpress@nlc.cn（邮购）
网　　址　http://www.nlcpress.com
排　　版　北京旅教文化传播有限公司
印　　装　河北鲁汇荣彩印刷有限公司
版次印次　2020 年 12 月第 1 版　2020 年 12 月第 1 次印刷

开　　本　787mm×1092mm　1/16
印　　张　15.75
字　　数　250 千字
书　　号　ISBN 978-7-5013-6943-0
定　　价　85.00 元

编委会

主　编　孙一钢

副主编　薛　雪

编　委　申晓娟　李春明　杜红卫　薛尧予　敦文杰
温　泉　李晓鸣　任思琪　郑云霞　王春伟
赵丹阳　李晓彤　廖　迅　齐悦一

目　录

1 绪论

1.1 选题背景

“伴随着数字全球化及人工智能时代的到来，互联网已成为人类社会不可或缺的有机组成部分，正深刻影响甚至改变着人们的生产生活格局与方式。”[①] 依托于互联网发展的大数据、云计算、人工智能等前沿技术，也已经成功渗透至经济社会生活的各方面，成为经济发展的助推器与强心剂[②]。尤其是其中的大数据，已经从一种商业核心技术变为国家战略与发展布局的重要一环。大数据作为一种发现新知识、创造新价值、提升新能力的新一代信息技术和服务业态[③]，在生产与生活的各个领域与产业中得到快速发展。2015 年 8 月国务院发布的《促进大数据发展行动纲要》，成为近几年来各领域大数据飞速发展的纲领性文件，不仅促进了经济、交通、医疗、通信、农业、水利等领域的大数据应用发展，也成为大数据与社会治理相融合的重要依凭。

本书所做的文化大数据发展政策研究，旨在通过研究文化大数据开放共享机制、文化大数据技术扶持政策、文化大数据法规制度建设、文化大数据人才培养策略等内容，为从大数据视角研究文化发展问题提供政策支持与法律保护，为大数据与文化产业治理相结合提供理论，规范行业发展，推动“大数据—大文化”[④] 的新时代文化产业跨越发展。

---

①② 陈兵. 大数据的竞争法属性及规制意义[J]. 法学，2015（8）：107.

③ 国务院关于印发促进大数据发展行动纲要的通知[EB/OL]. [2018-11-01]. http://www. gov. cn/zhengce/content/2015-09/05/content_10137. htm.

④ 苏丹丹. 把握大数据机遇，推动文化产业跨越式发展[N]. 中国文化报，2013-11-08（6）.

⑤ 张海波. 大数据驱动社会治理[J]. 经济社会体制比较，2017（3）：64.

1.2 研究意义

“大数据被认为是生产力的‘第四次产业革命’和科学研究的‘第四范式’，也是当前社会科学的前沿议题。”⑤“大数据”不仅成为一个热门概念和热点话题，引发了各行各业言必称“大数据”的现象，更在国民经济重要产业与重点行业中发挥着重要作用。可以说，大数据从最初的技术手段，开始变为国家战略层面的技术资源，也同时成为开启行业发展另一维度的敲门砖。

文化大数据作为大数据研究领域中的重要分支，是大数据映射在社会公共治理中的重要体现。根据《国务院关于印发促进大数据发展行动纲要的通知》文件精神，文化领域要加快促进文化大数据的发展，充分利用文化大数据的资源与技术优势，为国家文化创新产业的大力发展，为大众创业、万众创新的新形势提供资源与技术的支撑，使文化大数据成为振兴中华文化、推动中华文化走向世界的重要力量[①]。该通知不仅提出了纲领性的发展策略，也在推动大数据应用的政策机制上指明了方向，从完善组织实施机制、加快法规制度建设、健全市场发展机制、建立标准规范体系、加大财政金融支持、加强专业人才培养、促进国际交流合作等 7 个方面，对大数据的行业发展进行全面指导。在技术发展与政策支持的大环境下，厘清文化大数据发展的背景环境与重要意义，成为开展本书研究的基础性问题。

本书中的文化大数据主要指在公共文化服务领域涉及文化资源、用户数据、业务数据、系统数据、服务数据以及在业务开展过程中所产生和关联的所有类型数据。随着我国公共文化事业的发展，文化大数据也呈现出海量、离散、类型多样、价值含量高等特征，对文化大数据的有效利用有助于公益文化事业的创新与转型，推动优秀传统文化更好地传承与传播，有利于提高业务效率，促进社会进步与发展。

经过近些年的研究，全国文化机构已经初步在应用规划研究、实施标准建设、大数据体系架构等方面开始了有益的尝试与运用，并在技术基础得以完善的基础上，提出了开展文化大数据发展政策研究的导向性意见。本书是以现有的文化大数据领域技术课题研究为基础进行的政策研究，希望能促进大数据驱动的文化治理真正“落地”。

---

① 孙一钢. 文化大数据应用规划[M]. 北京：国家图书馆出版社，2017：1.

1.2.1 理论意义

文化领域的供给与需求变化虽然与经济等领域相比较为滞后，但随着人们阅读能力、文化水平的提高及知识结构、外在环境的变化，对于文化领域提供的文化知识、文化信息、文化素材、文化产品，受众提出了更高的要求。

“供给”与“需求”的概念本身并不令人陌生，近些年来提出的“供给侧结构性改革”虽然是一个新鲜词汇，但也无法脱离对于市场需求分析的客观要求。从供给侧结构性改革的角度看，文化产业供给侧的着力点是文化产业发展方式的优化配置和行进序列的创新升级[①]，而文化产业需求侧的着力点，则是在市场投资、消费、出口等结构性活动的基础上进行分析，并对供给侧措施提供指导性建议。供给侧与需求侧不仅是相互依存、互为条件的对立统一关系，更是明确行业发展现状、提供行业发展方向的晴雨表。文化产业的发展既要考虑其“文化属性”，又要兼顾“社会属性”；既要明确“社会效益”，又要不忘“经济效益”。在国家文化方针、政策的指导之下，适时引入大数据、云服务等先进科技进行优化改造，建立完备的文化产业发展生态环境。

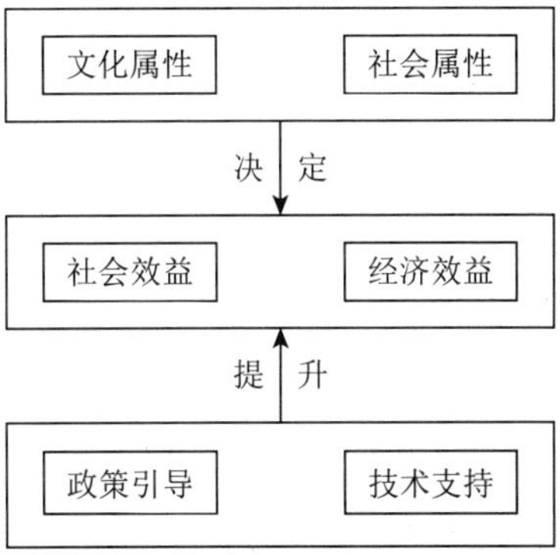

图 1–1 文化产业发展生态图

近十年来，文化产业需求与供给产生了深刻的变化。文化产出由原来的较为完整的文化知识输出变为适应碎片化、移动化的新需求的方式，知识查询由原来的数据查询、知识点查询、文字查询变为了提供综合数据、深度内容的综合调研报告，阅读由原来的纸媒阅读变为更多依赖手机 APP 等移动终端的阅读。文化产业的发展也伴随着国际、国内大环境的变化而变化：“从国内经济动能的交替看，互联网 +‘双创’与‘中国制造

① 齐冀. 供给侧与需求侧协同视角下的文化产业发展研究[J]. 深圳大学学报（人文社会科学版），2016（33）:35.

2025’引领下的文化产业深度融合与迭代创新日趋成为文化产业发展的核心动力。”① 文化产业一方面面临原有纸质图书产能过剩的情况，一方面又面临由于文化输出缺位，高品质、高质量、高科技产品需求增加而生产能力不足的状况②。高质量文化产品的缺失，必然带来民众对于文化知识的渴望与文化领域发展不平衡不充分现状之间的矛盾。第十四次全国国民阅读调查报告显示，2016 年我国人均阅读量为 7.86 本图书③，而 2018 年 4 月发布的第十五次全国国民阅读调查报告则表明，2017 年我国成年国民人均纸质图书阅读量为 4.66 本④，同比下降 41%，2016 年，数字化阅读方式接触率为 68.2%，比 2015 年的 64% 上升了 4.2 个百分点；而 2017 年，数字化阅读方式接触率为 73.0%，较 2016 年的 68.2% 上升了 4.8 个百分点。可以看出，网络化、数字化、移动化阅读方式的兴起对原有的图书、报纸阅读产生了一定的冲击，也反映了当下“短时间、高效率”的阅读需求。生活节奏的加快、工作任务的增多、单位时间饱和度的提升，都使得以“缩短时间、提升效率、单位输出最大化”为原则的数字化阅读方兴未艾，也促进了手机阅读 APP，Kindle、掌阅等数字图书阅读器，微信公众号，网络写手等一系列产品（职业）的发展。

可见，需求犹如行业发展的助推剂，在政策导向与行业现状之间，以平衡二者的姿态始终发挥着作用。阅读市场的变化是文化环境变化的体现与缩影，从中我们不难想到，文化市场需求对文化产业的发展也会产生深远影响。因此，了解市场需求、从需求角度解读文化大数据的发展应用，存在一定的必要性与合理性。需求侧的大数据应用现状成为文化大数据发展政策研究的重要实践背景。

1.2.2 文化意义

（1）有助于建立文化大数据发展政策法规研究体系

政策法规研究体系的建立，不仅能够在理论上搭建文化大数据发展政策研究脉络，更能够为文化大数据政策研究提供方向。当前我国文化大数据发展政策研究，无论从研究数量，还是研究质量上来讲，都处于研究的初期。这一方面与文化大数据领域建设仍

---

①② 齐冀. 供给侧与需求侧协同视角下的文化产业发展研究[J]. 深圳大学学报（人文社会科学版），2016（33）:35.

③ 第十四次全国国民阅读调查报告:2016年人均阅读7. 86本[EB/OL]. [2018-11-01]. http://www.199it. com/archives/583748. html.

④ 第十五次全国国民阅读调查报告发布[EB/OL]. [2018-11-01]. http://book. sina. com. cn/news/whxw/2018-04-18/doc-ifzihnep4386289. shtml.

处于初始阶段密切相关，另一方面也与文化领域始终没有出台一份纲领性的发展文件相关。当前的研究多是各自为政，往往从文化大数据浩瀚海洋的细微处出发，较为零散。文化大数据发展政策体系的建构，能够从一定程度上为领域内的研究指明方向，从而促进文化大数据领域的政策研究加速发展。

大数据的发展离不开法律规制。文化大数据作为大数据应用中的重要一环，由于其应用主体、应用客体、实施环境的特殊性，文化大数据中的法律问题稍显特殊。既有与其他大数据领域中一样存在的共同性法制缺口，也有其自身文化属性造成的特殊问题。建立文化大数据发展法制研究框架，有利于为该领域的学术研究提供切入点，为健全文化大数据领域法律制度与法规政策提供支持。

（2）辅助制定文化大数据应用规划

文化大数据应用规划是在文化大数据领域实施战略构建的重要研究内容。文化大数据政策理论研究是其中的保障性研究项目，根本目的是让文化大数据领域的基础建设更为完备与健康有序。技术发展方向、技术规制标准、技术安全保障等政策研究，可以在一定限度上成为文化大数据研究的后盾支撑，也是文化大数据科学化、健康化发展的有力保障。

文化大数据发展政策研究，实际上是为文化行业的大数据采集、提取、整合、应用提供安全保障。当前，我国文化领域大数据研究尚处于初期，政策研究与技术研究的双管齐下、协同发展，是当前文化大数据研究的有利方式。本书中的技术扶持政策研究、共享政策研究、法律规制研究、人才建设研究等内容，在一定限度上对当下基于数据驱动的公共文化建设起到了促进作用。

（3）有助于推进公共文化事业和满足用户需求

信息技术的发展与应用带来文化服务变革的日渐深入，公共文化服务不仅面临着人员素质、技术能力、场所环境等各方面问题，还需应对需求变化、产业发展等情况。文化大数据发展政策研究，可以在一定程度上提升文化主体应对风险能力，提升公共文化服务机构的服务效能，进而促进服务对象满意度的提升。

数据作为提升行业发展的技术手段，在文化领域中的应用已日趋重要。也正是在技术领域初露锋芒的前提下，大数据以独立的身份出现在社会治理的视野内。随着文化信息从“供给侧”向“需求侧”转变，文化大数据的联通、融合成为趋势。为了向服务对象提供更完善、更符合用户需求的公共文化信息，我们将大数据与文化发展相结合，又对数字资源进行整合，以期实现文化大数据的联通、融合与发展。文化大数据与传统的文献资源数字化不同，它强调对于网络知识的抓取和分析，以形成在数字化资源基础之上的、信息价值更高的数据集合。本书的研究，可以在一定程度上促进文化领域机构之间的数据共享和开放，推动行业向“大数据—大文化”的发展目标迈进。

1.2.3 社会意义

我们对大数据本身进行文化解构，可以将其划分为大数据制度层文化、大数据物质层文化、大数据精神层文化、大数据行为层文化[①]。

第一，大数据具有制度层文化的结构。制度层文化为其他几个层次提供制度保障，这种制度保障，我们可以理解为大数据作为一种技术手段和社会现象，本身所具有的文化特征。这种文化特征在大数据成为国家层面的战略规划与核心竞争力后体现得更为明显：无论是应用于国家发展战略的大数据宏观政策，还是应用于具体产业领域的大数据技术渗透，大数据制度文化都指向了一种制度规范，这种制度规范由有权主体制定，并在一定范围内发挥规制作用，使得大数据的制度层文化特征得以显现。大数据作为一种技术手段（或思维模式、发展战略、行动规划）作用于文化产业当中，其制度层文化建构正是我们本次发展政策研究的理论依据，也是本书研究的背景支撑。

第二，大数据具有物质层文化的结构。物质层文化结构实际上是指大数据技术在各个产业领域应用的具体表现。比如文化大数据领域中，图书馆 OPAC 系统的联通即为大数据的物质表现形式之一，云计算、物联网等都是大数据技术的物质展映形式。大数据的物质层文化机构是大数据发展政策研究的前提基础与发展基石。正是大数据视阈下的文化产业发展出现了资源整合建设、标准化建设、共享与开放建设等具体应用问题，才使得发展政策研究呼之欲出。

第三，大数据具有精神层文化的结构。所谓大数据精神层文化，指的是大数据规制主体、应用主体、开发主体在意识形态上形成的对大数据的总体认识。大数据的精神层文化架构，体现了政策发展研究的核心要义：通过对大数据观念的集合分析，形成有关大数据认识的共同纲领性文件。这种纲领性文件有可能是行动纲要，也有可能是某一具体大数据技术领域发展白皮书，或是我们一直期盼出台的大数据应用规划法律等。不难看出，精神层文化特征不仅是大数据发展的思想结晶，也反过来作用于大数据自身，推动其继续发展。

---

① 陈德权，林海波. 大数据的文化结构与演进路径研究[J]. 电子政务，2016（12）：65-66.

第四，大数据具有行为层文化的结构。“大数据行为层文化具有诸如差异性、专业性和规范性等特征，社会人群行为特点将成为划分社会层级的重要标志之一。”① 实际上，这种行为层的文化结构正反映出大数据的普适性价值特征，即各领域、行业、阶层都可以轻松踏入大数据的应用范畴并获取大数据带来的信息利益。正是由于大数据应用主体的广泛性，各方主体在应用大数据技术的过程中会产生一定的矛盾冲突，并在追求利益最大化的前提下，破坏原有政策。因此，大数据行为层文化结构为我们提供了政策研究与法制介入的切口，使得大数据本身的“利益属性”能够得到规制、引导。

从上述分析中不难看出，大数据的文化解构为我们提供了社会治理领域中看待文化大数据的独特视角，它指出了大数据本身发展所带来的政策缺口与规制需求。大数据的文化解构研究成为文化大数据发展政策研究的重要理论背景。

1.3 研究目的与研究内容

1.3.1 研究目的

本书所研究的文化大数据，特指我国公共文化领域中涉及文化资源的创建、传播、服务、消费等方面的数据。促进我国文化大数据发展，政府需要从政策角度进行预先的把握和调控。本书从政府的角度出发，研究如何推动文化大数据的开放共享、如何建立文化大数据产业体系、如何加强文化大数据核心技术发展、如何建设和完善文化大数据相关法律法规、如何确定文化大数据财政金融支持模式、如何推进文化大数据人才培养建设，为文化大数据的发展提供理论支持和政策依据。

文化大数据发展政策研究，是在前期文化大数据应用规划研究的基础上开展的上层建筑研究。应用规划研究通过对国内外文化大数据建设与应用现状的详细调研，梳理我国公共文化领域大数据资源体系，掌握并分析我国文化大数据的目录体系、行业标准规范、数据应用与服务现状，结合我国文化发展方向，制定我国文化大数据应用与服务战略，对文化大数据的建设、整合、开放、共享、应用与服务进行研究，并对涉及的标准规范、技术平台及人才培养等方面作出规划。

① 陈德权，林海波. 大数据的文化结构与演进路径研究[J]. 电子政务，2016(12)：65-66.

詹姆斯·安德森指出，政策是一个有目的的活动过程，而这些活动是由一个或一批行动者为处理某一问题或有关事务而采取的[①]。《辞海》的解释是：国家、政党为实现一定历史时期的路线和任务而规定的行动准则即为政策。陈彬指出，政策是国家政权机关、政党组织和其他社会政治集团为了实现自己所代表的阶级、阶层的利益和意志，以权威形式标准化地规定在一定历史时期应该达到的奋斗目标、遵循的行动原则、完成的明确任务、实行的工作方式、采取的一般步骤和工作措施[②]。结合文化大数据特点，本书着重在以下两方面进行研究：首先，实现文化大数据自身特点视阈下的政策制定。公共文化大数据有其自身特点，只有结合自身特点进行政策制定，才能够体现、突出、落实文化领域的大数据发展战略。文化大数据的最大特点，便是其具有文化属性。其次，促进文化大数据的健康发展环境的营造与扶持政策的出台。由于文化大数据依然处于较为滞后的发展阶段，政策制定应当着重于如何引导公共文化服务主体开放、共享数据；如何推进公共文化服务机构应用大数据技术；如何通过法律法规或条例等保护公共文化数据的开放与应用、尊重用户隐私与数据安全；如何通过人才培养战略为文化大数据发展提供源头活水等方面。发展政策应当重点帮助突破文化大数据发展的瓶颈与桎梏，从而为文化大数据发展创造良好的外部环境。

1.3.2 研究内容

本书以促进文化大数据发展为根本出发点，针对现阶段我国大数据发展在文化领域处于“短板”的现象，通过采用文献调研法、网络调研法、实地调查法、案例分析法等科学方法对如何制定和建立公共文化大数据发展政策体系，推动国家公共文化事业持续发展进行全面深入研究，并给出具体的可行性参考建议，以鼓励、支持、促进公共文化大数据的健康发展。总体来看，本书的主要研究内容分为以下几个部分：

（1）文化大数据开放共享机制研究

文化大数据的开放共享需求是其最为重要的特征。文化大数据开放共享的主要研究内容包括：构建文化大数据整合体系，促进不同文化机构的数据资源的统一和聚合；加强文化大数据安全保护，建设文化大数据权限分级制度，构建敏感数据脱敏机制和流程；研究文化大数据云存储和云服务模式，结合文化大数据开放共享需求，建设统一的文化大数据云服务平台；建设和完善公共文化大数据资源的运营机制，制定文化大数据

---

① 安德森.公共政策[M].北京:华夏出版社,1990:4.

② 陈彬.渐进的法治应当辩证看待政策的准据作用[J].中国党政干部论坛,2017(1):63-65.

开放获取政策；探索离岸文化大数据服务模式。

（2）文化大数据技术扶持政策研究

大数据技术是推动文化大数据实施的基础。本书对文化大数据重点领域关键技术自主研发的扶持政策开展具体研究。主要研究内容包括：分析文化大数据核心技术的构成，对文化大数据理论基础研究现状、技术实验环境、目前存在的困难等进行调研，为基础研究工作提供理论和实证依据；基于文化大数据核心关键技术，提出文化大数据科学和工程的核心方法及技术发展模式，提倡通过建立政策体系鼓励文化大数据科技创新；关注通过制定扶持政策实现文化大数据技术的社会化合作，特别是与相关文化机构、科研机构、科技公司的合作，研究其运作机制，吸收和引入关键技术，促进文化大数据事业的发展。

（3）文化大数据法规制度建设研究

大力推进相关法规制度建设，以保障文化大数据的稳定流转和正常使用。明确我国政府在文化大数据发展中的角色和作用。研究文化大数据生产制度，规范文化大数据的生产流程和安全要求，杜绝损害已有文化资源。探索文化大数据创新生产模式。推进出台文化大数据使用监管制度，明确文化大数据的使用范围和对象，建设完备的文化大数据监督管理方法，杜绝文化大数据的违法侵权现象。完善文化大数据安全保障政策，制定文化大数据安全等级划分标准。研究文化大数据长期保存的保障机制，建设文化大数据备份方案，制定文化大数据长期保存原则和风险应对政策。

（4）文化大数据人才培养策略研究

文化大数据的建设需要技术人才的支撑，相应人才培养策略的提出至关重要。“人”是文化大数据人才培养策略研究的核心。本部分围绕“文化大数据人才”，界定了文化大数据人才的范围、人才培养所要遵循的原则和目标。在此基础上，提出了适用于文化大数据人才培养的相关策略，包括加强人才政策的引导与扶持、构建人才培养体系、引导社会力量参与、落实项目引导及保障措施等，并提出了具体对策。

本书的重点是：深刻领会把握国家在大数据发展领域的方针政策，及时关注跟踪国内外大数据发展动向；构建文化大数据整合体系，促进不同文化机构的数据资源的统一和聚合；研究文化大数据云存储和云服务模式，结合文化大数据开放共享需求，建设统一的文化大数据云服务平台；完善文化大数据产业体系，建立产业各环节沟通与协调机制；引导高等院校、科研机构和大数据产业联盟、行业协会等相关组织及成员企业参与文化大数据产业发展。

2 理论研究现状

我国的公共文化服务，是指在政府主导下，以公共财政为支撑，以公共文化服务机构为骨干，向社会公众提供公共文化设施、产品、服务，以实现公民的基本文化权利和满足公民的基本文化需求。自 2008 年《自然》(*Nature*) 推出《大数据》专刊探索大数据对当代科学的意义以来，大数据已在全球范围内掀起了科学研究、政府治理、经济建设、社会民生等领域的重大变革。大数据在公共文化服务领域的应用相对滞后，但也必将影响公共文化服务的形态和模式。

2015 年 8 月，国务院印发《促进大数据发展行动纲要》(国发〔2015〕50 号)。该“纲要”将发展“教育文化大数据”列入我国公共服务大数据工程之一，指出应“加强数字图书馆、档案馆、博物馆、美术馆和文化馆等公益设施建设，构建文化传播大数据综合服务平台，传播中国文化，为社会提供文化服务”。因此，在当前语境下，国家政策层面的文化大数据特指我国公共文化大数据，即图书馆、档案馆、博物馆、美术馆、文化馆、非遗馆等公共文化服务机构活动产生的、涉及文化资源创建、传播、服务、消费等方面的多源异构大规模数据，又称公共文化服务大数据。

文化大数据发展政策，是指在促进文化大数据发展的过程中达到的奋斗目标、遵循的行动原则、完成的明确任务、实行的工作方式、采取的一般步骤和具体措施，尤其是在数据整合、开放共享、应用服务、安全保障、人才培养等方面的规划、规范、措施等。

2.1 国内理论研究现状

从研究成果类型来看，现有文化大数据发展政策研究成果主要反映在学术论文方面，课题数量较少，而专著几乎没有，因此本书的主要分析对象是以文化大数据为研究对象或与文化大数据相关的学术论文。本书选取中国知网学术期刊全文数据库（CNKI）作为文献统计来源，以“主题”包含“公共文化大数据”为检索条件进行精确检索，检索到相关文献 28 篇。以“关键词”包含“大数据”和“图书馆”并且“篇名”不包含“高校”“大学”“医院”“高职”为检索条件，以“关键词”包含“文化馆”或“美术馆”或“博物馆”或“档案馆”或“文化遗产”为检索条件进行精确检索，累计检索到相关文献 619 篇（检索日期：2018 年 11 月 22 日）。

经统计，国内文化大数据研究文献主要集中于 2012—2018 年间，文献数量总体呈现增加趋势。2013—2015 年，公共文化大数据研究进入迅速发展期，越来越成为研究重点，研究成果颇为丰富。2015 年以来，公共文化大数据研究稳定推进。但总体来说，与大数据综合性研究或其他专门领域如医疗大数据研究相比，文献总量相对较少，文化大数据研究稍显滞后。

表 2–1　CNKI 收录文化大数据相关文献数量

单位：篇

年份	2012	2013	2014	2015	2016	2017	2018	总计
图书馆 + 大数据（篇名不含“大学、高校等”）	4	24	103	101	106	110	88	536
博物馆 + 大数据	0	0	3	5	5	3	2	18
文化馆 + 大数据	0	0	0	0	1	1	0	2
档案馆 + 大数据	0	4	2	5	1	10	3	25
文化遗产 + 大数据	0	0	1	3	1	2	2	9
美术馆 + 大数据	0	0	0	0	1	0	0	1
文化大数据	0	0	0	6	6	5	11	28
总计	4	28	109	120	121	131	106	619

注：截止日期为 2018 年 11 月 22 日。

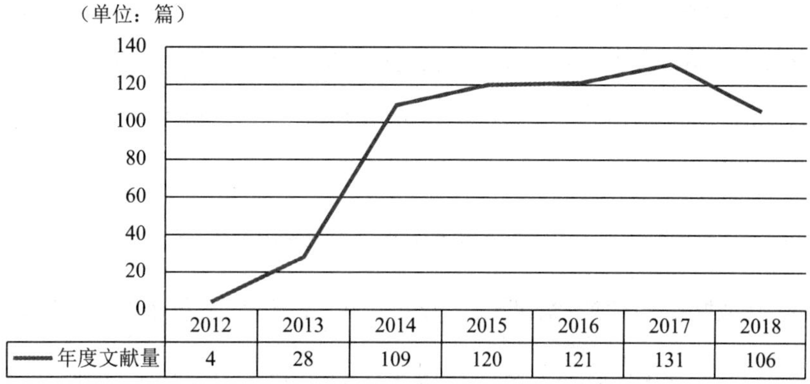

图 2–1　CNKI 收录“文化大数据”相关文献数量

注：截止日期为 2018 年 11 月 22 日。

以图书馆领域大数据研究为例，从来源刊物级别看，发表在核心期刊上的论文只有78篇，仅占文献总量（536篇）的14.60%；从被引频次来看，虽然有335篇论文被引用，占文献总量的62.50%，但其中有85篇论文仅被引用1次。从论文总数不多、核心期刊论文较少、被引频次普遍较低的情况看，国内的相关研究进展缓慢，还缺乏较多的权威性研究成果。

对上述619篇学术论文进行数据清理，即剔重、剔除无关文献，同时兼顾论文质量与被引率进行筛选后，精选得到相关研究论文61篇。本书以这些论文作为研究样本，对其从研究主题、研究特点、研究缺陷等方面进行如下分析。

2.1.1 发展困境研究

当前发展文化大数据在数据采集、存储管理、开放共享、挖掘利用等方面都面临着困难与挑战。这些困难与挑战主要源自三个层面。

首先，文化大数据本身的特点带来了一些挑战：一是数据结构复杂①。文化大数据中有大量的半结构化或结构化数据，如全文文本、空间、静态图像、动态图像、视频、音频等，而且大部分数据都缺乏索引，这给数据的存储与运算带来了困难。二是价值密度较低②。文化大数据要经过处理和分析才能创造价值。其价值密度的高低与数据总量的大小成反比。鉴于文化大数据规模之庞大、更新速度之快，因而其价值密度较低。

其次，文化大数据的负面影响缺乏制度制约，从而引发了一定风险。一是存在数据盲点。数字鸿沟导致弱势群体在通过互联网的需求表达中更为弱势乃至缺席失语，数据的不均衡将加剧公共文化服务供给不均衡③。二是引发数据独裁。不同国家、组织、社群及个人在对数据的收集、分析和使用中形成多样化的信息差距，一些人从其他人的数据中获得信息权力，造成了数据不平等④。三是存在信息安全风险。文化大数据开放后，个人隐私泄露和滥用的潜在风险加剧，国家的商业利益与公共安全也会面临挑战⑤。

---

① 马晓亭．大数据时代图书馆数据可用性：价值、挑战和保障[J]. 图书馆理论与实践，2014（10）：5-8.

② 曹靓．大数据视野下“文化数据服务”转型升级的路径探索[J]. 统计科学与实践，2015（9）：15-18.

③④ 张璐．大数据时代公共文化服务智慧化供给路径探析[J]. 中共济南市委党校学报，2017（6）：80-84.

⑤ 韩炜．大数据时代公共图书馆消除数据不平等的路径选择[J]. 图书馆论坛，2013（3）：14-21.

最后，当前公共文化服务机构还没有完全进入数据化建设和服务阶段，限制了文化大数据发展。一是存在信息孤岛现象①。公共文化服务各领域信息共享基础设施及技术滞后，缺乏统一的数据建设标准，缺乏数据开放共享意识，没有形成跨部门数据互联互通，难以发挥协同效应。二是专业大数据人才匮乏，公共文化服务人员的数据分析应用能力不足②。

2.1.2 发展目标研究

文化大数据发展的目标是，通过对文化大数据进行处理并进行专业化的分析挖掘，得出相关事物隐藏的规律，利用该分析结果服务于某一目的，实现某一功能，如洞察大众需求、开展精准服务、优化资源配置、拓宽服务渠道、提升服务效能、优化政务模式、完善决策体系等。文化大数据发展的最终目标是更精确、更高效地提供更好的公共文化服务。现有文献或从宏观理论层面，或从微观实践层面，或从公共文化服务的整个体系，或从某一服务机构或平台，对文化大数据的未来发展目标做了多层次的探讨。如汪征认为文化大数据应该在公共文化行业监管方面发挥巨大作用：主管机关通过大数据对公共文化场馆进行绩效评估；根据数据实现精准化采购与供给；利用实时大数据分析提高决策科学化水平③。

利用大数据进行精准服务，形成需求导向机制，是实现大数据发展目标的重要内容。一方面，精准服务可以理解为为用户量身提供个性化、智慧化服务，智能检索、个性化推荐、智慧服务都是图书馆进行精准服务的形式。如张鹏指出公共图书馆应实现区域内读者信息库共建共享，通过分析大数据，针对读者需要进行精准定位、精准服务、精准管理、精准保障，提升资源配置的科学性，实现服务效益的最大化④。另一方面，也可理解为以市场意识为基础，将精准营销这一理念引入公共文化服务建设中。如图书馆和博物馆的研究者都探讨了利用大数据来开发和推广文创产品的策略⑤。实现精准服务的前提是用户画像分析，即对用户人口属性、行为特征、兴趣特征、环境属性进行分

① 吴蛟鹏. 大数据时代图书馆信息安全问题探讨[J]. 图书馆研究与工作,2017(8):44-46.

② 张璐. 大数据时代公共文化服务智慧化供给路径探析[J]. 中共济南市委党校学报,2017(6):80-84.

③ 程结晶. 大数据时代图书馆服务创新的内容及其策略研究[J]. 情报理论与实践,2016(3):57-62.

④ 汪征. 大数据应用——公共文化行业的发展新趋势[J]. 电子技术与软件工程,2018(1):191-192.

⑤ 张鹏. 大数据环境下公共图书馆精准服务研究[J]. 图书馆工作与研究,2018(9):115-118,123.

析。李广建等提出应研究公共文化服务用户特征抽取的准则与技术，研究用户画像模型的构建方法与技术，研究不同机构之间用户模型的共享、重用以及互嵌的规律与方法[①]。

2.1.3 发展规划研究

一方面，大数据的应用已经对公共文化服务产生了巨大的推动作用，公共文化大数据的价值和功能受到广泛认可；另一方面，善用大数据的互联网内容付费产业繁荣，与传统公共文化服务机构形成竞争关系。如果公共文化服务机构不重视大数据发展，其未来的发展空间将会受到挤压。因此，促进文化大数据健康、有序、安全发展，利用公共文化大数据完善和创新公共文化服务，是当前面临的重要课题。

针对文化大数据发展面临的问题以及潜藏的风险和挑战，刘炜、张春景、曹磊等多位研究者都提出了对策建议。他们的主要观点如下：第一，加强顶层设计。设立专门的发展领导小组，构建总体发展框架，完善相关标准和规范，从法律和政策层面保障数据安全和知识产权。第二，推进全面开放共享。拓宽大数据来源，打破行业和机构的条块分割，构建文化大数据融合服务平台，推进文化大数据传播共享。第三，鼓励社会力量参与共建。转变政府主导公共文化服务的模式，引导社会力量进入公共文化领域，建立国际合作机制。第四，打造数据驱动的公共文化服务链。强化大数据思维，以大数据引领服务创新，将公共文化服务供给侧的“端菜”模式，转变为贴近百姓需求侧的“点菜”模式。第五，加快应用示范。开展创新政策试点；总结数据开放共享的“负面清单”；定期开展调研，编写应用案例报告，借鉴先进经验。

2.1.4 开放共享研究

1. 文化大数据开放共享体系设计

孙彬等[②]提出了“一带一路”下的多元文化大数据体系建设思路。指出，“一带一路”倡议全方位地涵盖了多元文化交融的各个社会层面，是一组有着深刻科学发展观内涵的理念。“民心相通”作为“一带一路”倡议的核心内容，能深刻地触动沿线国家的多元文化融合，激发科技创新潜力，掌握其未来发展趋势。从人类文明进步的历史经验看，“一带一路”、大数据分析与文化多元融合是协调统一、不可分割的一体化过程。

---

① 李广建，化柏林．公共文化服务大数据研究的体系与内容[J]. 图书馆论坛，2018（7）：62-71.

② 孙彬，王东．“一带一路”下的多元文化大数据体系建设研究[J]. 电子政务，2017（11）：55-64.

“一带一路”、多元文化与大数据体系是“三位一体”的。孙亚芳[①]提出了旅游云平台的架构建设和平台搭建，并通过文化旅游大数据云平台的建设，对文化旅游云存储技术进行深入研究，实现了云平台在旅游景区与旅游系统中的应用。赵嘉凌[②]针对公共数字文化共享服务中大数据的采集与分析环节，提出一系列的模型设计构思。在数据采集阶段，将采集数据划分成三大类型；在大数据分析阶段，采取云平台的三层架构，并在各层嵌入模块化设计，对模块的实现技术进行深入阐述。

2. 非物质文化遗产领域文化大数据开放共享的应用研究

王铁飞[③]指出，高速发展的信息化和数字化潮流，为非物质文化遗产的保护和传播提供了前所未有的新模式，使更全面、方便、安全地记录非物质文化遗产数据成为可能。其梳理了四川、福建、浙江等地已建设的特色非物质文化遗产数据库。如四川省图书馆筹建了藏族唐卡和绵竹年画等非物质文化遗产数据库；福建建立了闽南文化数据库，搜集了大量闽南风俗、艺术、方言和文化等相关资料；在陕西的秦腔秦韵数据库中，记录了剧本、剧目、音乐和舞台艺术等方面资料。周建香[④]提出了利用大数据技术对淮安体育非物质文化遗产进行保护的建议。淮安体育非物质文化遗产包括民间舞蹈和传统体育、游艺与杂技两大类型，含有丰富的历史、文化、民俗、艺术等内容，具有地域特色鲜明、体育价值明显等特点。周建香探讨了如何开展体育非物质文化遗产的调查、研究、保护、展示和传播工作，使大数据成为淮安体育非物质文化遗产保护、展示和传播的工具。

2.1.5 发展标准研究

要实现各领域文化大数据的开放共享、互联互通，尤为关键的是建立一套技术标准规范体系和协议标准。当前文化大数据技术标准研究尚处于起步阶段，吴素舫、柯平的研究填补了我国在该领域的研究空白。两位研究者依据我国现有与标准化工作相关的法律法规、与文化大数据发展相关的政策、国外大数据标准规范以及我国公共文化行业发展规律，构建了多层次的文化大数据标准规范体系框架，包括基础标准、技术标准、管

---

① 孙亚芳. 基于文化旅游大数据的云存储技术的研究[J]. 山西电子技术，2017(2):83-85.

② 赵嘉凌. 针对公共文化共享服务的大数据采集和分析平台研究[J]. 四川图书馆学报，2018(1):30-33.

③ 王铁飞. 大数据在非物质文化遗产保护中的应用[J]. 信息记录材料，2018(6):193-194.

④ 周建香. 大数据背景下淮安体育非物质文化遗产的保护[J]. 西南石油大学学报(社会科学版)，2018(4):105-110.

理标准、应用与服务标准[①]。

2.1.6 应用案例研究

研究现有的文化大数据应用案例，可以为下一步的实践工作提供有效借鉴。当前国外的一些公共文化服务机构已经在大数据应用方面进行了深入探索，数字图书馆、数字文化馆和数字博物馆都是利用大数据和互联网提供智慧服务的案例，如德国数字图书馆以及大英博物馆、罗浮宫的虚拟博物馆服务。更多的应用实践是以数据为导向来布局需求洞察、资源配置、服务供给等服务链各环节，大数据同时被视作服务工具和管理依据。如美国丹佛公共图书馆通过大数据项目“服务递送”（Service Delivery）综合利用了图书馆数据、本地数据和国家统计数据（包括美国人口普查局统计数据、美国环境系统研究所人口预测数据、不动产交易数据、美国邮政快递数据等），在资源采购、文化展示、规划制定、服务提供和人才培养等方面都实现了数据驱动[②]。

张春景等从国内外公共文化服务应用大数据的案例出发，总结了当前大数据应用的三大模式：数据驱动型、云平台驱动型、整体驱动型[③]。2016 年正式上线运营的“文化上海云”汇聚上海市各区文化馆、图书馆、美术馆、文化活动中心等机构的公共文化服务资源，包含活动预约、场馆预订、竞赛互动、艺术鉴赏、艺术培训、文化志愿者等多项功能，有效改善了原本公共文化服务中“活动知晓率低、活动参与率低、场馆设施利用率低”的通病，也使资金投入更加有的放矢。这就是依靠平台优势发挥各机构综合优势的云平台模式，是公共文化数据融合服务的范例。此外，公共文化数据还可和其他领域的公共数据融合应用，发挥合力，推动公共服务创新。如 2011 年法国启动的“开放数据近端移动”项目，公众可以通过移动终端获取和使用文化活动、交通信息、旅游信息和环境质量等公共数据，便于实时制定出行计划[④]。

2.1.7 研究现状总结

国内公共文化大数据研究呈现如下特点：

第一，研究对象从机构大数据向行业大数据转变。早期的研究条块分割明显，研究

---

① 吴素舫，柯平．我国文化大数据标准规范体系构建[J]．现代情报，2018（1）：26-29.

②④ 曹磊，马春．国内外公共文化大数据应用实践研究[J]．图书馆杂志，2015（12）：12.

③ 张春景．公共文化服务大数据应用模式与趋势研究[J]．图书馆杂志，2015（12）：4-5.

对象都是图书馆大数据、博物馆大数据、档案馆大数据等机构大数据。自 2015 年国务院明确提出文化大数据的概念以来，出现了以整个公共文化服务体系的大数据为研究对象的论文和课题，表明公共文化大数据共建共享、融合发展的理念受到重视。

第二，研究视角从聚焦技术到关注人本主义。公共文化服务领域早期的大数据研究，会较多地参考技术领域的研究成果，被引频次较高的论文不少来自计算机技术期刊。随着研究的深入，研究者认识到，技术至上可能会加剧数字鸿沟、数据不平等、服务不均等，不能只让技术来定义公共文化服务的游戏规则，人本主义才能引导文化大数据发展服务于实现公民基本文化权利和满足公民基本文化需求。

第三，研究成果向应用转化速度较快。基于现有研究对文化大数据可以优化政务模式、辅助绩效管理的认可，2017 年“成都市公共文化服务大数据绩效管理平台”上线，该绩效管理平台包含基础设施、文化活动、政策保障、经费保障、人员保障等五大数据指标，并分为市级总览及县、乡、村三级分别呈现，充分体现了大数据绩效考核的客观性、公正性和可视化、可量化特点。

第四，图书馆界是文化大数据研究的领军力量。在公共文化服务体系内部，从时间来看，图书馆大数据的研究成果发布最早；从公共文化服务领域来看，图书馆领域的大数据研究最为丰富；从研究者所在机构来看，图书馆界的研究者最关心大数据发展。可见图书馆对新兴科学技术的敏感度和关切度。其中 2012 年发表的《大数据时代的图书馆服务浅析》（被引 213 次）、《大数据带给图书馆的影响与挑战》（被引 279 次）、《图书馆需要怎样的“大数据”》（被引 214 次），是将大数据引入图书馆领域、公共文化服务领域的开创性文章。

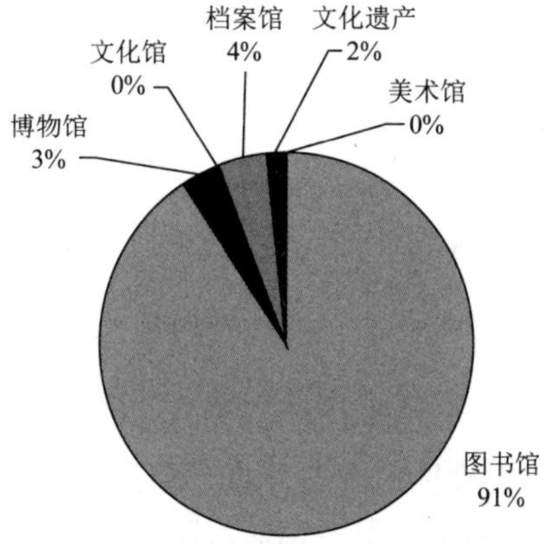

图 2-2 国内各公共文化领域大数据研究论文数量（2012—2018）

2.2 国外理论研究现状

为从整体上把握国外研究状况，笔者以 Web of Science 数据库、ProQuest 综合学术期刊库为基础进行了检索。由于欧美等国的公共文化产品供给模式与中国的政府主导模式不同，如美国、德国等国采用市场主导模式，政府依赖各类文化团体来管理和提供文化服务，而英国、澳大利亚等采用“一臂之距”模式，政府借助民间文化团体来管理和提供文化服务，再加上中英文表达方式的差异，因此欧美等国没有我国意义上的“公共文化服务”（Public Cultural Services）的概念，更没有“公共文化大数据”（Big Data of Public Culture）的概念。因此笔者将“big data” + “cultural sector/items/goods/services”，“big data” + “library/museum/cultural heritage/archive/gallery”作为关键词在 SSCI 引文数据库进行篇名检索，文献类型为会议论文、期刊论文，检索结果共计 114 篇；同时，以“摘要”中包含上述关键词在 ProQuest 综合学术期刊库检索，检索结果为 240 篇（检索日期：2018 年 11 月 22 日）。

对上述检索结果进行筛选，选定研究论文 34 篇，同时结合近年国外发布的相关重要报告，把它们作为研究样本，以求窥见国外公共文化大数据研究概貌。

如前所述，主要欧美国家的公共文化供给模式不同于中国的政府主导模式，更倚重市场的作用，公共文化服务和文化市场、文化产业之间并没有十分明显的区分，不存在我国所谓的公共文化服务体系。因此欧美等国的研究者要么以文化（创意）产业的大数据发展与应用为研究对象，要么以图书馆、博物馆、美术馆等机构为边界进行大数据发展与应用研究，而没有我国所谓的公共文化大数据研究。

2.2.1 发展理论研究

1. 发展前景

2014 年，安永国际咨询团队提出了关于发展和利用文化大数据的几个基本事实：第一，共享文化大数据不会消耗其价值，反而会增加其价值，因为文化大数据可以帮助创新产品和服务，吸引新的用户，培养用户忠诚度；第二，开放和利用文化大数据不会威胁个人隐私，因为分析一定数量的匿名数据比单独的个人数据更容易产生价值；第三，不同文化机构的数据开放共享共融是创造价值的关键；第四，文化领域是大数据开放共享障碍较小而大有作为的领域；第五，文化大数据获得良性发展必须满足几个先决条件：设定明确的目标、引进人才和技术、让所有参与者从数据开放中获益、提升对开放数据的信心①。

2. 主要功能

Kostas Arvanitis 等学者分析了文化机构利用大数据实现的三大功能：第一，文化机构借助现代技术收集、分析和利用大数据，以加深对现有用户和潜在用户的了解，实现精准营销和精准募捐；第二，文化机构的决策者和资助者利用大数据分析结果评估投入产出率，作为循证决策的证据；第三，文化机构采用个性化的分析策略，重点关注在线用户的行为、偏好、使用的文化资源，培养机构内的大数据文化，即利用大数据分析结果来进行产品评估、自我评价、循证决策等重要活动②。

3. 发展困境

欧美等国公共文化领域的大数据发展远不如文化企业。主要原因在于三方面：第一，多数文化服务机构拥有数据量的规模较小，离大数据规模还有差距；第二，多数文化机构缺乏擅长分析数据的专家，也缺乏利用大数据的整体策略规划；第三，非政府主导的公共文化供给模式中，公共财政对公共文化服务的支持力度有限，因而缺乏必要的资金③。

4. 发展阶段

英国文化研究专家 Anthony Lilley 和 Paul Moore 教授提出了文化机构采集、存储和应用大数据行为的三个发展阶段：数据 1.0 阶段，只收集核心的业务和管理数据（例如博物馆的门票销售数据等），以最为简单的方式应用于市场和营销，在该阶段几乎不涉及大数据驱动的业务决策。数据 2.0 阶段，文化机构注重对数字领域的详细数据资源的收集，但几乎意识不到要和 1.0 阶段收集的数据进行整合，也没有将网站访问量和市场营销结合起来，在日常运营中极少用到大数据决策。数据 3.0 阶段，文化机构以客户为中心对物理和数字的所有资源进行整合，文化机构的业务和管理极大地依赖大数据分析。3.0 阶段的大数据分析不仅仅局限在数据上，而是对数据、技术和平台的融合应用。

① Ernst & Young Advisory. Opening-up cultural data: a driver of growth?[EB/OL]. [2018-11-25]. http: //www. forum-avignon. org/sites/default/files/editeur/EY_SBlanc_Workshop2_FINAL. pdf.

②③ ARVANITIS K, GILMORE A, FLORACK F, et al. Data culture and organisational practice[EB/OL]. [2018-11-25]. https: //mw2016. museumsandtheweb. com/paper/data-culture-and-organisational-practice/.

目前多数公共文化机构对数据的收集、整理和应用大部分还处于 1.0 或是 2.0 阶段，但向 3.0 阶段发展是未来趋势[①]。

2.2.2 开放共享机制研究

Nabil Sultan 等人强调了云计算对文化未来发展方向的影响[②]。Karol Bartoš 等论述了在文化服务体系中应用云服务的可行性，提出了云服务在帮助博物馆保存文化遗产方面的积极意义[③]。Eero Hyvönen 提出在文化体系的发展过程中可以运用网络语义技术以便加速文化资源的收集和保护工作[④]。Anwen Cooper、Chris Green 试图在考古学中尝试以前未有的规模创建、整合和解释大量数据，为英国景观和同一性项目（EngLaID）整理了大量复杂数据，检查和统一数字记录，接受考古数据的各种缺陷，并试图创建一个考古的网络基础设施[⑤]。Christopher A. Bail 基于传统的定性方法和新的技术，提出了用于大量文本的迭代方式的自动化分析[⑥]。L. K. Stevens 则研究了对文化领域的资金捐赠者的大数据分析，以帮助文化机构获得更多的资金赞助[⑦]。

2.2.3 安全保障制度研究

数据在自由流动中才能创造最大的价值，但数据收集和数据使用都有数据安全风险。Waqar Ahmed 等指出，大数据挖掘应用中可能对个人隐私造成的侵害，以及如何寻

① LILLEY A, MOORE P. Counting what counts: what big data can do for the cultural sector[EB/OL]. [2018-11-25]. http: //www. cross-innovation. eu/wp-content/uploads/2013/04/CountingWhatCounts-Lilley-Moore. org_. pdf.

② SULTAN N, VAN DE BUNT-KOKHUIS S. Organisational culture and cloud computing: coping with a disruptive innovation[J]. Technology Analysis & Strategic Management, 2012, 24(2): 167-179.

③ BARTOŠ K, PUKANSKA K, SABOVÁ J. The application of open-source and free photogrammetric software for the purposes of cultural heritage documentation[J]. Geoscience Engineering, 2014, 60(2): 17-24.

④ HYVÖNEN E. Publishing and using cultural heritage linked data on the semantic web[J]. Theory and Society, 2012, 2(1): 1-159.

⑤ COOPER A, GREEN C. Embracing the complexities of "big data" in archaeology: the case of the English Landscape and Identities Project[J]. Journal of Archaeological Method and Theory, 2016, 23(1): 271-304.

⑥ BAIL C A. The cultural environment: measuring culture with big data[J]. Theory and Society, 2014, 43(3/4): 465-482.

⑦ STEVENS L K. Making the case: using a living and historic cultural universe big data system as a knowledge-based foundation for sustaining and recapitalizing the cultural sector[J]. The Journal of Arts Management, Law, and Society, 2014, 44(4): 208-217.

找价值开发和隐私保护的平衡点一直是图书馆大数据研究的热点①。Affonso 和 Sant' Ana 调查发现，在用户没有察觉的情况下被采集的个人数据比用户自行提供的要多得多，大多数国家的数字图书馆都没有提供隐私指导，因而建议图书馆通过透明的隐私政策告知用户这一隐患②。Doyle 认为“隐私已死”，即使聚合数据和匿名数据也会泄露个人隐私，通过大数据分析对个人行为和生活方式进行预测终究损害个人的利益。当前被认为最有效的隐私保护手段，即个人信息的模糊化处理和数据资产化都注定会失败③。Inoue 通过图书馆的案例说明了日本等国家对隐私的理解，并探讨了如何立法保护公共文化机构中用户个人隐私④。美国普林斯顿大学的阿尔文德希望可以对大数据服务的营销手段实施逆向管控，完成服务机构的隐私侵犯与歧视行为的“普查”工作。数据审核与跟踪技术也是保护数据安全的重要方法⑤。

2.2.4 应用案例研究

欧美国家的文化大数据应用处于领先地位。在美国、英国、德国、法国等国，涌现了各种形式的文化大数据应用案例。

1. 文化资源数据开放共享

纽约大都会艺术博物馆 2017 年实施“开放获取”（Open Access）计划，推出“大都会集合”的应用程序编程接口，任何第三方都能够将该集合可持续地整合到其网站中，以确保用户可以获取最新的图像和数据信息。该开放获取项目使大都会集合中所有的“知识共享零”数据（即标有“CC0”的内容无版权方面的限制）和超过 20.5 万 CC0 对象中 40.6 万张的图像可供人们不受限制地使用⑥。

① AHMED W, AMEEN K. Defining big data and measuring its associated trends in the field of information and library management[J]. Library Hi Tech News, 2017, 34(9): 21-24.

② AFFONSO E P, SANT'ANA R. Privacy awareness issues in user data collection by digital libraries[J]. IFLA Journal, 2018, 44(3): 170-182.

③ DOYLE T. Privacy, obfuscation, and propertization[J]. IFLA Journal, 2018, 44(3): 229-238.

④ INOUE Y. Privacy and libraries in the case of Japan[J]. IFLA Journal, 2018, 44(3): 223-228.

⑤ YANG K C, KANG Y. Exploring big data and privacy in strategic communication campaigns: a cross-cultural study of mobile social media users' daily experiences[J]. International Journal of Strategic Communication, 2015(9): 87-101.

⑥ WILSON-BARNAO C. How algorithmic cultural recommendation influence the marketing of cultural collections. Conspumtion Markets & Culture, 2017, 20(6): 559-574.

2. 文化大数据融合服务平台

公共文化信息资源的聚合和整合、构建文化大数据融合服务平台是解决公共文化资源分散、资源利用率低和信息孤岛问题的重要解决方式。谷歌艺术计划（Google Art Project）是谷歌与欧洲各地的博物馆进行合作、创建在线博物馆平台的案例。参与此计划的博物馆超过 150 家，其中包括欧洲最负盛名的博物馆，如泰特现代艺术馆、乌菲齐画廊博物馆、凡·高博物馆等。谷歌利用街景技术拍摄博物馆内部实景，并且以超高解析像拍摄馆内历史名画，用户可以在参与此计划的博物馆中访问所有在线馆藏资源①。

3. 社交媒体数据拓宽文化大数据

Andrei L.Bădin 认为，文化服务机构可通过在 Facebook、YouTube、Instagram、Twitter 等社交媒体开设账号，收集用户偏好数据，吸引全球消费者。如英国伦敦的泰特现代艺术馆利用社交媒体和博客创建了一个数字社区，通过这个社区与潜在用户频繁互动，一方面吸引了更多用户访问和使用其资源，另一方面更了解用户需求和偏好，从而设计出更加贴近大众需求的展览形式。此外，该馆还吸引了公众募捐，帮助其修复馆藏和维持运营②。

4. 文化大数据助力精准服务和市场营销

法国阿维尼翁文化论坛在 2013 年发布的研究报告《大数据大文化——数据不断增长的力量及其对文化经济的展望》认为大数据的应用改变了文化产业的运营模式。从整个大文化领域来看，利用大数据分析结果作为市场营销的依据，是对文化产业影响最大乃至改变其经营形态的大数据应用场景。以视频文化租赁服务为主的 Netflix 公司是这方面的代表。而旅游和智慧城市是综合利用公共大数据提供文化服务最合适的两个领域。前者如迪士尼乐园为游客准备的“魔法手环”，可以收集游客在园区产生的所有数据，以满足游客个性化的需求体验，提供个性化的建议，并使园区的服务更符合游客的消费习惯和偏好；后者如卡耐基大学发起的“民生计划”（Livehoods Project），通过研究某城市居民在社交网络上的活动来分析这个城市的社会活跃程度和社会结构。其中，

① The Digital Future of Creative Europe. The impact of digitization and the internet on the creative industries in Europe[EB/OL]. [2018-11-25]. https: //www. strategyand. pwc. com/reports/the-digital-future-creative-europe.

② BĂDIN A L. New ways of interacting with culture consumers through cultural services marketing using Big Data and IoT[J]. Proceedings of the International Conference on Business Excellence, 2018(10): 93-102.

结合文化活动密度、文化场馆的客流数据与城市公共健康数据，可用于预防文化场馆的疾病传播等①。

2.2.5 研究现状总结

和国内公共文化大数据研究相比，欧美国家的相关研究呈现以下特点：

第一，研究团队多元化。国内研究者主要来自公共文化服务机构、高校、科研机构。在欧美国家，除了上述研究力量之外，商业咨询机构也发挥了重要作用。这类商业机构资金雄厚、技术先进、人才济济，是不可小觑的研究力量。如位列四大会计师事务所的安永、普华永道的咨询团队对文化大数据进行了深入研究，并形成了初具规模的研究成果。

第二，研究成果多元化。总体来说，国内研究成果虽然在水平上有所差别，但在重要问题上的声音比较一致。国外研究者在研究同一问题时会产生截然不同的结论。如在信息安全问题上，安永团队认为，开放和利用文化大数据不会威胁个人隐私，因为分析一定数量的匿名数据比单独的个人数据更容易产生价值；而 Doyle 认为聚合数据和匿名数据也会泄露个人隐私。

第三，注重案例实证研究。欧美等国历来有实证研究的传统。以证据为依托、有数据、可以验证和重复验证是其研究成果的重要特征。如在论证“对用户数量、结构特征、兴趣爱好、消费习惯等数据进行收集，可以为精准营销提供依据”时，研究者会展示具体机构收集数据、分析数据的流程与方法，并提供完整的运营数据作为论据，而不是依靠理论来证明事先设定的命题，陷入无限自我论证的过程。

第四，文化（创意）产业大数据研究是热点。在欧美国家，虽然图书馆、博物馆、美术馆的大数据发展较为缓慢，但大数据应用已经对文化（创意）产业产生了巨大的推动作用，改变了文化（创意）产业的运营模式和文化消费形态，文化经济越来越倚重以数据为导向的决策和管理。这些应用实践和创新经验为研究工作提供了丰富的现实样本，是当下的研究热点，值得我国研究者和从业者关注并学习。

---

① TORRES P, SOULE M. Big data: big culture?the growing power of the data and its outlook for the economy of culture[EB/OL]. [2018-11-25]. http: //www. forum-avignon. org/sites/default/files/editeur/EtudeATELIER_FA_2013. pdf.

2.3 问题与不足

虽然当前公共文化大数据研究已有一批较高价值的成果，但还存在若干不足之处：

第一，现有研究缺乏实证研究和定量分析。多数研究成果在理论层面对文化大数据的功能或价值进行了阐述，但是往往缺少案例和数据的支撑。少数几篇论及应用案例的论文也仅对案例做简单介绍，缺乏基于真实数据的分析论述。

第二，现有成果同质化现象突出，研究水平参差不齐。部分研究者陷入重复研究的误区，对大数据的含义、特征、带来的机遇与挑战等基础理论基本沿袭前人观点，并在论文中进行较大篇幅引用，文字和观点都较为雷同，研究视野相对狭窄，不利于文化大数据研究的创新发展。

第三，介绍国外经验时缺乏国内适应性探讨。现有文献在介绍国外先进实践经验时，没有对国内政策环境、发展现状等进行系统的调研分析，因此缺乏国外样本移植国内的适应性问题探讨，发展建议因而缺乏可操作性。

第四，若干关键领域的研究进展缓慢。从核心期刊论文较少、被引频次普遍较低的情况看，国内的相关研究进展缓慢，权威性研究成果匮乏。在文化大数据标准化建设、文化大数据信息安全保障、文化大数据开放共享政策、文化大数据版权保护、文化大数据处理流程与方法、文化大数据人才培养制度等方面缺少系统、深入的研究和实操性强的成果。

究其根本，现有研究存在欠缺主要有三个方面原因：首先，相较医疗卫生、食品安全、智慧交通等具有大数据基础的领域，公共文化大数据的发展和应用工作尚处于起步阶段，因而学术研究缺乏深厚的现实基础；其次，公共文化大数据问题较复杂、研究难度较大；再次，我国公共文化机构研究力量较为分散，团队协作状况有待继续提升。

2.4 小结

本章以公共文化大数据相关文献为研究对象，选取 CNKI 中国学术期刊总库、Web of Science 数据库、ProQuest 综合学术期刊库为主要数据来源，对国内外相关研究成果就研究主题、研究特点、研究缺陷等方面进行分析和比较研究，并总结我国当前研究的不足之处，包括缺乏实证研究和定量分析、成果同质化现象突出、缺乏国内适应性探讨、关键领域研究进展缓慢等。

3 政策制定与实施现状

2014年《政府工作报告》指出，要设立新兴产业创业创新平台，在大数据等方面赶超先进，引领未来产业发展。2015年，《国务院关于促进云计算创新发展培育信息产业新业态的意见》和《国务院办公厅关于运用大数据加强对市场主体服务和监管的若干意见》等文件的发布，均可看作国家的大数据领域总体发展思路的部分体现。2015年8月19日，李克强总理主持召开了国务院常务会议，会议通过了《关于促进大数据发展的行动纲要》，从国家战略层面部署促进大数据发展，这意味着以后政府和企业在如何发展大数据方面有了指导性文件。2015年10月底闭幕的中共十八届五中全会同样提出要实施“国家大数据战略”，更是开启了大数据建设的新篇章。2016年3月16日，第十二届全国人民代表大会第四次会议批准《中华人民共和国国民经济和社会发展第十三个五年规划纲要》指出要“实施国家大数据战略”，“把大数据作为基础性战略资源，全面实施促进大数据发展行动，加快推动数据资源共享开放和开发应用，助力产业转型升级和社会治理创新”。2017年12月8日习近平在中共中央政治局第二次集体学习时强调“实施国家大数据战略，加快建设数字中国”①。习近平总书记在党的十九大报告中，也提到了互联网、大数据和人工智能在经济体系中的作用，要求“推动互联网、大数据、人工智能和实体经济深度融合，在中高端消费、创新引领、绿色低碳、共享经济、现代供应链、人力资本服务等领域培育新增长点、形成新动能”②。

在国家的顶层设计和战略布局下，具体到文化大数据领域的相关政策规划已经在路上。文化和旅游部（原文化部）、地方政府、文化事业单位等也开展基于大数据的文化产业扶持和公益文化发展规划，积极制定适合本地区的文化大数据发展政策，促进相关研究与应用。十八大以来，党和政府重视公共文化服务大数据发展的顶层设计，重视

① 习近平:实施国家大数据战略加快建设数字中国[EB/OL].[2019-07-04].http://www.xinhuanet.com//2017-12/09/c_1122084706.htm.

② 习近平.决胜全面建成小康社会夺取新时代中国特色社会主义伟大胜利——在中国共产党第十九次全国代表大会上的报告[EB/OL].[2019-07-04].http://jhsjk.people.cn/article/29613458.

提高政府公共文化服务大数据治理能效、打造数据驱动的新型公共文化服务链、加快公共文化服务大数据应用示范，以加快实现在“十三五”期间建成我国现代公共文化服务体系的战略目标。文化和旅游部以文化大数据为抓手，在梳理公共文化资源目录的基础上，研究文化大数据应用规划，出台扶持政策，鼓励相关机构从事深入研发，推动文化大数据的有效利用，并从国家层面对大数据的应用与发展及在公共文化领域的应用与发展提出了要求，指明了方向，提供了保障。在国家和地方政府的推动和扶持下，各地开始对文化大数据开展研究，进行机构组织方面的筹备工作，开展应用试点，并在关键技术和服务方面取得了一定的突破和进展。

笔者通过深入调研，梳理并总结了我国文化大数据政策发展现状、基于上述扶持政策的文化大数据研究和实践试点、国内较有代表性的文化大数据技术应用平台等，并在调研的基础上对我国文化大数据的政策特点进行总结，并对存在的问题进行剖析，为进一步规划我国文化大数据政策体系提供借鉴和参考。

3.1 政策制定现状

3.1.1 政府发展战略

正如国务院《促进大数据发展行动纲要》指出的那样：“信息技术与经济社会的交汇融合引发了数据迅猛增长，数据已成为国家基础性战略资源，大数据正日益对全球生产、流通、分配、消费活动以及经济运行机制、社会生活方式和国家治理能力产生重要影响。”① 在文化大数据领域，文化和旅游部及其他相关单位也制定了一些文化大数据的发展战略和规划，但尚未见到有关文化大数据技术扶持的专门政策。不过，在相关发展战略中，对于文化大数据技术扶持的问题多有涉及。

早在 2013 年 9 月，文化部就印发了《文化部信息化发展纲要》，要求“综合利用云计算、大数据处理等新技术，有效保障社会文化资源的需求供给”，并在健全组织机构、加强统筹协调、完善规章制度、加大资金投入、注重人才培养五个方面，提出了保

① 国务院印发《促进大数据发展行动纲要》[EB/OL]. [2019-07-04]. http://www.gov.cn/xinwen/2015-09/05/content_2925284.htm.

障措施[①]。

总的来看，这些战略和规划中，大数据技术的应用政策较为重要，而大数据技术的研发政策处于次要地位。下文将从基础设施提供、研发支持政策、技术合作政策、人才鼓励政策、资金支持政策五个方面分别论述。

3.1.2 基础设施提供

关于基础设施的提供，主要体现在两个方面，一个是硬件设备，一个是软件方面。

硬件方面，首先要求建设一批示范区、产业基地。2017 年 4 月，《文化部关于推动数字文化产业创新发展的指导意见》指出，要充分发挥国家级文化产业示范园区、国家文化产业创新实验区、国家文化与科技融合示范基地等创意创新资源密集区域作用，培育若干各具特色、各有侧重的数字文化产业优势产业集群和产业链。依托创新资源富集、产业基础深厚的城市，建设富有创意内容、创新模式和强大文化创意能力的数字文化产业发展策源地。结合“一带一路”建设、京津冀协同发展、长江经济带发展等区域发展战略，以要素禀赋、产业配套为基础，加强创新创意资源联动，形成若干数字文化产业发展集聚区。将数字文化产业发展与国家级新区、国家自主创新示范区、自由贸易试验区、经济技术开发区、高新技术产业园区发展相衔接，以市场化方式促进产业集聚[②]。

其次，对于文化装备的升级也提出了要求。2017 年 4 月，文化部印发的《文化部“十三五”时期文化科技创新规划》，对基础设施提供的要求较多。其发展目标中，要实施 6 大重点工程，其中之一便是文化装备系统提升工程。该工程要制定文化装备行业技术成长方案，加强重点方向文化装备系统的技术供给，着力提高演艺装备水平，促进国家重大科研设施和科研仪器开放共享。该文件还要求构建创新平台，按照政产学研用一体化模式建设 20 个国家文化创新研究中心，并认定 30 个文化部重点实验室；支持文化企事业单位联合高校、研究机构申报国家现代服务业工程研究中心、国家重点实验室和企业技术中心[③]。2017 年 7 月，文化部印发《文化部“十三五”时期公共数字文化建设规划》，其重点

① 文化部关于印发《文化部信息化发展纲要》的通知[EB/OL]. [2019-07-04]. http://zwgk. mct. gov. cn/auto255/201309/t20130918_474677. html.

② 文化部关于推动数字文化产业创新发展的指导意见[EB/OL]. [2019-07-04]. http://zwgk. mct. gov. cn/auto255/201704/t20170424_493319. html.

③ 文化部关于印发《文化部“十三五”时期文化科技创新规划》的通知[EB/OL]. [2019-07-04]. http://zwgk. mct. gov. cn/auto255/201705/t20170503_493589. html.

任务之一是构建互联互通的公共数字文化服务网络，要求提高公共文化设施的信息化、智能化水平。文件提到，要加强图书馆、文化馆（站）、美术馆、博物馆等公共文化机构信息化设施设备配备，建立业务管理信息化系统，提升公共文化设施信息化水平。还要推进贫困地区公共数字文化设施提档升级。结合文化精准扶贫，将中西部贫困地区 22 个省份的 832 个贫困县县级公共图书馆、文化共享工程乡镇基层服务点建设纳入公共数字文化建设项目，实现提档升级。结合边疆万里数字文化长廊建设，在沿边沿海的 18 个省（区、市）和新疆生产建设兵团，继续推进草原牧场、边境口岸、边防哨所、边贸集市等服务盲区基层服务点建设，消除服务“盲点”，助力文化脱贫。另一个重点任务是统筹推进重点公共数字文化工程建设，包括推进全国文化信息资源共享工程建设。要求推进文化资源信息共享工程国家中心及各级分中心、支中心和基层服务点软硬件系统升级换代，提高服务终端配置标准，实现数字存储空间、网络带宽扩容增能。将各级文化共享工程分中心、支中心和服务点纳入国家公共文化数字支撑平台，形成公共文化特色应用集成，进一步拓展各级文化共享工程设施的服务功能，促进用户、数据、资源、服务的整合，实现公共数字文化资源按需推送、一站式服务。推进数字图书馆推广工程建设，要求推进公共图书馆软硬件系统等基础设施升级换代，改善各级数字图书馆存储空间、网络设备、终端服务设施配置。建设面向基层、互联互通的数字图书馆服务网络，构建覆盖国家、省、市、县四级公共数字图书馆网络服务体系。推进公共电子阅览室升级换代，要求促进公共数字文化基层服务点标准化配置，推动各地对公共电子阅览室进行升级换代，提升软硬件设施配置水平。加强公共文化服务一体机、电脑、各类移动设备、无线网络设施的更新换代，提高互联网络服务带宽，提供有线与无线网络接入服务，支持多种终端设备访问，为基层群众提供集成化、一站式公共数字文化服务。安装网络服务监测管理系统，加强运行监测和维护，形成常态化的设备和技术更新机制[①]。2017 年 7 月，文化部印发《“十三五”时期全国公共图书馆事业发展规划》，要求加强图书馆数字化建设，深入实施数字图书馆推广工程，提高各地公共图书馆数字化服务能力，构建标准统一、覆盖城乡、互联互通、便捷高效的公共数字文化服务网络，县级以上公共图书馆全部具备提供互联网服务和移动终端服务的能力[②]。

---

① 文化部关于印发《文化部“十三五”时期公共数字文化建设规划》的通知[EB/OL]. [2019-07-04]. http://zwgk. mct. gov. cn/auto255/201708/t20170801_688980. html.

② 文化部关于印发《“十三五”时期全国公共图书馆事业发展规划》的通知[EB/OL]. [2019-07-04]. http://zwgk. mct. gov. cn/auto255/201707/t20170726_685747. html.

在软件方面，2013 年文化部印发的《文化部信息化发展纲要》要求面向不同类型、不同层面的社会需求，搭建技术创新、门类齐全、特色鲜明的文化信息共享发布与应用服务的专业化工作平台，部署文化产业信息服务和公共数字文化服务系统，全面提供文化信息资源服务①。《文化部“十三五”时期文化科技创新规划》要求建设文化科技成果转化平台，探索建设国家文化科技公共服务平台，推进文化产业、公共文化服务、文化遗产、对外文化交流与贸易等领域的文化科技数据库建设②。《文化部“十三五”时期公共数字文化建设规划》要求完善国家公共文化数字支撑平台，健全门户导航、资源调度分发、需求征集和服务反馈等功能，实现网络联通、资源共享、定制导航、交互服务。继续推进中国文化网络电视、国家数字文化网等新媒体建设，加强宣传推广，提高点击率和用户量。推动县级公共图书馆接入数字图书馆推广工程服务平台，完善数字图书馆推广工程服务网络，促进各级公共图书馆数字资源的整合与共享。进一步要求推动各类公共数字文化服务平台互联互通。推进国家公共文化数字支撑平台与国家数字图书馆推广工程平台之间的互联互通，实现数据资源和应用服务的合理调度。积极推进基层公共数字文化服务平台与国家公共数字文化服务平台之间实现用户、数据、资源、服务的互通互联，形成覆盖全国的公共数字文化服务网络。鼓励各级各类公共数字文化服务平台与商业运营平台、网络传播媒体、公共服务平台开展合作，嵌入公共数字文化服务，增强公共文化服务便利性③。

3.1.3 研发支持政策

《文化部关于推动数字文化产业创新发展的指导意见》要求加强关键技术研发、产业融合探索、商业模式创新④。《文化部“十三五”时期文化产业发展规划》要求支持数字文化资源开发关键技术研究与应用，加快文化产品数字化、协同化步伐，加强文化领域重要装备、工艺、系统、技术平台等相关研究⑤。《文化部“十三五”时期文化科

---

①② 文化部关于印发《文化部信息化发展纲要》的通知[EB/OL]. [2019-07-04]. http://www. gov. cn/gzolt/2013-09/18/content_2490872. htm.

③ 文化部关于印发《文化部“十三五”时期公共数字文化建设规划》的通知[EB/OL]. [2019-07-04]. http://zwgk. mct. gov. cn/auto255/201708/t20170801_688980. html.

④ 文化部关于推动数字文化产业创新发展的指导意见[EB/OL]. [2019-07-04]. http://zwgk. mct. gov. cn/auto255/201704/t20170424_493319. html.

⑤ 文化部关于印发《文化部“十三五”时期文化产业发展规划》的通知[EB/OL]. [2019-07-04]. http://zwgk. mct. gov. cn/auto255/201704/t20170420_493300. html.

技创新规划》的发展目标之一是突破重点技术。要求围绕文化建设重大需求，特别是公共文化服务、文化产业、文化市场、文化遗产保护传承、对外文化交流和贸易，加强技术研发、集成应用和产业化示范，推动实施 10 至 15 项国家级科技重点项目，制定 40 项左右文化领域国家标准和行业标准，大幅提升技术创新对文化产业增长的贡献率。着力实施的重点工程中，有文化科技重点研发一项。要求加强研发规划：第一，与科技部门合作，将文化领域共性关键技术研发需求纳入国家有关科技发展规划，将文化科技创新活动纳入国家科技管理工作体系，要推动落实《国家“十三五”文化遗产保护与公共文化服务科技创新规划》。第二，组织相关项目，利用国家科技计划（专项、基金等）管理部际联席会议机制，推进文化领域国家重点研发计划项目实施。协调落实国家“现代服务业科技专项”中“文化科技”方向的有关任务。引导各地艺术研究院所、艺术职业院校及文化企事业单位申报实施地方科技项目。第三，完善项目管理，建立文化科技研发项目库，发挥指南、申报、孵化综合功能。形成科学合理的项目管理制度和流程，加强项目中期督查，确保项目顺利实施、通过验收。该规划还提供了优化文化科技管理体制、完善文化科技政策措施、拓展文化科技支持渠道等三项保障措施①。

3.1.4 技术合作政策

《文化部“十三五”时期文化科技创新规划》的主要任务之一是加强协同创新。第一，强化文化企业创新主体地位。发挥市场和政府在资源配置中的各自优势，科技创新与制度创新双轮驱动，加快建设以企业为主体的技术创新体系，发挥企业在创新决策、研发投入、成果转化中的主体作用。引导各种创新要素向高新技术文化企业集聚。培育创新型领军企业。第二，支持高校、科研院所参与文化科技创新。坚持产教对话、科教协同，引导高校、科研院所根据文化建设的科技需求，开展基础研究和前沿技术攻关。探索文化单位与科技企业及科研机构合作新机制，通过专业分工、服务外包、订单生产、技术联盟等多种途径，建立协同创新关系。第三，建设文化科技创新综合载体。按照优化布局、重点建设、分层管理、规范运行原则，建设一批突破型、引领型、平台型的国家文化创新研究中心、文化部重点实验室。探索建立文化部工程技术研究中心，支持建立文化科技创新联盟及区域性文化科技协同创新平台，推动文化科技社会组织建设。培育文化科技领域市场

---

① 文化部关于印发《文化部“十三五”时期文化科技创新规划》的通知[EB/OL]. [2019-07-04]. http://zwgk. mct. gov. cn/auto255/201705/t20170503_493589. html.

化新型组织、研发服务中介和研发服务外包新业态。发挥文化科技融合示范基地作用，支持国家自主创新区、高新区等向文化科技领域拓展。加强文化艺术智库建设，引导科研机构、高校、研究院所、文化企事业单位及相关社会组织参与文化科技创新活动。第四，促进国际合作。开展多层次、多方位的文化科技国际交流。引导国内企业和国际优势企业加强文化领域关键技术、产品的研发合作。支持国内企业开拓国际市场，形成若干具有国际竞争力的文化科技企业和产品。第五，推进文化科技领域大众创新创业。搭建社会化、专业化、网络化创新服务平台，加强孵化器建设，支持“专、精、特、新”小微文化企业发展。鼓励文化企事业单位、大学科技园、科研院所构建低成本、便利化、全要素、开放式的众创空间。鼓励社会力量投入文化科技领域大众创新项目①。

3.1.5 人才鼓励政策

《文化部信息化发展纲要》要求，要注重人才培养，建立人才培养制度，制定人才培养计划，广开人才培养渠道。加强对文化从业人员的信息化基本技能培训，全面提升文化从业人员的信息化素质；加强信息专业技术人才队伍建设，提高技术人员的专业水平，建立一支技术精、能力强、作风正的信息化工作队伍②。《文化部关于推动数字文化产业创新发展的指导意见》要求强化创新服务和人才支撑，加大人才培养力度，创新人才培养模式，开展人才实训和交流，培养兼具文化内涵、技术水准和创新思维的数字文化产业人才③。《文化部“十三五”时期文化产业发展规划》要求强化人才支撑，以产业发展为导向，以高端内容创作、创意设计、经营管理、投资运营、数字文化、文化金融等人才为重点，加强对文化产业人才的培养和扶持，为文化产业发展提供强有力的人才支撑。针对文化产业发展重点领域，办好各类人才培训班、研修班。推动文化产业相关学科专业建设，鼓励有条件的高等学校、中等职业学校和其他教育机构等开设文化产业相关专业和课程。发挥高校院所、培训机构、文化企业、园区基地、众创空间、孵化器等机构的各自优势，推进产学研用合作培养人才。鼓励有条件的地区出台文化产业高端

① 文化部关于印发《文化部“十三五”时期文化科技创新规划》的通知[EB/OL]. [2019-07-04]. http://zwgk. mct. gov. cn/auto255/201705/t20170503_493589. html.

② 文化部关于印发《文化部信息化发展纲要》的通知[EB/OL]. [2019-07-04]. http://zwgk. mct. gov. cn/auto255/201309/t20130918_474677. html.

③ 文化部关于推动数字文化产业创新发展的指导意见[EB/OL]. [2019-07-04]. http://zwgk. mct. gov. cn/auto255/201704/t20170424_493319. html.

人才引进政策。鼓励通过“走出去、请进来”的方式，加强与各国文化产业界的交流合作，培养国际化人才。加强文化产业领域智库建设，鼓励各地结合实际建设文化产业专业智库，发挥好文化产业研究和咨询机构、文化产业专家委员会等在理论创新、智力支持、督查指导和项目评审等方面的作用[①]。《文化部“十三五”时期文化科技创新规划》要求加强人才培养：第一，培养多层次人才。形成文化领域科学研究、工程技术、科技管理、科技创业人员和技能型人才梯次齐备的人才结构。加大对重点领域、企业急需紧缺人才支持力度。培养知识产权和技术转移人才，壮大技术经纪人队伍，提升管理人才职业化和专业化水平。将传统工艺及其他非物质文化遗产传承人群的培养纳入艺术职业教育体系。第二，完善人才培养模式。依托国家科技人才专项及其他人才项目，发挥高校院所、企业、园区基地优势，以文化科技重点领域的技术研发项目为载体，汇集和培养各层次人才，健全人才培养使用、考核评价、激励保障机制。建立文化科技专家资源库，支持高校设立文化科技交叉学科与专业，培养后备人才。鼓励文化科技研发团队申报国家自然科学基金、国家重大项目、国家科技进步奖等。支持实施国家创新人才推进计划和创新人才培养示范基地建设[②]。《文化部“十三五”时期公共数字文化建设规划》要求注重队伍建设，采取专兼职结合等方式，建立一支总量均衡、相对稳定、技术过硬、业务精湛的公共数字文化人才队伍。完善选人用人机制，采取聘用制、劳务派遣、委托管理、服务外包、联建共享等方式，加强公共数字文化人才配备。建立分级培训机制，采取网络远程培训和集中培训等方式，加强队伍培训，提升队伍整体素质。结合“阳光工程”，吸纳文化志愿者参与公共数字文化工作。加强与公共文化服务机构、科研院所、高等院校、文化企业等合作，搭建专业技术人才交流平台[③]。

3.1.6 资金支持政策

《文化部信息化发展纲要》要求加大资金投入，各地文化行政部门要积极争取财政支持，既要保障已建项目的运维资金支持，也要加大信息化建设的投入。要鼓励和引导

---

① 文化部关于印发《文化部“十三五”时期文化产业发展规划》的通知[EB/OL]. [2019-07-04]. http://zwgk. mct. gov. cn/auto255/201704/t20170420_493300. html.

② 文化部关于印发《文化部“十三五”时期文化科技创新规划》的通知[EB/OL]. [2019-07-04]. http://zwgk. mct. gov. cn/auto255/201705/t20170503_493589. html.

③ 文化部关于印发《文化部“十三五”时期公共数字文化建设规划》的通知[EB/OL]. [2019-07-04]. http://zwgk. mct. gov. cn/auto255/201708/t20170801_688980. html.

社会力量广泛参与信息化建设，扩大文化部信息化建设的资金来源。加大对少数民族地区、贫困落后地区的扶持力度。加强信息化建设的资金管理，规范资金使用流程、提高资金使用效率[①]。《文化部关于推动数字文化产业创新发展的指导意见》要求落实相关财税金融政策，积极发挥财政资金的杠杆作用，用好文化产业发展专项资金等各类财政资金，中央预算内投资、国家专项建设基金等投资政策，政府与社会资本合作等模式，支持一批数字文化内容创作、技术研发、平台建设、产业融合项目，带动社会资本投入。支持符合条件的数字文化企业申报高新技术企业认定，享受减按 15% 的税率征收企业所得税等政策。对企业发生的符合条件的创意和设计费用执行税前加计扣除政策。加大直接融资力度，鼓励符合条件的数字文化企业通过各类资本市场融资，积极运用债券融资，支持设立数字文化产业创业投资引导基金和各类型相关股权投资基金。建立投融资风险补偿和分担机制，鼓励开发性、政策性、商业性金融机构支持数字文化产业发展，推进投贷联动，实现财政政策、金融政策、产业政策的有机衔接。做好数字文化产品和服务纳入《战略性新兴产业重点产品和服务目录》的落实工作，支持享受有关优惠政策[②]。《文化部"十三五"时期文化产业发展规划》要求完善经济政策，结合文化产业发展实际需要，加大政策创新和执行力度，进一步推动完善文化经济政策体系，加强对政策落实情况的评估督导。创新政府投入方式，逐步引入市场化运作模式，加大对具有较好市场前景、战略性、先导性的文化产业创新创业项目支持力度。争取各类财政资金、基金加大对文化产业的支持力度，提高资金使用效益。鼓励文化产业类投资基金发展，综合运用设立基金、阶段参股、风险补助和投资保障等方式吸引社会资本投入文化产业。研究出台文化产业专项债券发行指引。推动将文化用地纳入城乡发展规划、土地利用总体规划，在国家土地政策许可范围内，优先保证重要文化产业设施、项目用地。鼓励将城市转型中退出的工业用地根据相关规划优先用于发展文化产业。鼓励将旧厂房、仓库改造成文化创意场所，推动落实在五年内继续按原用途和土地权利类型使用土地的过渡期政策[③]。《文化部"十三五"时期文化科技创新规划》要求拓展文化科技支持渠

---

① 文化部关于印发《文化部信息化发展纲要》的通知[EB/OL]. [2019-07-04]. http://zwgk. mct. gov. cn/auto255/201309/t20130918_474677. html.

② 文化部关于推动数字文化产业创新发展的指导意见[EB/OL]. [2019-07-04]. http://zwgk. mct. gov. cn/auto255/201704/t20170424_493319. html.

③ 文化部关于印发《文化部"十三五"时期文化科技创新规划》的通知[EB/OL]. [2019-07-04]. http://zwgk. mct. gov. cn/auto255/201704/t20170420_493300. html.

道，争取中央和地方财政加大对文化领域的科技投入，并引导文化企业先行投入开展研发攻关，政府部门以财政后补助、间接投入、以奖代补、政府采购等形式进行支持。探索设立文化科技类扶持基金。鼓励基于文化企业特点开展金融产品和服务创新，推广知识产权和股权质押贷款。鼓励开发创新型文化保险产品。支持有条件的文化科技企业在创业板、新三板等挂牌上市，采用并购重组、股权合作的方式，提升创新能力和市场竞争力[①]。《文化部"十三五"时期公共数字文化建设规划》要求完善经费保障，中央财政通过现有资金渠道，统筹支持地方公共数字文化建设，重点向革命老区、民族地区、边疆地区和贫困地区倾斜。各地文化行政部门要积极争取本地党委政府的重视和支持，将公共数字文化建设纳入财政预算，加强经费保障、管理和使用，提高财政资金使用效益[②]。

3.2 政策落地与实践

3.2.1 相关规划与项目试点

在相关政策的指导和推动下，我国文化主管部门和各地政府开始进行文化大数据的规划布局和实践发展。通过政府帮扶和试点，我国的文化大数据产业从无到有逐步开展。通过调研，本书将目前我国文化大数据的组织规划和实践试点总结如下。

表 3–1 我国文化大数据的发展规划和项目试点

时间	项目与试点名称	负责机构	简介
2012 年	"云计算环境下智能化数字文化资源信息采集和资源整合及服务模式研究"项目	文化部全国文化信息资源建设管理中心、北京大学、中科院计算所	经过两年时间，研究云计算环境下数字文化资源的整合方案、智能化数字资源采集技术及文化资源的新型服务模式，实现了对数字文化资源的全局化管理，提升了公共文化资源的云服务能力和水平[③]。

① 文化部"十三五"时期文化科技创新规划[EB/OL]. [2019–07–04]. http://zwgk. mct. gov. cn/auto255/201705/t20170503_493589. html.

② 文化部关于印发《文化部"十三五"时期公共数字文化建设规划》的通知[EB/OL]. [2019–07–04]. http://zwgk. mct. gov. cn/auto255/201708/t20170801_688980. html.

③ 连晓芳. 全面推进科技成果融入文化领域——国家文化科技提升计划实施6年圆满结项[EB/OL]. [2019–07–04]. http://www. cssn. cn/wh/wh_cysc/201701/t20170117_3387230. shtml.

续表

时间	项目与试点名称	负责机构	简介
2016 年	国家级文化科技融合示范基地	贵阳国家高新区	全力打造中关村贵阳科技园核心区、中国西部众创园、国家数字内容产业园、贵阳火炬软件园等文化大数据融合发展平台，实施了中华文化云、教育云、媒体云等一批文化装备、文化软件重点项目，并引进了一批文化科技企业①。
2017 年	中国文化大数据产业项目专家委员会	中宣部、国家新闻出版广电总局、国家版权局、全国扫黄打非办公室	中国文化（出版广电）大数据产业项目是《国家“十三五”时期文化改革发展规划纲要》中的重大文化产业工程，2017 年后项目相关的重大决策、项目规划、平台建设、技术开发等方案都必须经过专家指导委员会进行专业评审、全面论证和监督指导②。
2017 年	公共文化服务大数据应用文化部重点实验室	文化部全国公共文化发展中心、北京大学信息管理系	针对大数据技术发展前沿和公共文化服务的需求，凝练科研目标，开展公共文化服务大数据应用的基础、共性、关键和前瞻性技术研究③。
2017 年	全国公共文化服务大数据应用文化部重点实验室实践基地	文化部	“公共文化服务大数据应用文化部重点实验室启动会”上被授予“全国公共文化服务大数据应用文化部重点实验室实践基地”的有 7 家单位：成都市文化广电新闻出版局、上海图书馆、南京图书馆、宁波市文化局、中山市文化广电新闻出版局、福建省图书馆、重庆市文化委员会。
2018 年	国家语言资源监测与研究少数民族语言中心蒙古文大数据研究基地	内蒙古师范大学	该研究基地将加强蒙古文大数据产业领域的国际合作，构建“中国少数民族语言资源动态流通资料库”④。
2018 年	“一带一路”民族文化大数据中心	国家信息中心、中央民族大学	根据合作协议，国家信息中心与中央民族大学联合创建“‘一带一路’民族文化大数据中心”；共同推动中国“一带一路”网建设；开展智库建设和国际交流合作，服务数字丝绸之路建设；开展大数据人才联合培养和理论与技术创新研究；共同推动产学研用融合和产业孵化，合作参与南海大数据“一院一谷一中心”建设等⑤。

① 贵阳文化大数据：初步形成文化科技产业集群[EB/OL]. [2016-12-30]. http://www.dzwww.com/xinwen/shehuixinwen/201612/t20161230_15362300.htm.

② 潘宣. 中国文化大数据产业项目专家委员会成立[EB/OL]. [2017-07-27]. http://ent.rednet.cn/c/2017/07/27/4372880.htm.

③ 公共文化服务大数据应用文化部重点实验室启动会在京召开[EB/OL]. [2017-04-18]. http://www.ndcnc.gov.cn/gongcheng/shoujibao/201704/t20170418_1320311.htm.

④ 张玮. 内蒙古成立蒙古文大数据研究基地[EB/OL]. [2018-06-14]. http://www.myzaker.com/article/5b21b69d77ac647057099e28/.

⑤ 向昌明. “一带一路”民族文化大数据中心揭牌成立[EB/OL]. [2017-07-24]. http://news.sina.com.cn/o/2017-07-24/doc-ifyihmmm8346066.shtml.

在中宣部、文化和旅游部、国家新闻出版广电总局等国家部委的牵头和组织下，在地方政府部门、科研院校、文化事业单位等的广泛参与下，文化大数据事业开始在我国萌芽，通过实践基地、实验室、科研项目、平台建设等方式开展文化大数据的应用规划、关键技术突破、服务模式研究等。值得肯定的是，中科院、国家信息中心等一批拥有较强科研技术能力的机构也积极加入到文化大数据工作中，依托技术优势为文化大数据的发展提供新的方案。通过社会各界的广泛合作和交流，文化大数据的成果也逐渐显现，提供了重要的实践范例和借鉴经验。

3.2.2 应用成果

表 3-2 我国文化大数据平台建设成果和技术实践

时间	名称	负责机构	简介
2015 年	公共文化大数据平台的关键技术研究	国家文化科技提升计划项目	该项目针对公共文化领域大数据所涉及的媒体数据汇集、分布式存储、内容集成发布、数据挖掘分析等关键技术开展了研究，建构了以数字转化加工、数字化传播、数字化管理为主要特征的大数据新媒体公共服务平台。
2015 年	“一带一路”数据库	社会科学文献出版社	“一带一路”数据库以“一带一路”基础资料库、学术理论库、投资指南库为三大基本定位，设置八个二级子库，包括国家库、省域库、理论库、专题库、指数库、专家库、史话库及资讯库①。
2017 年	国家公共文化云	文化和旅游部全国公共文化发展中心	整合了全国公共数字文化资源和服务，老百姓通过电脑、手机客户端实现文化类活动的共享直播、资源点播、活动预约等，更加便捷地享受公共文化服务。
2016 年	“一带一路”大数据综合服务门户	国家信息中心	打造面向政府和社会的“一带一路”综合信息服务平台及相关互联网 + 信息服务体系。信息、服务、合作是网站的三大核心板块②。
2016 年	文化上海云	上海市文广局	“文化上海云”是全国第一朵省级公共文化云，平台提供的大数据可显示不同区县、不同街镇、不同场馆的公共文化需求，让公共文化资源配送更加精准地符合市民需求③。

① 杨培泽. 中国工业大数据将迎来快速发展机遇与创新变革[EB/OL]. [2017-06-30]. https://www.ydylcn.com/skwx_ydyl/sublibrary?SiteID=1&ID=8721.

② 郑金武. “一带一路”大数据综合服务门户网上线运行[EB/OL]. [2016-02-28]. http://news.sciencenet.cn/htmlnews/2016/2/339177.shtm.

③ 王宏泽. 文化云平台为上海公共文化服务提供大数据[EB/OL]. [2016-12-23]. http://difang.gmw.cn/2016-12/23/content_23324888.htm.

续表

时间	名称	负责机构	简介
2016年	图书馆大数据分析试验系统	重庆市图书馆	以图书馆相关信息系统为基础，结合目前逐渐应用于各行业的大数据技术、理念，建立一套基于数据收集、数据分析挖掘、数据展示应用、数据分析服务的公共图书馆大数据分析处理系统，为图书馆文献业务处理、管理决策参考、文化深度服务等方面的工作提供指导和参考。
2017年	成都市公共文化服务大数据绩效管理平台	成都市文化广电新闻出版局	该绩效管理平台分为数据分析、基础数据、评价数据、在线考核、分享交流五大功能版块，包含基础设施、文化活动、政策保障、经费保障、人员保障等五大数据指标，并分为市级总览及县、乡、村三级分别呈现，同时可借助成都市党媒新媒体“看度”作为数据源收集及效果宣传渠道①。
2017年	山西文化云	山西省文化厅	运用互联网、云计算、大数据等现代信息技术手段和传播方式，整合山西文化数字资源而建设的文化资源管理平台、文化公共服务平台、文化产业服务平台②。
2017年	唐宋文学编年系地信息平台	武汉大学	武汉大学王兆鹏主持的社科基金重大项目建设成果。随意点开地图总览中的红点，便可看到哪些诗人、词人曾在此停留，欣赏其留下的篇章。从诗人列表点击诗人名字，便可看见其一生行迹的文字版和路线图，点击路线图中的任何一个地名，便能看到诗人在这里生活的时段和留下的作品③。
2017年	非遗大数据平台	联合国教科文组织、全球希望联合会、永新华控股集团、永新华韵文化产业投资集团	平台将建立准入制度、备案体系，为非遗项目和传承人提供专业的非遗展示平台。此外，平台将推出防伪溯源体系“诚品宝”，通过该体系认证，加强文化版权保障，促进文化创意和非遗的多样性发展。同时，通过大数据分析挑选对应非遗项目落地线下园区，打通O2O形成线上线下一体化运作体系④。
2018年	百姓文化云	河南省委宣传部、河南省文联、河南省文化厅	平台整合了河南省2200多个公共文化场馆的文化资源和1000多个文化社团的演出活动资源，让群众更方便、快捷地共知共享⑤。

① 公共文化|公共文化服务大数据要这么干[EB/OL]. [2017-04-18]. http://www. sohu. com/a/134762001_478898.

② 李尚鸿. “山西文化云”上线在这里，艺术节“永不落幕”[EB/OL]. [2017-08-21]. https://www. sohu. com/a/166097101_102825.

③ “唐宋文学编年系地信息平台建设”基本信息[EB/OL]. [2013-03-18]. http://www. npopss-cn. gov. cn/n/2013/0318/c358283-20827398. html.

④ 洪祖诚. 联合国教科文组织国际非遗大数据平台在京上线[EB/OL]. [2018-01-19]. https://v. huanqiu. com/article/9CaKrnK5SVC.

⑤ 银新玉. “百姓文化云”上线 文化活动尽在“掌”握[EB/OL]. [2018-01-19]. http://www. henan. gov. cn/2018/04-24/390174. html.

续表

时间	名称	负责机构	简介
2018 年	文化云南云	云南省文化厅	采用统一云平台整合汇集全省各地区、各单位公共文化服务资源，深入开发增量资源，将全省文化场馆资源整合在一起，用户只需通过手机平台进入云平台，即可访问全省各类文化场馆、文化活动、文化服务项目等[①]。
2018 年	青城文化云——呼和浩特市公共文化大数据平台	呼和浩特市文化新闻出版广电局	平台包含公共文化应用服务系统、大数据分析系统、开放共享系统、文化舆情分析系统，建设完成了“一平台、三服务”的全新模式，实现了文化信息资源共享，文化服务共建，满足了广大群众日益增长的精神文化需求[②]。
2018 年	多彩贵州文化云	贵州省文化厅	该平台可进行全面、客观、准确的实时统计和智能分析，实时记录每场文化活动的参与人数、参与人群结构、场馆设施使用效率、场馆设施服务半径、群众评价等公共文化大数据，通过“多彩贵州文化云”大数据平台的智能分析，促进文化服务内容的精准匹配、文化服务设施的合理配置、文化服务转型升级，全面提升文化管理机构的决策能力，推动贵州省文化服务整体效能提升[③]。
2017 年	文化新媒体大数据应用平台	网智天元、文化大数据专业委员会、中央文化管理干部学院	旨在利用大数据技术与手段，采集、测评文化新媒体所发布的信息内容和社会反应。通过对文化热点的追踪分析，最终实现研究判断当前文化发展趋势，为国家文化发展的政策制定、文化新媒体的建设、文化人才培训等提供数据支撑和辅助决策服务，为文化干部培训提供研究数据、培训案例，进行文化大数据应用、文化媒体建设与运营培训，拓展文化干部培训内容与方式等。
2018 年	中华传统文化大数据工程	中华书局	中华书局打造“中华传统文化大数据中心”项目，收录范围涵盖中国传世古籍的主要品种，希望能基本满足学术界和全社会对优质传统古籍的需要[④]。

① 刘晓. 我省打造“云南文化云”平台[EB/OL]. [2018-01-19]. http://yndaily. yunnan. cn/html/2018-01/19/content_1199464. htm?div=-1.

② 呼和浩特市公共文化服务平台[EB/OL]. [2019-07-14]. http://szpt. qdsaas. com/.

③ 刘修兵. 促进文化大数据快速流通[EB/OL]. [2017-10-31]. http://www. cssn. cn/wlwh/201710/t20171031 _3688234. shtml.

④ 打造“线上中华”，让古籍焕新生[EB/OL]. [2018-05-30]. https://baijiahao. baidu. com/s?id=1601884391211275889&wfr=spider&for=pc.

续表

时间	名称	负责机构	简介
2016 年	浙江省文化产业大数据服务平台	浙江省文化产业促进会、云朵网	平台利用互联网、云计算、大数据等先进信息技术和管理模式，按照“政策引导、市场化运作、面向产业、服务企业、数据共享、注重实效”的原则，通过覆盖浙江省 11 个地级市，88 个县市区，为当地文化产业主管部门、文化企业和第三方机构提供基于云计算的“文化产业公共服务平台及一站式服务”①。
2017 年	苏州市文化消费大数据平台	苏州市文化广电新闻出版局	以提高城乡居民整体文化消费水平为根本，本着“自愿、开放、便民、择优、共赢”原则，选择确定部分文化消费网点接入“苏州市文化消费大数据平台”，建成苏州市开展引导城乡居民扩大文化消费网络，服务城乡居民文化消费，提升城乡居民文化消费水平②。
2018 年	江苏省公共图书馆大数据服务平台	江苏省文化和旅游厅	到 2019 年 6 月，建成江苏省公共图书馆大数据平台，完成全省公共图书馆基本馆情数据、业务管理系统数据、数字资源服务数据以及公共数字文化工程数据的采集和整理，形成江苏省公共图书馆大数据服务中心，开展大数据分析，为全省各级文化主管部门和公共图书馆提供数据统计分析、可视化展示、应用接口和容灾备份等大数据服务③。
2015 年	湖湘地理云端数据库	湖南省委宣传部、湖南省委网信办、湖南省互联网信息办、湖南省文化厅	该数据库是湖湘地理大美网络巡展的成果，以可视化方式结合地图对湖南的地理、风俗、旅游等信息进行综合展示，可进行互动操作④。

从表 3-2 可见，我国文化大数据的应用与实践主要是在政府文化部门的组织与规划下，由公益性文化机构和单位实施的社会服务项目。总体来看，从内容形式上，文化大数据应用以文化信息云服务较为多见，基于“一带一路”和地方文化特色的文化数据应用也有较好的发展。从地区分布上，文化大数据应用呈现“东部发达、全面开花”的特点，国家级和东部地区的文化大数据实践有较好发展，同时中部和西南部地区的文化大数据应用也具有一定的亮点。

① 浙江省文化大数据产业平台[EB/OL]. [2019-07-14]. http://www.zdool.com/zdweb/login.aspx.

② 关于确定文化消费网点接入“苏州市文化消费大数据平台”参与文化消费试点工作的通知[EB/OL]. [2017-09-13]. http://www.suzhou.gov.cn/news/gsgg/201709/t20170913_906927.shtml.

③ 浙江省文化和旅游厅. 关于开展江苏省公共图书馆大数据服务平台建设的通知[EB/OL]. [2018-11-23]. http://wlt.jiangsu.gov.cn/art/2018/11/23/art_72525_8225869.html.

④ 湖南省第四届网络文化节[EB/OL]. [2019-07-14]. http://hxdl.voc.com.cn/.

3.3 发展特点与问题

3.3.1 现有政策的特点

以下将从战略目标的制定规划、内容覆盖范围和重点、产业环境的营造和优化、产学研一体化体系构建四个方面进行分析。

1. 战略目标的制定规划

通过对上述政策加以分析可以看出，首先，文化大数据扶持相关战略规划的制定者层级较高，尤以文化和旅游部为多。这是因为文化和旅游部是文化大数据战略规划的主要制定者和承担者，责无旁贷。本课题组曾调研了数种省级文化单位制定的相关战略和规划，这种规划本身就为数不多，而政策扶持的要求则更少。至于市县一级文化单位，由于文化大数据尚属于新鲜事物，则基本没有相关的战略和规划。其次，由于制定者的层次较高，这些战略规划都是高屋建瓴的，从大处着眼，而没有易于执行的具体规定。这一方面是由于制定者的层次较高，同时也是因为文化大数据还是一个不为人所熟知的概念，还没到全面铺开与落实的阶段。因而，制定一部专门的文化大数据技术扶持的战略规划，是迫在眉睫的事情。同时，也希望各级政府能够根据本级政府实际情况，制定出现实可行的战略规划，以促进国家文化大数据技术扶持政策有效地落在实处。

2. 内容覆盖范围和重点

通观上述战略与规划可以看出，其覆盖面是比较广的，对文化大数据技术扶持所涉及的所有主体，无论是政策的制定者、服务的提供者，还是技术的研发者都有所覆盖。对政策的各个方面，如人才培养、资金投入、技术研发等，都有所涉及。对文化大数据研发与应用的全过程，即产、学、研也都提出了相应的要求。这些高屋建瓴式的战略规划，所覆盖的范围较为全面，但是，技术扶持的重点在于技术应用的扶持。而对技术研发的扶持，其重点在技术合作层面。这是由公共文化服务提供者的定位决定的，公共文化服务的提供者主要是政府和事业单位，研发并非其所长。对于文化大数据技术的研发，文化部门责无旁贷，因而以合作的方式来完成相关工作，才是明智之举。而技术扶持的保障性措施的重点在人才培养和资金支持。这两方面的要求，多且详细。有没有足够的人才，是政策能否落到实处的关键之一。所谓“巧妇难为无米之炊”，资金支持正是保障文化大数据技术扶持政策得以落到实处的“米”。总结起来，文化大数据技术扶持的重点，在于技术应用的扶持，而保障措施的重点在人才培养和资金支持。

3. 产业环境的营造和优化

制定文化大数据战略规划的主要目的在于塑造良好的产业环境，促进文化大数据技术的应用与研发。在基础设施方面，首先要求建设一批国家级文化产业示范园区、国家文化产业创新实验区、国家文化与科技融合示范基地，以起到示范与带头作用。其次，开展文化装备系统提升工程，加强重点方向文化装备系统的技术供给，着力提高演艺装备水平，促进国家重大科研设施和科研仪器开放共享。再次，要求改善公共文化服务单位如图书馆、博物馆、文化馆等的设施设备配备，建立业务管理信息化系统，提升公共文化设施信息化水平。还要推进贫困地区公共数字文化设施提档升级。凡此种种，为文化大数据技术扶持政策的落实提供了良好的物质基础。在研发与应用支持政策方面，一再要求在重点技术、关键技术方面实现突破，并通过国家级重点项目立项，鼓励与科研单位合作，建立国家文化创新研究中心、文化部重点实验室等方式，为技术的研发与应用提供了良好的环境。在人才培养方面，一方面要求提升从业人员的基本技能，同时也加强人才培养，通过多种手段、多种途径，培养相关人才，为文化大数据技术研发与应用的人才队伍建设提供保障。在资金支持方面，既要求加大相关投入，又通过财税、基金、保险以及灵活的经营方式等方法加大对文化大数据技术的扶持。通过种种手段，为文化大数据技术的研发与应用营造了一个良好的产业环境，并对现有环境进行优化。

4. 产学研一体化体系构建

综合分析上述战略规划，不难发现一个构建产学研一体化的思路。公共文化服务的提供者，即政府与相关文化单位，既是文化大数据的应用者，也是文化大数据的生产者，还是文化大数据的学习者。这样一种角色定位的存在，就要求文化大数据技术扶持向产学研一体化的方向发展。作为文化大数据的应用者和生产者，文化单位要不断加强文化大数据技术的应用，加快大数据技术的研发。这一点，在上文研发支持政策（见本书 3.1.3 节）、技术合作政策（见本书 3.1.4 节）、人才鼓励政策（见本书 3.1.5 节）中，多有例证，此处不再赘述。同时，作为文化大数据的学习者，文化工作者必须熟练掌握文化大数据技术，成为专家。因此，产学研一体化的构建，应该成为未来文化大数据技术扶持的一个重点。

3.3.2 现有政策存在的问题

1. 政策制定方面的问题

我国在推进大数据技术发展的过程中，强调国家宏观政策方面的引领。国家战略中也制定了一系列政策以积极推进大数据技术的发展。在人才培养方面，我国相对偏重于大数据应用人才及职业技能人才培养。但是我国大数据发展起步较晚，大数据技术基础设施相对薄弱，大数据技术研发层面急需加强。与其他国家相比，我国大数据战略中缺乏具体的行业指导、阶段性可操作目标，并且没有明确提出对大数据技术研发的支持力度及大数据技术应用中的资金投入等。当前世界各国大数据技术相关人才方面都有很大缺口，我国也不例外，急需大量大数据研发、管理及应用人才。另外，数据开放及共享是各国共存的问题，尽管我国也从国家战略规划方面提出数据开放及共享，但如何切实对数据开放和共享进行适配也是需要解决的问题。在管理体制方面，其他国家都有专门的机构对大数据战略涉及的各具体方面进行管理，管理体制方面我国有待进一步完善。

文化领域大数据的研究及应用更是处于起步阶段。国家大数据战略中较少涉及文化领域，多涵盖政务信息公开、医疗、科技、互联网商务和舆情、通信、金融、生态环境、国土资源、林业、农业、交通、水利等。并且，目前文化领域对大数据还缺乏普遍性的认识，存在一些认识的偏差。首先，文化领域大数据政策制定主体较少。其次，大数据技术对文化领域正在产生深远影响，为文化产业的发展和创新都提供参考和支持，但是文化产业的核心是变革和创新，过分依赖大数据迎合产业需求，易丧失文化产业的创新能力和文化活力。最后，文化产业对大数据的应用和实现存在畏难情绪，大数据的技术应用、资源和资本门槛高，文化机构应用能力不足。大数据获取、收集、存储、应用等均是巨大的系统工程，难以掌握完成。这种畏难情绪阻碍了大数据在文化领域内不同机构和行业的融合，也进一步阻碍了文化产业依托其具有的数据资源优势以寻求文化大数据发展的道路。

2. 政策执行方面的问题

我国大数据产业发展起步较晚，在大数据核心技术研发方面仍相对薄弱，大数据产业链还处于发展形成的阶段。推动大数据产业发展，需要根据市场需求制定相关产业政策，以统领我国国家和地方的大数据产业发展。我国政府已经出台一系列政策措施以推进大数据产业发展，但是仍然缺乏具体行业指导、可操作的阶段性目标、管理和监督机构等。同时，各级政府及企业存在技术、设施、人员和资金等条件限制，且产业效果尚未可知，因此在切实落实大数据政策、实现大数据战略目标方面存在困难。尽管当前有贵州、上海、北京、苏州等地方政府出台大数据政策和规划纲要，成立大数据试验区，也拥有像百度、阿里巴巴、腾讯这些积极利用大数据技术的领头企业，但是当前我国大数据产业发展格局还没有完全成型，还需要不断进行优化。因此，如何使国家大数据产业发展规划对地方各级政府进行政策引领并使两者进行政策适配，需要进一步研究；如何根据各地区的大数据基础设施水平和大数据技术研发条件统筹我国大数据产业发展，是需要研究的问题；如何结合我国大数据产业发展状况，加强大数据产业财政支持，解决大数据技术研发人才、大数据管理人才缺口，优化促进大数据技术发展，提高大数据行业的互动和协同创新，加强产业联盟间的交流和合作，也是需要解决的问题。

3. 政策反馈完善的问题

当前，我国大数据产业处于初步发展阶段，正在实践中不断摸索前进。我国相继制定并出台多个大数据相关政策，目的就是通过政策激励和制约大数据产业和技术良好的发展环境，促进大数据发展。然而大数据政策的制定和执行均应以产业发展和满足社会需求为目标。从国家宏观战略政策来看，我国从基础研究方面已经满足了政策的需求，但是在大数据技术和产业发展的政策体系中还存在以下方面的供需不平衡的情况：第一，大数据技术研发方面，我国在存储、安全、检索、计算、分析方面正在齐头并进，但是在大数据采集方面却相对滞后。数据资源是大数据在各行各业中发展的基石，需要积极进行大数据核心技术研发，并制定相应的科技政策以促进大数据核心技术的研发。第二，我国在战略政策中没有明确提出对大数据产业发展的资本支持。第三，我国缺乏大数据技术相关的法律法规，大数据技术及产业发展的政策环境有待进一步优化。第四，虽然我国部分地方政府及行业成立大数据管理研究组，以统领促进地方和行业大数据技术和产业发展，但是国家战略政策与行业和地方政府的政策适配性低，国家层面缺少相应的行业指导和管理机制。从产业发展和社会需求方面看，存在以下两点问题：第一，当前大数据技术产业缺乏统一的行业技术交易标准和市场准入标准，这影响了大数据产业的发展，间接影响了大数据技术的发展。第二，缺乏大数据产业发展反馈和评估体系，这直接影响了国家根据产业发展和社会效益来进一步完善和修订政策，缺乏完善修订依据，导致大数据相关政策无法落地。

4. 人才队伍培养的问题

尽管我国大数据人才培养取得了一些成果，但无论是我国对大数据人才的培养数量、质量，还是对海外人才的引进力度，与美国、欧洲国家等仍存在差距。具体到文化大数据这一更为细分的领域，则更是缺乏与之相应的人才培养政策与支持，也未形成科学成型的文化大数据人才培养体系。首先，起步较晚，规模化不足。相比交通、医疗、金融等行业，大数据在文化行业的应用起步较晚。虽然已陆续开始出现大数据在公共文化领域的应用，如公共文化资源的数字化与存储、基于大数据的公共文化服务用户分析等，但目前还存在着大部分文化信息资源尚未进行数字化及大数据生产、建成海量数据后未能进行有效加工处理等尚待解决的问题。正因为对大数据在文化行业的落地应用仍处在探索阶段，对数据人才的需求层次相对较浅且零散，文化大数据人才无法在行业内形成规模，一定程度上影响了人才培养体系的建设和培养成效。其次，缺乏针对文化大数据的人才培养顶层设计。在我国大数据发展战略中，多项政策、规划中提出了加强对大数据及大数据人才的培养，但多集中在通信、交通、医疗等领域，对文化行业大数据发展则鲜有提及。行业内缺少针对文化领域大数据及人才培养的相关顶层设计，因而无法为文化大数据发展及人才培养提供宏观依据和行动指南。第三，尚未形成科学的人才培养体系。近年来，文化行业在文化大数据方面也做出了许多积极的探索。如2015年九三学社北京市委员会2014年就文化大数据背景下的北京市文化产业发展状况进行过一系列调研；光明日报社主办的“大数据时代的中国文化产业——文化大数据分享与互动”活动；贵州花溪区溪云小镇尝试搭建以大数据为引领的文化产业集聚平台等。但是，这些文化大数据相关的推动较为分散，使得其背后相关数据人才的培养也相对割裂，无法形成人才队伍建设、教育、培训、科研等一体化科学人才培养体系，不利于文化大数据人才的精细化培养。

3.4 小结

以大数据分析和应用为驱动的技术创新正在广泛而深刻地影响社会各行各业的发展，在此背景下，公共文化领域正处于创新和变革的重要机遇期，大数据的价值和战略意义已引起国家政府的高度重视。在我国，文化和旅游部作为我国制定文化发展规划和文化事业的主管部门，在大数据发展规划上也开始谋篇布局，从发展战略、基础设施建设、技术研发、社会合作、人才培养、资金支持等方面制定相应政策，并相继组织各地文化机构开展论证和落实工作。

目前，我国的公共文化大数据政策发展正处于研究、筹划和组织阶段，对基于大数据的文化内容建设，促进文化服务和文化产业发展起到了一定的积极作用，主要表现在：第一，明确提出文化大数据发展要求。对文化大数据的意义进行了阐述，结合技术发展趋势，对文化大数据发展的目标、阶段性成果、发展方向、实施步骤等进行解释和说明。第二，联合地方政府机构和单位积极开展工作试点。政策的制定重在落实，在文化和旅游部的牵头和组织下，大学、地方政府、文化事业单位、科技公司等开展合作，通过建立文化大数据实验室、文化产业大数据基地、研发文化大数据平台等助推文化大数据发展。这些试点为文化大数据政策体系的构建提供了经验，也为促进文化大数据的深入开展提供了必要的工作。第三，文化大数据政策正在向特色化、细致化、合作化方向发展。各地区由于经济和社会发展存在显著差异，文化基础设施、技术条件、业务模式、服务体系、产业消费等方面不尽相同。各地政府部门根据本地区发展情况，制定相应的促进政策，扶持领域和措施具有明显的地方特色。在中央的统一规划下，文化大数据发展战略已经有了较为明确的目标，当前正处于政策细化阶段，政策的重点也逐渐向技术研发、设施建设、人才资金等方面拓展。文化大数据的发展是一项极为复杂的系统性工程，国家和地方重视并鼓励通过社会合作的方式充分利用各项发展要素，积极吸收现有技术发展成果，为文化大数据发展提供保障。

然而，相对于其他行业来说，文化大数据的发展显得较为滞后。就现状而言，文化领域以国家和省级政策规划为主，由于尚缺乏对于大数据范围、种类和结构的细致梳理，政策制定还有待进一步深入和细化。另外，文化大数据政策的落实离不开政府的重视和组织协调机制的建立。成立相关负责部门，有助于事业的统筹规划，促进执行单位、社会民众和文化主管部门的沟通和反馈，确保政策制定和执行的有效性。

目前，在文化和旅游部以及各地方政府机构的重视和推动下，文化大数据发展事业取得了积极的进展。然而，构建完善的文化大数据政策体系是长期的工作任务，需要在实践中不断分析和修正原有问题，细化工作任务，加强政策落实，因势利导，因地制宜，推进文化大数据全面深入发展。

4　文化大数据开放共享机制

4.1　文化大数据开放共享机制的构建目标

我国文化大数据开放共享机制应该着眼于公共文化大数据的开放共享生态构建。短期目标是公共文化大数据应用和开放数据双管齐下、同步发展。中长期目标是利用大数据提高民众数字文化素养。终极目标是建设公共文化大数据共生生态。在创新、协调、绿色、开放、共享的新发展理念指引下，文化大数据开放共享的成果惠及全民。

4.1.1　公共文化大数据应用和开放数据双管齐下

美国没有全国统一的公共文化大数据政策，而在近几年出台的大数据政策中，可以看到其对公共文化大数据应用的推进。在白宫科学技术政策办公室（OSTP）发布的“网络和信息技术研发”（NITRD）计划中，美国把大数据或数据科学的范畴设定为：包括将数据变为知识的过程、数据挖掘和可视化、数据互操作性、数据搜索和发现以及语义学。该计划衍生的政府扶持大数据项目不仅包含了国防、能源、医疗、教育等领域的应用研发，还包含了公共领域的技术开发。例如，有利用公共科技文化数据的“地球立方”（Earth Cube）项目，还有利用专业图书馆数据的集成生物和临床信息化（Informatics for Integrating Biology & the Bedside）项目等。美国还出台了政府开放数据相关政策，使公众能够随时随地使用任何设备获得高品质的数字政府信息和服务，并且促进国家创新，提高为人民服务的质量。除此以外，美国一直在推动博物馆与图书馆服务法、信息自由法、隐私法和版权法等重要立法修改工作，为公共文化大数据的合理安全使用提供了法律保障。

我国大数据的广泛应用逐步改变着我们的思维模式和思考方式。尤其是在主张政府数据开放、实现资源共享的理念推动下，政府要重点关注数据资源的利用和社会各利益主体的广泛参与，在大数据、物联网和云计算等现代信息技术的引领和驱动下，改变民众认为政府无所不能的想法，弱化政府权力来改善“强政府弱社会”的局面，让政府站在民众的角度为民服务，还政于民，还市场以开放自由竞争的环境。政府通过加强服务和监管，不断提升其善治的能力。构建我国政府数据开放的共享机制就是发挥政府的主观能动性，收集由于数据格式不规范导致的散落在各部门中的数据信息，并纳入统一的数据库，使得政府成为数据最大的资源受益者，充分进行资源共享，将政府数据开放上升到宏观统筹的高度，凭借统一数据开放平台，改变数据壁垒所带来的数据零散的状态。

4.1.2 利用大数据提高民众数字文化素养

在欧洲，政府对公共文化大数据的支持也体现在大数据政策中。与美国不同的是，这些政策主要侧重利用大数据提高民众的数字文化素养。例如《欧盟 2020：智能型、可持续性发展、兼具包容性》中的数字议程规划提出，提高全民数字素养，激励创新，改善公众生活。在欧盟成员国中，2013 年英国发布了《数据能力发展战略规划》，也述及提升和改革教育文化体系中数据相关课程和专业研究，以及企业的人才激励和数据相关职业的发展，来促进人才的培育；法国发布的《数字化路线图》也明确了实现数字化领域就业以及提高公共服务的效率等内容。

我国学者认为文化大数据要挖掘文化价值深度，提升互联网文化附加值。清华大学中国产业发展研究中心特约研究员李挺伟指出，互联网是承载文化大数据的平台，需要充分发挥互联网的开放性，鼓励更多个人创作及团队创作，同时要注意保护原创性，保护内容创作的知识产权，形成从内容生产到播放发布的完整保护链条，保证创作主体的合法权益。这是提升互联网文化附加值的根本办法。另一方面，充分利用互联网平台的传播优势是扩大文化大数据影响力、提高公众数字文化素养的主要途径。因此，我国亟待建设互联网平台与创意源头的良性循环互动机制。

文化大数据发展尤其应该注意建立统一的生态系统。文化大数据将企业、社会、国家等不同层面的主体联结起来，形成一种共生生态。在发展过程里，应该高举“创新”“发展”的大旗，鼓励创新、秉持开放理念、保护知识产权、完善法规政策，不仅要建设文化大数据的海量数据网络，也要注重利用文化大数据提高民众的数字文化素养。鼓励民众使用文化大数据进行创新，与其他行业进行跨界合作等。

4.1.3　建设公共文化大数据共生生态

在亚洲，尚无国家提出公共文化大数据发展政策，但在大概念的公共领域，亚洲的发达国家十分重视大数据和相关技术的应用。例如日本政府正积极利用云技术改革行政业务办事流程、构筑政府信息公共平台、促进不同系统间的沟通合作，最终建立一个全国统一的电子政务服务体系。韩国“智慧首尔 2015”计划提出将首尔市、区及市的下属机关提供的 3 万余项教育、文化体育设施和医疗等公共服务的预约工作，统合到一处进行，以方便市民。

目前，我国的文化产业亟须融合大数据与互联网技术。依托互联网的平台功能，建立“互联网 + 文化产业”的共生生态系统。在新的形势下，我们面临着新的挑战和问题，包括文化的价值观、发展观、安全观等方面。这需要我们重新审视文化产业和文化大数据的精神内核。

2018 年 5 月，在光明日报社主办的“大数据时代的中国文化产业——文化大数据分享与互动”活动上，业界企业家和专家就建设大数据时代文化产业“共生生态”达成共识①。共识指出，大数据时代文化产业“共生生态”的实现路径是“四方五共”。“四方”是指消费者、企业、社会、政府这四个利益攸关方。“四方”要按照共商、共识、共建、共享、共担的“五共”程序和机制，以党建为引领，沿着“五共”的逻辑路径有序推进。在创新、协调、绿色、开放、共享的新发展理念指引下，最终实现共生，促进互联网空间的良性治理，营造开放包容的发展环境。

专家指出，创意经济的数字融合趋势验证了创意产业是一种“无边界产业”。其特征表现为两个动态过程：一是创意产业与相关产业的无边界融合，二是创意产业的无边界渗透。多媒体、新媒体、大数据等多种应用业务的交叉，使电信、媒体和信息技术部门既有竞争，又有合作，寻求跨平台的产品组合和收益共享，在为企业经营活动带来潜在市场空间的同时，也使得资源在更大范围内得以合理配置。在这个过程中，不正当竞争的出现，往往给产业和企业的发展带来掣肘，信息安全、用户服务等问题也进而成为影响产业发展的关键点。

---

①　光明日报．文化产业如何面对大数据时代[EB/OL]．[2019-07-15]．http://news.gmw.cn/2018-06/06/content_29146458.htm.

4.2 文化大数据开放共享机制的构建原则

2014年，国务院出台了《国务院关于推进文化创意和设计服务与相关产业融合发展的若干意见》，在基本原则中提出要“文化传承、科技支撑”，加强科技与文化的结合。在文化产业发展进程中，文化与科技的关系越来越密切，科技为文化产业发展提供了支撑，一方面不断拓展文化产业的行业态势，另一方面反过来开拓文化产业的发展空间。大数据技术的应用，给文化产业与科技的融合带来了新的动力，将创造更多的文化产业价值，呈现更好的文化产业发展态势。

4.2.1 可持续性原则

2016年5月，美国发布《联邦大数据研究与开发战略计划》，指出:“创建和加强国家大数据创新生态系统的联系，应该建立持续的机制来提高联邦机构在大数据领域进行合作的能力。”①

可持续代表可以把某种模式或者状态在时间上延续下去，并且没有间断，机制的建立必须是长效可持续的，通过内部的机制构建，为文化大数据开放持续开展机制保障。建立文化大数据开放共享机制，必须坚持可持续性的原则，既要满足目前社会的发展需要，又要保证未来的发展，共享机制的建立不是临时性的，而是要持久有效的，因此，以可持续性为原则构建文化大数据开放共享机制，能够更好地推动和保障文化大数据的开放和共享②。

文化大数据开放共享，不能再局限于传统的文化资源利用，须与数据的爆发式增长趋势同步，一方面将视角瞄准大量的碎片化信息、用户行为、用户关系，将焦点汇聚在由此产生的实时数据、非结构化数据以及交叉数据间的关系。另一方面，由于文化大数据的多元主体随着大数据时代的前进日益复杂化，其关系也会发生广泛而深刻的变化，因此，文化大数据开放共享要考虑到信息伦理规约与商业价值、开放数据价值等的制衡关系，数据开放与数据安全的二元关系，以及其背后各权益主体之间的博弈，避免因接受服务而使个人信息透明化、公开化。进而通过数字文化治理效能的发挥助推数字文化

① 黄如花,陈闯.美国政府数据开放共享的合作模式[J].图书情报工作,2016(19):6-14.
② 江尚谦.我国政府数据开放的共享机制研究[D].哈尔滨:黑龙江大学,2017.

服务与发展更好地调用内部、外部以及公共文化信息资源，并进行理性的数据分析，做出前瞻性的数据判断，指导治理主体科学决策。

“数据众筹、问题众治、应用众包、产业众创。”华录集团副总经理韩建国介绍，华录集团提出了构建大数据时代文化产业的良性生态路径：首先，大量积累数据，形成数据池，再根据需要进行新的应用开发，调取需要的数据值。新应用开发后又将产生新的数据，这样不断循环往复，如同大自然的云和雨一样，相互转化、相互共生①。

大数据环境下，海量数据爆炸性增长，给我国文化事业发展带来了更加丰富的原料，也增添了许多潜在的危机，其中首当其冲的问题就是数据洪流演变成数据洪灾。因而，我们肯定大数据的价值，欣喜大数据环境为我们带来的无限可能，但也要看到当呈几何级数增长的大数据一拥而上，自由爆炸、自由泛滥时，这些数据往往是无价值或低价值的，且需要耗费大量的人力、财力、物力来处理。若是各机构主体各自为政，对数据的开发和治理皆以自身的需要进行处理，则会进一步出现一个个数据应用困境，因此，制定科学的数据开发与治理标准是文化大数据开放共享中一个重要的组成部分，是文化大数据开放共享可持续发展的必要条件。

4.2.2 互惠互利原则

成本和收益是我国在政府数据开放中必须考虑的因素，以小成本获得大收益是理性经济人所应该做出的决策。对于构建共享机制来说，就是要绷紧利益这根弦，使不同的利益方都能达成自己的期望，开创良好的协作局面。要以效率优先、兼顾公平为原则，确定上下级和平级政府部门的权利义务，不断激发各利益主体进行开放、参与共享的积极性。作为受益方之一的企业主体，在深挖数据潜力以获得经济利益的同时，其创造的数据产品更是方便了民众获得社会效益。坚持互利性原则，就是强化市场的主体地位，对数据的应用性研究进行深入研讨和探索，在数据分析和数据提取方面不断创新，释放数据红利所带来的经济利益，吸引更多的优质企业加入到数据应用与开发中来，真正让数据的效用惠及社会民众②。

外国地方政府的实践经验，值得我国在大数据治理实践活动中借鉴。英国地方政府

① 张玉玲,李慧,邱玥等. 促融合创新　建共生生态——聚焦大数据时代的中国文化产业走向[EB/OL]. [2019-07-08]. http://www. cssn. cn/whjs/201805/t20180528_4308789. shtml.

② 江尚谦. 我国政府数据开放的共享机制研究[D]. 哈尔滨:黑龙江大学,2017.

直面客观情况与时代背景①。首先，理念从单向管理向多元治理嬗变，在权力运行向度、公共决策思路、地方政府工作方式上转向多元共治；其次，地方政府积极响应顶层设计，采取多种举措推动大数据应用与地方政府部门的数据治理实践；再次，充分调动社会力量参与数据治理，地方政府与上级政府积极互动，响应国家的战略布局，吸收社会组织智囊与研究机构力量，鼓励社会组织与地方数据统计部门等主体的项目合作与平台共建，同时地方政府部门主动开展大数据人才的培训等工作。

日本地方政府发挥自身强大的数据汲取能力，注重对原始数据的收集并形成数据资源库。一方面，激励企业独自完成数据采集、平台开发工作，保证成果归企业所有。同时东京等地方政府注重对关键性项目与人才培育的资助，一定程度上实现了与企业合作共赢。另一方面，日本地方政府不拘泥于单中心权威主体，提倡政府、社会、市场等多元主体合作，形成了多中心、开放型的扁平化治理结构②。

大数据时代，文化产业发展要建立“共生生态”，在共生过程中完善生态，共生是目的，鼓励有序竞争，在有序中规避“丛林”、规避垄断，防止以邻为壑和赢者通吃现象，崇尚创新精神，尊重知识产权，弘扬开放理念，实现消费者、企业、社会、国家的良性“共生生态”。

4.2.3 统一协调原则

大数据是 21 世纪的“钻石矿”，将有力推动虚拟世界与现实世界融合发展，重塑产业链、供应链、价值链。

文化大数据开放共享相较于传统的文化资源管理而言，要求具有更强的前瞻性与科学性，需要对潜在的冲击提前预警，规避外部变化给数字文化的整体发展造成的损失，进而保证数字文化服务有效运行和发挥作用。因此，文化大数据开放共享需要进行统一协调的管理和指导。

协调性意味着各个环节需要环环相扣、协调一致。文化大数据开放工作涉及多个部门和多个利益主体，因此，为保证数据开放的全面性，必须打破信息孤岛，让数据互通有无，降低因各自为政和重复建设带来的高成本。以协调性为原则就是充分考虑我国文化大数据开放过程中的多个利益主体的利益诉求和群体态度，寻求利益的平衡点，最终

① 王萌萌. 地方政府治理中的大数据技术运用研究[D]. 重庆：中共重庆市委党校，2017.

② 王萌萌. 地方政府治理中的大数据技术运用研究[D]. 重庆：中共重庆市委党校，2017.

实现多方的共赢，这也是提升政府公信力和推动社会全面进步的根本所在[①]。

美国开展适应性变革，成立大数据统筹管理机构（总务署），对上衔接中央顶层规划，对内打通跨部门数据利用通道，对外整合社会数据、大数据技术与科技人才，提高地方政府的数据管理能力。以上下联动、地方实施数据治理与平台建设为主，显示出其统一性、规范性与灵活性的有效结合。总务署出台运营规范，从州的层面统筹规划，各地区的地方政府负责结合自身实际情况，自主建设，实施适合本土的治理模式。这种上下联动、地方积极参与的模式，值得我国地方政府借鉴参考[②]。

“提起大数据和文化产业，现在谈得最多的是‘生态’‘平台’和‘共赢’。”[③]百融云创公司董事长张韶峰认为，这充分体现了大数据的特点，大数据要跨越很多的领域和交叉的学科，因此不能靠一家企业单兵作战，而要靠大家齐心协力、并肩作战。

2015年，国务院印发《促进大数据发展行动纲要》(以下简称《纲要》)。《纲要》指出，2018年底前要建成国家政府数据统一开放平台，率先在信用、交通、医疗、卫生、就业、社保、地理、文化、教育、科技、资源、农业、环境、安监、金融、质量、统计、气象、海洋、企业登记监管等重要领域实现公共数据资源合理适度向社会开放[④]。

《纲要》要求，各有关部门要进一步统一思想，认真落实各项任务，共同推动形成公共信息资源共享共用和大数据产业健康发展的良好格局。因此，文化大数据领域也应当顺应国务院要求，以统一协调的原则进行开放共享的工作。

4.2.4 低碳环保原则

得益于信息时代的进步，大数据不断显现出其科学价值和社会价值，尤其是卫星技术、物联网技术等的大规模应用，产生了海量的大数据内容。这对计算能力提出了新的挑战——如何用可持续性的方法有效处理海量、多维度、多结构的数据内容。这要求我们在低碳环保的原则下，去设计能灵活处理数据量的计算方式、可伸缩的数据存储方式

① 江尚谦. 我国政府数据开放的共享机制研究[D]. 哈尔滨:黑龙江大学,2017.

② 王萌萌. 地方政府治理中的大数据技术运用研究[D]. 重庆:中共重庆市委党校,2017.

③ 聚焦大数据时代的中国文化产业走向[EB/OL]. [2019-07-15]. https://mp. weixin. qq. com/s/RzJ0goDUPaN UfJko6b4pHQ.

④ 国家将建立大数据发展和应用统筹协调机制[EB/OL]. [2019-07-15]. http://www. ce. cn/cysc/tech/gd2012/201509/06/t20150906_6401145. shtml.

和可持续发展的大数据共享模式。

云计算是基于互联网的相关服务的增加、使用和交付模式，通常涉及通过互联网来提供动态易扩展且通常是虚拟化的资源，是一种按使用量付费的模式。云计算模式提供即时更新的弹性化计算资源（包括网络、服务器、存储、应用软件、服务），这些资源分配迅速，由云服务提供商统一管理，而使用方则无须或较少投入管理资源。目前，国内外已经有不少成熟的云计算的应用服务。数据分析是整个大数据处理流程里最核心的部分。数据分析是以数据的价值分析为目的的活动，而基于大数据的数据分析通常表现为对已获取的海量数据的分析①。

从目前的趋势来看，大数据非常依赖云基础设施。云服务是大数据分析的支撑平台，不断增长的数据量需要性能更高的数据分析平台承载。所以，云计算技术的不断发展可以为大数据分析提供更为灵活、迅速的部署方案，使得大数据分析的结果更加精确。另外，云计算的出现为大数据分析提供了扩展性更强、成本更低且更易于配置的计算资源和存储空间。尤其适合中小企业开发自己的大数据分析产品。甚至大数据技术本身就是云计算技术的进化和延伸。大数据技术并不是一种技术，而是涵盖了数据的处理、存储、分析等各个阶段的多种技术，例如分布式存储系统、并行式计算系统、数据清洗、数据挖掘等方面技术，甚至也包括人工智能方面的技术，比如图模式与概率推理、统计学习、数据与图挖掘、约束与随机优化、不确定性推理、时空数据建模及网络科学等。还包括数据库、实时流数据处理以及智能分析技术，如模式识别、自然语言理解、应用知识库等。云计算服务具备很多优点，与大数据技术的发展相辅相成，互相促进。我们在大数据应用中要充分使用云计算技术，还需要依赖更快的数据通信网络、更发达的计算处理芯片等底层设施。在这个过程中，大数据技术将不断降低成本，更充分地利用能源和硬件设施，减少对环境的伤害。

综上，基于云计算的大数据分析有以下 3 个优点。①利用云计算的虚拟化环境，按业务需求调整计算资源的配置，使大数据分析平台获得充分的可扩展性。②允许更细的数据分析粒度，实现对数据本身价值的充分挖掘。③降低了大数据分析的成本，可以提高硬件、软件等资源的利用率。

我国已经在内蒙古、贵州等地建设了大数据产业基地，这正是基于对大数据基础设

① 陈清金，张岩，陈存香. 云计算环境下的大数据分析[J]. 邮电设计技术，2015（5）：1–4.

施运行成本的考虑而决定的。贵州的自然条件使其成为大数据的最佳温床①。第一，温度适宜，尤其是夏季凉爽，有利于服务器安置与存放。第二，地质稳定，少发地震。第三，水电资源丰富，有便宜而稳定的电力供应。同样，内蒙古数据科学与大数据学会会长兰惠介绍，由于对气候环境、电力资源和地质安全等有特殊要求，大型数据中心适宜建在“高纬度、富能源”地区②。内蒙古高度契合这一要求：年平均气温在0℃—8℃，是数据中心运行的较适宜温度；能源电力资源保障充分，电价最低仅为0.26元/kW·h；地质结构稳定，能保障大型数据中心的稳定运行。

硬件方面，需要采用可替代、可降解的环保材料。在可持续发展的文化大数据开放共享机制中，选择绿色环保的硬件设施是其重要而基础的部分，也是实现绿色节能和环境保护的关键部分。这要求我们在产品规划时从最底层进行规划。可能需要从最细的维度进行把握和控制，综合考虑当地的气候地理因素，采用最为节能的建设方案。这个过程本身就是利用数据分析来选择一个最佳的方案。

大数据时代为云计算的发展带来了新的机遇，但也带来了海量数据处理、复杂数据清洗、数据开放共享机制、节能环保发展等新的难题。在历史的召唤下，大数据开放共享降低了不同地方数据重复建设的问题，节约了人力和金钱成本，而需要进一步研究的是如何在大数据开放共享过程里的低碳环保问题。相信在不懈努力之下，大数据开放共享机制一定能实现成本低、资源利用率高的可持续发展机制。

在不断迭代优化的算法和不断升级的硬件的发展趋势下，文化大数据开放共享应当使用更少的资源，实现低碳环保的运营机制。

4.3　文化大数据开放共享的数据源

文化大数据产生于公共文化服务与大数据的结合。根据《中华人民共和国文化和旅游部2017年文化发展统计公报》统计显示：2017年末，全国共有公共图书馆3166

① 互联网高原反应：贵州大数据崛起之谜[EB/OL]. [2019-07-15]. https://view. inews. qq. com/a/TEC2018111700454100.

② 内蒙古崛起国家大数据综合试验区“中国数谷”[EB/OL]. [2019-07-15]. http://wemedia. ifeng. com/80737763/wemedia. shtml.

个，比上年末增加13个。图书总藏量9.69亿册，古籍0.27亿册，电子图书10.26亿册，增长15.6%，全年全国公共图书馆总流通人次7.44亿万，增长12.7%。全国共有群众文化机构44 521个，组织开展各类文化活动197.86万场/次，比上年增长7.6%；服务6.39亿人次，增长10.5%。全国共有各类文物机构9931个，比上年末增加977个。其中，文物保护管理机构3518个，博物馆4721个，占机构增长的47.5%。全国文物机构拥有文物藏品5096.32万件，比上年末增加640.44万件/套，其中，博物馆文物藏品3938.32万件/套，占文物藏品总量的77.3%，文物商店文物藏品739.18万件/套。2017年全国各类文物机构共举办陈列展览26 045个，比上年增加1424个。其中，基本陈列13 025个，比上年增加823个；临时展览13 020个，比上年增加601个。接待观众114 773万人次，比上年增长13.3%，其中未成年人28 909万人次，增长9.9%，占参观总人数的25.2%。博物馆接待观众97 172万人次，增长14.2%，占文物机构接待观众总数的84.7%[①]。

通过上述2017年统计数据可以看出，文化大数据除了自藏文化资源如图书文献、文物藏品相关数据外，由于其公共服务性质，还蕴含着海量的机构和个人行为所产生的动态数据。如果这些文化资源和公众的数据能够被广泛整合及开放共享，必能凸显公共文化大数据价值，进一步提升公共文化服务效能。

根据大数据处理流程，文化大数据开放共享同样需要经历数据获取、整合、处理、存储、分析到开放共享的整个数据分析处理流程。

文化大数据资源规模庞大、数据结构复杂多样、更新不断加快、价值逐步显现。从理论角度来看，文化大数据包含文化生产者、文化经营者、文化消费者在文化实践过程中所产生的，与文化产品或文化服务的创作生产、推广传播、市场运营、最终消费过程相关的，以原生数据及次生数据形式保存下来的图片、文本（包括文字、数字和图表）、影像、声音等文件资料的总称；而从应用角度来看，文化大数据是针对文化行业海量数据的计算处理需求应运而生的一套新的数据架构的理论、方法和技术的统称[②]。因此，对文化大数据的收集必须注重对文化资源生产生命周期以及应用实

① 中华人民共和国文化和旅游部2017年文化发展统计公报[R/OL].[2019-07-15]. http://zwgk.mct.gov.cn/auto255/201805/t20180531_833078.html.

② 林青.大数据应用与文化发展趋势——《大数据大文化》研究报告述评[J].江西社会科学,2014(3):247-255.

践过程中产生数据的全面收集，同时为了利于数据清洗等后续工作，数据收集过程中应注重系统化收集数据，如编制规范化数据等，从源头抓起，做好大数据应用第一步。

2015 年，国务院《关于加快构建现代公共文化服务体系的意见》中明确提出“加快推进公共文化服务数字化建设与现代传播能力”和“加强公共文化大数据采集、存储和分析处理”的要求。文化大数据收集范围确定在公共图书馆、博物馆、美术馆、纪念馆、非物质文化遗产馆、科技馆、群众艺术馆、文化中心、文化馆（站）及文化共享工程等。

公共图书馆经过不断发展，已经达到了较高的信息化程度，较为普遍和及时地采用了各种新技术。自从 20 世纪 90 年代基本达成业务的自动化管理，公共图书馆不断发展数字图书馆系统。自建或购买各类数字资源库，提供不同的服务平台和资源发现系统，全面推进读者服务的线上线下联动，推出计算机、数字电视、手机移动端等不同的服务终端，升级自动化、信息化办公管理系统等，达成了图书馆业务流程和读者服务的数字化、一体化、高效化。

以国家图书馆为例，经过多年的信息化建设，国家数字图书馆已经拥有类型丰富、数量繁多的数据资源，并且还在持续的建设之中，资源数据主要来自 Aleph 系统，文津搜索系统及外购数据库等。截至 2016 年 12 月，国家数字图书馆数字资源总量已达 1323.35TB，包括电子图书 3 765 676 种，电子期刊 55 882 种，电子报纸 11 596 种等多种类型数字资源，这些数字资源数据多为结构型数据；用户数据主要来自国家数字图书馆统一用户管理系统，该系统对国家图书馆所有业务系统读者数据进行整合，在对国家图书馆读者信息进行统一管理的同时建立了独立的面向全国各图书馆的国家数字图书馆统一实名用户库，并为此提供相应的管理、认证、单点登录、数据同步等接口和服务功能。截至 2016 年 12 月，物理卡用户共 2 444 733 人，互联网实名注册用户共 1 348 351 人，越来越多的读者经由统一用户管理系统享受数字图书馆带来的公共数字文化服务。随着国家数字图书馆数字资源规模的逐步扩大，读者用户数量不断增加，国家数字图书馆总服务量稳步上升、读者人均服务显著增加，读者用户行为数据呈现出几何级增长趋势，该类别数据多为非结构型数据，来自于国家数字图书馆多个业务系统，如文津搜索系统、Aleph 系统、读者门户系统等。

博物馆、美术馆、纪念馆、非物质文化遗产馆、科技馆等文化机构，是人类文明的“记忆资料库”，保存了人类活动与自然环境的重要资料。过去二十年，这些文化机构也进行着信息化建设，如在线展览网站、数字化导览讲解、藏品的数字化等。随着大数据时代的到来，数据内容也成为人类活动的重要记录。大数据将文化机构的各种业务和观众服务进行了更紧密的联系，形成了一个统一的文化活动整体展示映射。

以故宫博物院为例，故宫“大数据”有三个主要来源：一是故宫的不可移动文化遗产，即涉及建筑面积约 17 万平方米，世界现存规模最大、保存最完整的宫殿建筑群。二是可移动文化遗产即资源数据，主要以清宫旧藏及遗存的文物藏品资源数据为主，根据故宫博物院三年藏品清理工作总结（2014—2016 年），截至 2016 年 12 月，故宫藏品共有 25 个大类，即铜器、金银器、珐琅器、玉石器、雕塑、织绣、雕刻工艺、其他工艺、文具、生活用具、钟表仪器、珍宝、宗教文物、武备仪仗、帝后玺册、铭刻、外国文物、其他文物、古籍文献、古建藏品、漆器、陶瓷等大类，藏品总数为 1 862 690 件。据不完全统计①，仅由故宫博物院资料信息部采集、加工、保存和管理的各类文物影像资源数据就有 740 979 张，清代历史档案《奏案》《奏销档》等数字影像资源数据 371 341 张，电子扫描图纸资源数据 11 331 张，视音频资源数据 8685 条，以及达到 TB 规模的文物资源三维模型数据，主要涉及故宫古建、器物、室内外陈设等类别。三是作为世界上最为重要的公共文化机构之一，故宫博物院日常管理和运营所产生的各种数据，用户行为数据、安全防范、决策管理、基建规划、文博业务、参观服务及宣传展示等方面数据，故宫博物院资源信息部整理 1949 年至今的行政业务数字档案数据就有 112 518 件，随着数字技术在故宫博物院的大规模运用，从不同来源源源不断地汇集着越来越多的非结构型数据②。

群众艺术馆、文化中心、文化馆（站）的职责主要包括组织各种类型的文艺活动，举办文化培训、展览、讲座等，切实丰富群众的精神文化生活。由于其业务特点的原因，这些文化机构对信息化建设的需求较小，但随着大数据时代的来临，传统服务亟待转型，通过“互联网 +”的方式提供线上线下的群众服务和数字文化产品是未来的主要趋势。

根据上述描述可知，文化大数据来源广泛，要收集文化机构收藏的文化资源数据、用户行为数据、群众活动数据等不同来源的数据资源，以待存储和分析处理。文化大数据获取范围应聚焦文化数字资源数据、相关用户资源数据以及各系统日志数据。

---

① 黄墨樵. 论大数据时代下文化遗产数据的可视化——以故宫数字沙盘为例[J]. 博物馆研究，2014(4):87-93.

② 魏佳瑞. 北京故宫博物院的文化传播策略与效果研究[D]. 沈阳:辽宁大学,2017.

4.4 文化大数据开放共享的云平台建设机制

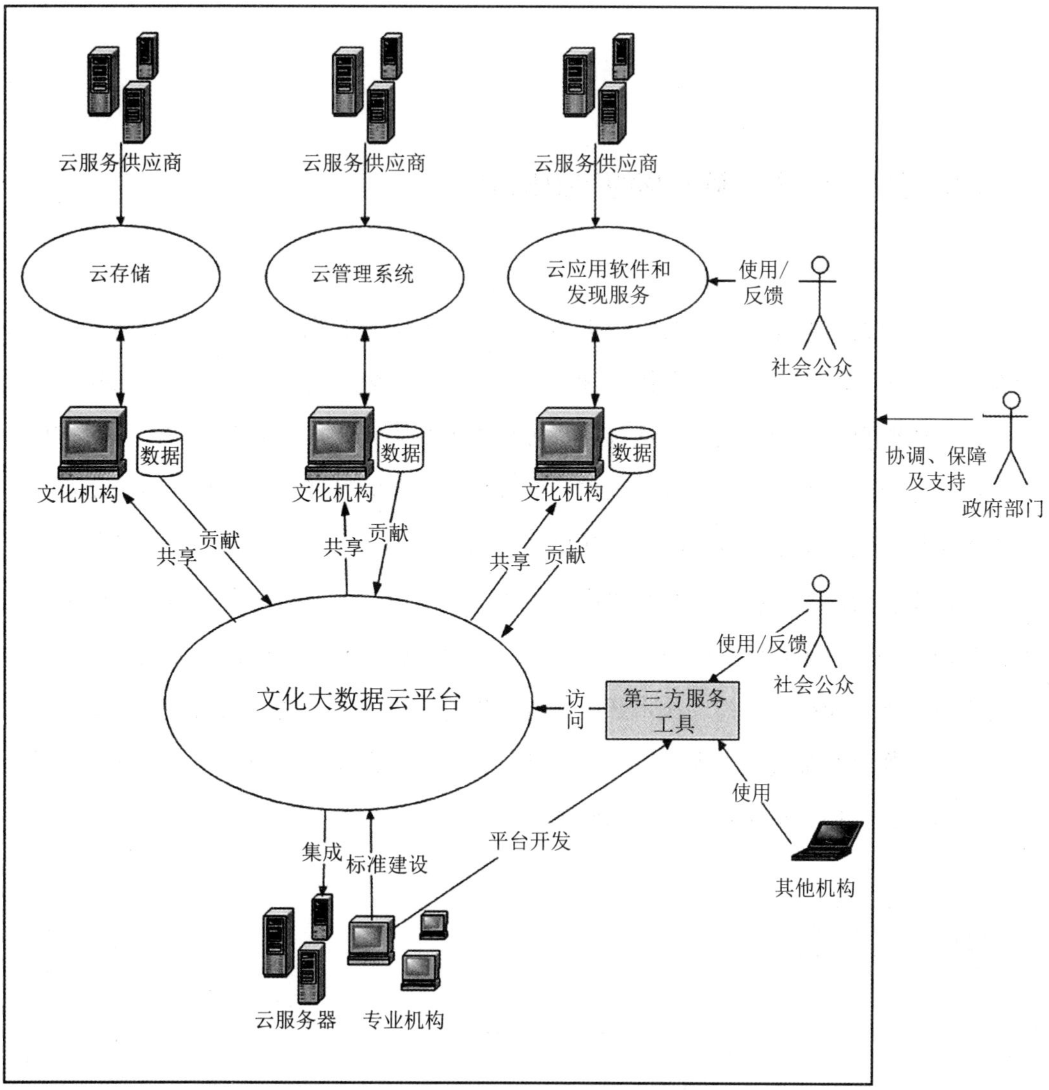

图 4-1 文化大数据开放共享云平台建设机制

文化大数据开放共享云平台建设机制如图 4-1 所示。文化机构从云服务供应商处获得计算能力、存储空间、管理支持等，开放其文化数据并统一聚合。科研机构、技术部门等专业机构应承担对文化大数据标准规范、共享方式、平台建设等基础技术支撑工作。平台从图书馆获得文化数据资源，并进行整合优化，共享给社会公众。这样社会公众可以获得大量的共享资源，且避免了各个机构资源建设的低效重复。政府部门应承担起总体协调、保障及支持职责，通过政策法规监管等方式对文化大数据云平台进行有效的监督管理。社会公众则使用文化大数据平台的资源并提供反馈信息，帮助平台进行进一步完善。

4.5 文化大数据开放共享的组织机制

我国文化大数据开放共享的组织机制，可以借鉴国外的成功经验。如美国通过政府间合作、政企合作，以及政民合作三种合作模式进行了数据的开放共享。而在我国，根据我国文化大数据实际情况，应从以行政等级为主线统筹文化大数据开放工作、构建跨部门的合作组织、加强国际交流与合作、促进数据产业的发展以及鼓励社会公众参与五个方面来促进我国文化大数据的开放共享与合作。

我国文化大数据开放共享组织架构如图 4–2 所示。笔者认为，在该组织架构中，政府部门应承担起总体协调、保障及支持职责，文化机构应承担对文化大数据的生产、收集及保存职责，如科研机构、技术部门等专业机构应承担对文化大数据标准规范、共享方式、平台建设等基础技术支撑工作，而社会公众在数据应用的同时，应对数据质量等方面进行反馈，进一步完善数据应用服务。

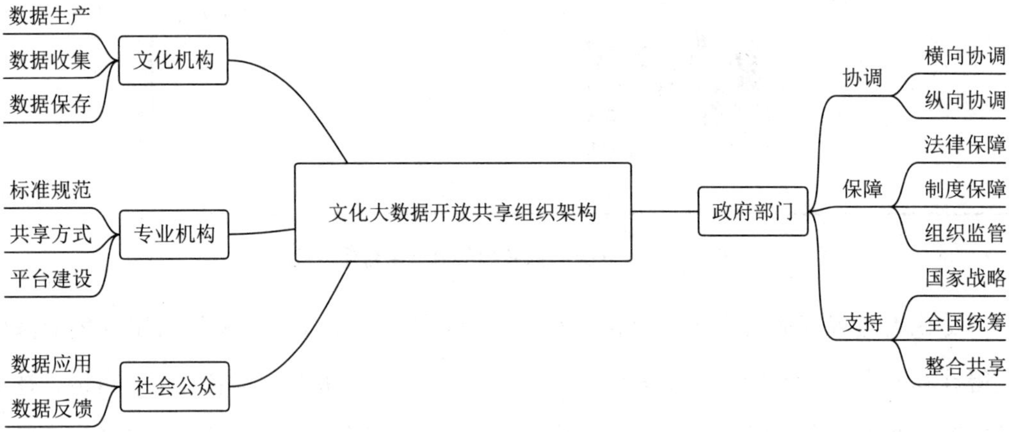

图 4–2 文化大数据开放共享组织架构

4.5.1 总体架构

1. 统筹管理部门

我国现行体制下，各级公共文化服务机构归属当地文化旅游部门管理，各地文化旅游部门接受当地政府以及上级文化旅游部门双重管理，运行经费主要由当地政府划拨，双重管理体制对于行业内数据流通造成了一定程度的壁垒，不利于大数据开放共享的开展。为了更好地进行行业内数据开放共享，可以考虑专事专办，成立专门的统筹管理部门。在中央层面，由行业主管部门文化和旅游部牵头成立专门统筹管理部门或办公室，总体协调全国文化旅游尤其是公共文化大数据的开放共享，负责全国的公共文化大数据开放共享的组织与协调工作。工作内容包括：落实及推动《促进大数据发展行动纲要》中关于文化大数据发展战略决策；制定促进文化和旅游领域大数据资源开放共享的方针政策；协调组织不同机构之间的合作共享；策划开展公共文化领域数据的开放共享项目；解决项目经费、建设人才队伍等问题；等等。各级、各地政府应根据中央统筹安排，设立相应工作实施管理办公室，专门开展相关工作。在数据的管理与共享上，可引入理事会机制，由业界数据提供方、数据适用方等多方组织数据管理理事会，负责对数据进行统一管理与协调，设立数据协调沟通机制，通过各种机制及制度保障公共文化大数据开放共享工作的顺利开展。

2. 公共文化大数据标准

公共文化大数据开放共享涉及多个方面，如各类型资源数据格式标准、数据存储保存标准规范等，因此公共文化大数据开放共享工作应首先考虑标准规范的设置。公共文化大数据标准规范体系建设需要分门别类，充分考虑各个阶段实施目标及重点，根据开放共享需求按步骤开展。数字资源内容建设标准规范方面应涵盖数字资源的创建、保护、访问、迁移、归档、回收等全信息生命周期。从协调组织方面，还应探索跨机构公共文化大数据开放共享的模式，考虑标准规范体系的实施保障，确保参与开放共享的各类型公共文化机构都能按照公共文化大数据建设标准规范来进行数字资源建设与服务。

3. 公共文化大数据知识产权归属

为实现公共文化大数据的开放共享，必须首先考虑各类型公共文化机构如图书馆、博物馆、美术馆、文化馆等各类型数字资源的整合，资源整合过程中必须考虑数字资源的知识产权归属问题。此外，在实现数字资源整合后公共文化大数据资源知识产权的归属问题也是开放共享需要考虑的问题，公共文化大数据开放共享服务过程中可能产生的知识产权问题也是开放共享工作必须考虑的问题之一。因此必须建立合理的知识产权归属机制，防范知识产权不清晰及侵权等问题出现。各类型公共文化机构数字资源整合阶段的数字资源知识产权归属问题应根据知识产权相关法律明确资源知识产权归属方，保护数字资源提供方权利。整合后的知识产权归属问题应由开放共享统筹管理部门牵头，各类型公共文化服务机构共同确定，明确整合后的数字资源知识产权归属各机构还是公共文化大数据运营部门，这一知识产权问题必须通过合理的机制来保障。

因此在公共文化大数据知识产权归属问题上，应建立公共文化大数据的知识产权保护机制、知识产权运营机制、知识产权风险规避机制以及知识产权安全保护机制。

（1）知识产权保护机制，关注在公共文化大数据开放共享过程中的知识产权保护问题，依据数字资源开放共享标准规范明确开放共享过程的各阶段标准化流程，加强从业人员版权意识，从流程上对知识产权进行保护。

（2）知识产权运营机制，关注在公共文化大数据开放共享过程中可能产生的知识产权归属问题，对已整合或待整合的数字资源知识产权问题动态管理，保证知识产权归属问题清楚确定。

（3）知识产权风险规避机制，可以对公共文化大数据开放共享全流程中的知识产权风险问题进行管理，依据知识产权相关法律条例中公共服务相关规定合理规避知识产权风险问题。

（4）知识产权安全保护机制，可以重点利用技术手段，如数字水印等安全防护技术保障知识产权，确保公共文化大数据数字资源安全。

4. 资金投入

2011 年，文化部和财政部联合下发《关于进一步加强公共数字文化建设的指导意见》，提出“要研究制定政策措施，鼓励社会力量投资文化建设，逐步形成政府投入为主、社会多渠道筹资为辅的投入格局”。政府虽然发文鼓励社会力量参与公共数字文化建设，但是基于公共文化服务的社会公益性质，若要吸引社会力量多渠道投入公共数字文化建设，需要从制度上予以保障。首先政府可以对公共文化服务参与机构予以税收减免、相关项目优先等奖励措施，鼓励机构积极参与公共文化服务；还可以引入社会力量，引入社会公益众筹模式，吸引公益性基金或者社会大众积极参与，以各种方式加大对公共数字文化服务建设投入，支持公共文化大数据开放共享。

5. 公共文化大数据绩效评估体系

公共文化大数据开放共享工作持续运营必须与绩效评估机制挂钩，才能保障开放共享工作的可持续发展。绩效评估机制应重点考虑以下几个方面：一是绩效评估体系可依据成熟的数据运营评估体系构建，但是同样需要根据公共文化服务特点完善绩效评估体系，依照公共文化服务特点设立评估重点，做到全面评估、重点关注；二是依据决策导向 CIPP 评价模式完善绩效评估体系，依据背景评价（context evaluation）、输入评价（input evaluation）、过程评价（process evaluation）、结果评价（product evaluation）四个方面来逐步完善公共文化大数据绩效评估体系。公共文化大数据绩效评估体系既要关注数字资源建设整合、资金投入等方面，又要关注大数据运营服务效率、服务质量等多个方面，既关注输入也关注输出，全面保障公共文化大数据开放共享工作的可持续健康发展。

4.5.2 数据提供

前文已提到，文化大数据分为文化资源数据、资源访问量数据、应用访问量数据和用户信息数据，其数据提供者主要有以下三类。

（1）各级各类公共文化机构，如图书馆、博物馆、美术馆、纪念馆、档案馆。

（2）文化类高校科研机构，如艺术研究所、音乐美术学院、考古研究所。

（3）文化生产机构，包括出版社、广播电台、电视台、电影制片厂、唱片公司、文艺院团等。

文化大数据开放共享第一步应做好数据的规范收集，应在健全的标准规范体制下，依照 4.5.1 节所述机制，由数据提供机构提供各类别数据。

4.5.3 数据管理

公共文化大数据开放共享统筹管理部门应加强对数字资源的全流程管理。首先，建立元数据开放共享平台，建立数据索引及描述；其次，明确数据质量管理标准规范，明确上传数据要求，依照数据共享标准对数据格式、数据内容进行规范，确保上传数据质量；第三，做好数据保存管理工作，从技术上确保上传数据安全问题；第四，对数据使用进行反馈跟踪，逐步完善数据开放共享获取、使用等各环节；最后依照公共文化大数据开放共享绩效评估体系对数据进行科学有效的评估，从数据数量、质量等多个方面进行评估，确保开放共享数据有效、健康上传。

4.5.4 数据应用

公共文化大数据开放共享的目的在于数据应用及使用，因此应以用户需求为导向，实现帮用户找数据功能。在数据开放共享过程中，首先，应明确数据资源类别，以主题划分数据库群，便于数据使用方迅速定位所需数据；其次，应提供不用类型数据使用工具，便于各类型用户以多种方式手段使用数据；再次，公共文化大数据开放共享应分为多个层次，如基础层面应满足广大人民群众对于公共文化的普适性需求，专业层面应满足专业研究人员对与公共文化数据的专业化研究需求，按需提供，实现公共文化大数据开放共享目的，提高数据服务效率。

4.6 文化大数据开放共享的激励机制

激励机制是指通过一定的个体或群体管理行为，来调动参与者的主动性和积极性。激励机制作用在事物发展的内因上，是事物发展的决定性因素。使用激励手段，可以提高参与方的参与意愿，降低组织成本，提升工作效率。本书认为可以从经济激励和行政激励两个维度来建立文化大数据开放共享的激励机制[①]。

4.6.1 经济激励

1. 信息共享奖励补贴

2016 年 4 月 26 日，国家发改委等十部门颁发《推进“互联网 + 政务服务”开展信息惠民试点实施方案》，提出打破政务信息孤岛的具体措施，加大财政支持，倡导政企合作，鼓励引导市场主体行为，引入社会力量，推广政府购买服务、政企合作等新模式，合理开放利用数据资源。

因此，不断健全完善文化大数据信息共享的奖励补偿机制具有现实必要性。奖励补偿的方式应该是多元的，例如经济奖励、物质奖励、精神奖励以及行政奖励等。奖励补偿机制能够有效调动不同的文化部门和机构开展政府信息共享工作的热情与积极性，这

① 吴昊. 大数据时代中国政府信息共享机制研究[D]. 长春：吉林大学，2017.

种工作状态良性循环下去，也会使不同的文化部门和机构之间的分歧逐步得到消弭，从而更有助于服务型政府与协同性政府的建设与发展。

文化大数据的来源多样，要鼓励不同的文化部门和机构主动分享其拥有的文化大数据资源，需要采取一定的经济奖励。原因有如下几点。

第一，文化大数据的产生依赖于各个文化部门和机构的运营，具备一定的生产成本。因此，为了弥补文化部门和机构的成本支出，政府可以对共享的文化大数据信息提供一些经济补贴。

第二，文化大数据信息共享的参与单位越多，其向社会提供的福利就越大，一定的奖励补贴是政府部门对其所创造价值的一点回报。

第三，随着参与单位的增多，文化大数据信息共享的建设边际成本逐步降低。当参与的单位足够多，新加入的单位的信息共享建设支出会越来越低，创造的价值却是几何倍增。政府用一些奖励补贴换来巨大的社会收益，这是非常有效益的工作模式。

文化大数据开放共享的基础是大量的共享数据，因此管理部门应该不遗余力地鼓励各个文化机构和企业开放其拥有的文化大数据资源，并且应当采用激励奖励的方式，而非强制规定，这样才能调动文化机构和企业的主观能动性，使他们积极参与到文化大数据开放共享的建设事业之中。

2. 合作企业税收减免

文化大数据资源的重要组成内容是各种公共文化遗产、艺术瑰宝的数字化信息。很多时候，这些信息的生产来自公共文化机构和文化企业的合作，或者是文化企业向公共文化机构进行了相关资源开发的授权许可申请。许多情况下，文化企业拥有这些文化大数据资源的相关权益，而很难说服他们无偿开放这些数据。

尽管文化大数据信息共享在整体层面会促进国家与社会的长远协调发展，但是对于市场中的文化企业来说，成本与效益却存在不同程度的差距。例如：有些文化企业因获得了某些信息资源而带来了巨大的效益，但有些文化企业就因为把自己独有的的文化大数据资源供给政府部门或社会使用，从而使自己企业的局部利益受损，这样一来就造成了存在很多不公平和矛盾冲突的困境。

文化大数据的开放共享对那些使用文化大数据的单位或公民来说确实是获得了诸多好处与便利，可对于那些成本增加的文化大数据合作企业来说，缺少了一些合理的奖励补偿机制。应该对这些因开展文化大数据共享工作而导致成本增加的文化企业进行合理的奖励和补偿，从而降低那些无偿提供数据信息的文化企业的抵触情绪，以此使他们也得到一些心理上的平衡与安慰。唯其如此，才能促进不同文化机构和企业大力开展文化大数据信息资源共享工作。

因此，文化大数据开放共享管理机构需要制定明确的文化大数据合作企业补偿奖励措施。要求文化大数据合作企业对其文化大数据资源进行开放共享的同时，应当对这些企业在其他方面予以补偿，例如减免税收。税收是一个企业的稳定支出，减免税收可以有效地激励企业积极参与文化大数据的开放共享。

根据一些研究结果可知，文化企业希望通过数据共享，扩大自身影响力，提高社会声誉。因此，对于市场中的文化企业生产的文化大数据资源，可以通过完善的文化大数据资源质量评价，承认其生产的文化大数据的价值，认可文化大数据的社会效益。将文化大数据的开放共享行为与税收减免挂钩，对市场中的文化企业进行文化大数据开放共享给予一定的经济奖励，使之成为促进文化企业开放共享数据的内在动力。当文化大数据开放共享带来的收益大于数据独享产生的收益时，合作的文化企业积极参与文化大数据开放共享也就顺理成章。

3. 共享项目经费扶持

以大数据环境为基础的政府数据开放共享机制构建，不但任务艰巨、过程漫长，并且这个漫长的信息服务过程一直处于不断的发展变化之中，所以相关的建设费用以及维护费用不可避免。因而，在规划初期就应该将经济合理性和实施可行性纳入具体的考量范围，具体研究分析获取的收益是否可以和相关的建设费用、维护费用保持平衡，或者是高出费用支出。文化大数据开放共享可以为公众带来更便捷、更高效的获取资源的方式，不但可以在很大限度上节约文化部门的管理成本，还可以通过文化大数据研究我国社会文化的变迁，从而实现数据资源得到有效利用、人民精神文化生活水平大幅提升的目标。因此，构建文化大数据开放的共享机制会为政府及社会带来可观的经济效益，在经济效益上具有一定的可行性。在发展前期，政府可以拨出专项经费支持文化大数据共享项目的探索，通过设置科学数据开放共享专项资金支持科研单位进行科学数据的开放和共享；还可以设置开放共享实践优秀项目或单位等奖项。例如广东省设立了“省级工业和信息化专项资金”支持大数据示范应用项目，以支持从事大数据业务，具有开展大数据收集、分析、服务能力的企业。该项目要求申报单位具有数据运营的相关行业背景及服务经历，具备对行业或区域相关资源的整合、推广、辐射及带动服务的能力。

该项目申报范围分四个专题：一是支持大数据重大项目和应用平台建设专题；二是支持大数据创业创新孵化园建设专题；三是支持大数据核心产品专题；四是支持大数据创新应用和解决方案专题。

在具体的经费扶持政策中，采取通过竞争性评审给予直接补助的方式予以支持。项目支持额度不超过项目总投资的 30%，且不超过 200 万元。项目总建设期不超过 2 年。资金使用范围不得用于基础设施建设及固定办公场地租用、差旅、会务、薪酬、市场运管推广等日常事务性开支。

广东省扶持大数据应用项目的案例可以借鉴到文化大数据开放共享的激励机制里。一方面，政府应当拿出经费支持文化大数据的开放共享试点项目。另一方面，应当对经费的用途、投资比例、使用时间等进行明确的要求，最大化地发挥项目经费对文化大数据开放共享的激励作用，而减少其他不必要的浪费和损失。

因此，经费扶持政策里，也可以包括制约条款，对不按规定使用文化大数据开放共享项目经费的项目责任方进行约束。亦可将文化大数据开放共享效果列入项目考核的关键指标中，以及作为再申请项目预算的重要参考标准。

4.6.2 行政激励

1. 完善开放共享协同合作的运营模式

第一，建议相关部门在主要政府部门的引导下，充分发挥市场力量的活力，通过聚合分管政府机构、大数据厂商、企业用户、科研院所、行业协会、大数据型企业等市场主体的力量，成立文化大数据产业联盟，与文化大数据平台形成综合的配套体系①。

运行良好的协同合作模式需要一个可靠的总体引领者。政府部门当仁不让，应该积极发挥政府部门的引导职责，建设文化大数据开放共享领导小组，推进构建政企合作的协同运营模式，促进多方合作共赢。同时，政府部门还应发挥监管职责，对文化大数据开放共享的主体和工作流程进行监督；对建设工作进行监督，避免出现低水平的重复建设；对数据开放共享的权限设置进行监督，避免出现安全问题②。

---

① 九三学社北京市委. 建设文化大数据平台力促北京文化产业发展[N]. 人民政协报，2015-06-12（4）.

② 包松娅. 文化大数据平台怎样带动北京文化产业发展[EB/OL]. [2019-07-15]. https://mp.weixin.qq.com/s/ZhvBuFkxLU-OqqE8rVSn-w.

第二，根据文化大数据开放共享的总体机制构建，确定各个管理部门和机构的责任范围和工作划分，合理规划开放共享平台的运营机制和监督方式。综合参考经济效益和社会效益，确定文化大数据开放共享的业绩考核标准。明确文化大数据开放共享的法规制度，针对违反法规的行为现象建立明确的处罚标准，并将建设过程分目标、分阶段地制订时间计划，落实到实施计划层面。

第三，简化各个文化机构和企业相互合作的流程和手续。要促进文化大数据开放共享的合作，应当在办事流程和手续上予以方便。

广东省是国内率先关注并推动大数据的省份之一[①]，凭借基础设施、产业支撑、市场应用等方面优势，走在探索前列，目前处于我国省份大数据发展的头部阵营。现在，广东省的大数据产业呈现“广深引领、珠三角集聚、粤东西北紧随”发展态势，政务数据开放、工业大数据和以两个超级计算机中心为代表的大数据基础设施建设可圈可点。广东大数据产业发展之所以能够取得这样的成效，一方面缘于政府慧眼独具，及早抓住发展机遇，通过打造政策环境，引导大数据产业加速集聚；另一方面，广东作为制造业大省，同时又是信息产业高地、大数据领域独角兽企业聚集地，拥有广东省广业集团、广东粤数大数据有限公司等市场力量深度参与当地大数据产业发展，对政府数据开放产生强大的需求和促动力。

作为改革开放最前沿阵地，深圳在波涛汹涌的数字经济大潮中，再次发挥窗口、试验田、排头兵和示范区作用，推动大数据与金融、商贸、物流、文化等领域的融合创新。在城市基础设施方面，深圳除了有城市级数据中心、城市级云计算平台、统一的大数据平台、政务信息资源共享平台等常见配置外，还拥有全国首个新型智慧城市运营管理平台——深圳市城市运营管理中心；在城市服务方面，深圳市实现医疗保险移动支付在国内首度破冰落地，还在教育、政务、交通、社区、就业等领域积极部署云计算、移动互联等数字化技术，使得服务水平和应用成效大大提升。

2. 在各地设立开放共享试验区

为了更好地摸索文化大数据开放共享的方向，我国在各地设立文化大数据开放共享试验区，以便在实践中摸索文化大数据开放共享的方向和道路。

2015 年 8 月，国务院印发《促进大数据发展行动纲要》（国发〔2015〕50 号），将

---

① 广东：以“领跑者”姿态走在探索前列[EB/OL]. [2019-07-15]. http://www. sohu. com/a/227058394_10 0054387.

大数据发展作为国家重要战略进行全面部署。该纲要提出，开展国家大数据综合试验区建设，明确“支持贵州等综合试验区建设”。贵州省大数据发展正式上升到国家战略层面。

2016 年 3 月，中国首个国家级大数据综合试验区获得国家发展改革委、工业和信息化部、中央网信办发函批复，国家大数据（贵州）综合试验区在中国数据资源管理与共享开放、数据中心整合、数据资源应用等方面开展系统性试验。

2016 年 10 月，国家发展改革委、工业和信息化部、中央网信办发函批复，同意在京津冀等七个区域推进国家大数据综合试验区建设，这是继贵州之后第二批获批建设的国家级大数据综合试验区。第二批国家大数据综合试验区包括两个跨区域类综合试验区（京津冀、珠江三角洲），四个区域示范类综合试验区（上海市、河南省、重庆市、沈阳市），一个大数据基础设施统筹发展类综合试验区（内蒙古）。

为加快京津冀大数据综合试验区建设，三地共同研究制定推进京津冀大数据综合试验区建设联席会议工作规则，并于 2017 年初召开了推进京津冀大数据综合试验区工作联席会议第一次会议。

北京市、天津市、河北省三地在推进国家大数据综合试验区建设过程中，共同签署京津冀信息化协同发展合作协议，建立三地信息化工作长效稳定的合作机制，推动信息基础设施共建共享，促进信息数据共享和利用支撑产业协同创新发展。

在呼和浩特云计算大数据创客中心[①]，一百多家大数据、云计算方面的中小微企业已经相继入驻，入驻率达 90% 以上。内蒙古大数据发展管理局局长胡丰表示，近几年，内蒙古在大数据基础设施建设、技术开发、产业融合和创新应用等方面成效凸显，正以和林格尔新区为核心区，逐渐形成良性增益的“数字产业生态”，打好现代数字经济的发展基础。

内蒙古呼和浩特市玉泉区的软通动力大数据应用产业基地[②]依托玉泉区丰富的旅游和经贸资源优势，着力打造“211”工程，即智慧旅游服务平台与产业互联网平台这两个平台，与 1 个“乐业空间”载体和 1 个“大数据应用产业创新中心”窗口。结合当地

① 内蒙古崛起国家大数据综合试验区“中国数谷”[EB/OL]. [2019-07-15]. http://wemedia. ifeng. com/80737763/wemedia. shtml.

② 未来感！呼市这个大数据应用基地太炫了[EB/OL]. [2019-07-15]. http://www. sohu. com/a/161733940_99958604.

传统的旅游文化等主导产业，充分利用大数据和互联网 +，进一步整合、挖掘玉泉区及周边旅游资源，打造智慧旅游，带动当地旅游经济更好、更快发展。

各地在加快大数据产业发展方面做出了有益的探索和实践，包括国家大数据产业聚集区的建设、大数据相关法律法规的制定、探索地方特色的大数据发展管理机制、打造地方特色的大数据平台、举办各类大数据相关的赛事活动等，都是推进大数据产业发展的积极举措。

3. 构建开放共享的评价考核机制

构建文化大数据开放共享的评价考核机制，有助于管理部门对文化大数据的开放共享程度和现状进行把控，也可以作为奖励相关文化机构和企业的判断标准，更有助于管理部门对文化大数据的发展进行决策。

目前尚无专业的文化大数据开放共享评价制度，现以政府开放数据的评价为例说明。

在国外的开放政府数据的评估中专业的、具有代表性的主要有：由世界银行研发的“开放数据准备度”、万维网基金会的“开放数据晴雨表”、开放知识基金会的“全球开放数据指数”、联合国的“开放政府数据调查”以及经济合作组织的“OURdata 指数”等①。

2013 年世界银行着手于政府开放数据的评估，他们认为开放数据不只是简单地建立一个数据堆砌的网站，而是通过提供者和利用者对这些丰富的数据不断地互相作用，形成一个动态的开放数据系统，在这个系统中不同的利益者不断地在循环创新。世界银行主要是从政府数据管理、高级领导力、政策 / 法律框架、公众参与和能力、体制结构和政府责任 / 能力、开放数据需求、开放数据项目融资、国家技术与技能基础八个维度来设立评价的主要框架。

“开放数据晴雨表”是在万维网基金会的支持下展现全球各国的开放数据情况的评估，旨在展现全球范围内开放数据行动及其影响，分析开放数据的全球趋势，并提供国家和地区之间的比较数据。“开放数据晴雨表”主要从准备度、执行度和影响力三个方面来考察数据，目前已经对 92 个国家和地区进行评估。准备度主要考察的是国家或地区的政府在政策准备、公民的参与度、政府部门的执行力以及商业和企业利用数据的能

① 姬卓君. 大数据环境下我国政府开放数据开放状况评价分析[D]. 哈尔滨：黑龙江大学，2017.

力等，目的是确保政府、企业以及公民在开放数据的活动中获得相关的利益。执行度是对国家或地区政府在 15 个关键领域数据的开放（包括开放的数量、类型等）及更新状况进行考察。影响力主要是考察开放数据的进行对于当地政治、经济及社会的影响。评估数据来自于政府自测、专家问卷、数据评估和二手数据等。在计算权重时准备度、执行度以及影响力之比是 35∶35∶30。

“全球开放数据指数”由开放基金会在 2013 年开始执行，其目的是反映出各个国家的政府数据开放情况。2015 年，“全球开放数据指数”对全球 122 个国家和地区的开放数据进行了评估，包括国家统计数据、政府财政预算、政府支出、立法、选举结果、污染物排放、公司注册等 13 个数据领域，评估主要包括收集数据、检查审核、专家评审确认、大众评审四个过程。“全球开放数据指数”的特别之处在于视角是站在大众，以使用者的身份来测量这些国家和地区的数据开放情况，进而提出相关的建议帮助其改善。

综合以上的考察指标及结合我国的具体情况，文化大数据开放共享的指标主要建议从开放深度和开放广度两个方面进行，开放的深度主要是指数据层面，包括从二级指标数据类型、主题分类、更新频率、使用授权、元数据五个方面进行考察，开放的广度主要从获取数据的途径，数据应用的便利性与易用性以及政策支持方面进行分析，主要包括移动端适配性、开放平台、易用性、应用的便利性、政策支持五个方面。

4.7　文化大数据开放共享的保障机制

4.7.1　安全保障

我国地大物博、历史文化悠久，拥有大量的文化大数据资源。而目前信息安全法律法规的缺位是我国文化大数据开放共享面临的主要问题之一，虽然我国已颁布《中华人民共和国网络安全法》，但并无针对大数据开放共享的信息安全法律，对大数据开放的标准、范围边界以及使用权限等都未做出明确的规定。因此，可以探索加快立法并在小范围试点后全面铺开。具体来说，首先要对文化大数据在一定时期内是否涉及国家安全和政府部门机密以及侵犯个人隐私做出判断，然后对于甄别出的可开放的数据，以法律法规的形式对可开放的数据类别、数据开放的技术标准和数据口径等做出明确的规定，确保政府行为有法可依，切实推进落实，从而合理推进文化大数据共享以及向民众进行开放。另外，要及时制定和出台数据安全等方面的法律法规，探索制定文化大数据开放的指导意见和配套措施，从而从法律法规上规范民众查询和利用数据的行为，保障文化大数据开放的安全性，进而有效推进社会发展和数据开放带来的创新。

1. 文化大数据长期存储机制

如今，随着大数据基础设施的不断完善，大数据应用出现了一个大爆发。大数据应用已经形成了独有的架构，也反作用于大数据技术的不断进步，并带动了数据长期存储、云计算等相关领域的增长。越来越多的经验告诉我们，硬件发展的最终动力还是来自于软件需求。大数据分析应用的大量需求，推动了大数据长期存储基础设施的发展①。

文化大数据开放共享的基础正是大数据的长期存储。随着结构化数据和非结构化数据量的持续增长，来源数据的多样化问题日益突出，此前存储系统的设计已经无法满足大数据应用的需要。因此，管理者应该优化基于块和文件的存储系统的架构设计以适应这些新的要求。

云存储是一个以数据存储和管理为核心的云计算系统，为应用系统提供存储解决方案②。简单来说，云存储就是将资源放到云上供用户存取的一种解决方案。用户可以在任何时间、任何地方，通过任何可联网的装置连接到云上方便地存取数据，并且云存储具有良好的可扩展性，为后期系统升级奠定良好基础。目前国内著名的云有阿里云、百度云，这些是公有云；国外有微软、IBM、VMware 等私有云和公有云。这些云都不能更好地提供私有云之间的通信解决方案，也没有组建混合云的完整策略。由于各文化机构水平不同，系统分散，数据不共享，因此，文化大数据平台的建设需要开发自主的混合云。混合云存储在国内外已有不错的科研成果，比如：基于访问频次的混合云存储方法，提高了混合云存储效率；基于多级缓存的混合云存储系统和方法，优化了混合云的存储结构，降低了用户的访问延迟。

文化大数据的“大容量”通常可达到 PB 级的数据规模，这对数据存储系统的弹性

① 大数据时代，数据存储面对的9个问题和技术演化[EB/OL].[2019-07-15]. https://mp.weixin.qq.com/s/ZQ592TA8N8Cs88KGTdommA.

② 孙亚芳. 基于文化旅游大数据的云存储技术的研究[J]. 山西电子技术，2017(2):83-85.

化性能提出了较高的要求，需要能在短时间迅速增加或减少存储容量的分配，并尽量保证调整过程的平滑性，避免引起宕机或延迟等现象。因此，人们不得不寻找更科学更合理的存储架构，比如 Scale-out。Scale-out 的特点是，每个节点不仅包含存储容量，还具有数据处理能力，而且节点之间互联。因此，Scale-out 架构可以实现存储容量的无缝扩展。

不单是数据的“大容量”问题，文化大数据还具有庞大的文件数量。在文件系统里管理元数据也是一个亟须解决的重要任务，否则会极大地影响及时拓展的时间和性能。传统的存储系统很难解决这个难题。目前主流选择的是基于对象的存储架构。基于对象的存储架构综合了 NAS 和 SAN 模式的优点，既具有 SAN 的高速直接访问特性，又有 NAS 的数据共享特性，而且在一个系统里能处理十亿级别数量的文件。此外，更令人惊喜的是，基于对象的存储架构可以方便地扩展，并支持分布式的部署架构。

许多大数据应用都会涉及法规问题，这些法规通常要求数据要保存几年或者几十年。比如医疗信息通常是为了保证患者的生命安全，而财务信息通常要保存 7 年。而文化大数据的存储时间肯定是最长的，因为文化大数据包含了文化遗产、艺术瑰宝等人类宝贵的精神遗产，并且对人类的社会历史文化变迁研究具有极大的学术价值。因此要求我们在历史的较大尺度上，对文化大数据进行分析和保存。要实现长期的数据保存，就要求存储厂商开发出能够持续进行数据一致性检测的功能以及其他保证长期可用的特性。同时还要实现数据直接在原地更新的功能需求。

目前，科研人员提出了一种理想的大数据存储的模式：“全光光子大数据中心”。该存储模式提供 PB 级的光盘存储容量，使用太阳能为能源，能耗降至最低。现有的 PB 级数据规模存储模式，一般需要大量的存储媒介，需要大量存放空间，消耗巨量的电力等资源，而且对环境也十分不友好，会产生大量有害物质。由于存储介质的性质，现有的 PB 级数据规模存储模式下数据保存三五年就面临需要更新硬件的问题，很难实现真正意义上的数据长期保存。而目前人们发现了全新的存储模式——光存储。这种新模式最显著的特点就是耗能少，同样性能下，耗能可能只有目前的千分之一。而且其存储寿命超过 500 年，具备超长期存储数据的能力[①]。

① 光学大数据存储：更快，更久，更绿色[EB/OL].[2019-07-15]. https://mp.weixin.qq.com/s/Szz6WM7utT36_foRni8GPw/.

2. 文化大数据安全标准制定

“大数据时代文化产业发展需要政府政策的引导，需要构建人才、市场、经济、教育、人文环境等多方面的良性环境。其中，核心是创新，而创新的根本在于有效的版权保护。”[①] 中云文化大数据科技有限公司CTO谈建指出，可以应用区块链技术以保护数据安全和知识产权，围绕数据逐步构建严密的数据安全机制，为文化大数据的开放共享保驾护航。

大数据环境下，人们实际上全天候生活在“数据监控”之中[②]，公共空间这一现代民主的基础在“数据暴政”下荡然无存，数字文化要健康稳定发展，数字文化服务中的隐私保护问题无疑需要妥善解决。然而，大数据本质上对数据无止境的分析是难以自行规避隐私侵犯风险的，并且单纯依赖信任机制及道德约束的力量亦远不足以确保社会个体成员的隐私安全，因此在数字文化治理过程中，制定和完善相应法律法规至关重要。与此同时，大数据既存在其价值开发的盲点，亦有隐匿的风险，为有效规避因法律不健全而增添的额外数字文化事故，数字文化治理过程中完善数据治理立法更是迫在眉睫。提高数字文化治理的预测性，有效避免法律盲点，加强及时性与针对性，规避“事后诸葛亮”与“擦边球”行为。

文化大数据的安全要求，贯穿于文化大数据工作整个生命周期的各个阶段[③]。数据安全标准包含基础设施安全、数据资产安全、数据网络安全、隐私保护安全，其中隐私保护安全又包含数据备份、恢复产品和安全等级三方面。

基础安全规范是指文化大数据行业所遵循的一般性、大众化的安全规范，它包括从事文化大数据行业应遵循的法律法规、该行业企业自身所制定的涉及数据安全的通用法规制度、文化大数据行业从业者的职业道德规范等内容，同时包括一些硬件设备安全的内容。

数据资产和数据网络安全是指保证数据在系统及网络环境中的安全性的规范与标准，它包括各类系统及其组件的技术安全机制、通用的网络安全法规与协议、数据安全操作规范或指南等。文化大数据包含了一些历史文物的数字化信息，由于文物是不可再

---

① 聚焦大数据时代的中国文化产业走向[EB/OL]. [2019-07-15]. https://mp. weixin. qq. com/s/RzJ0goDUPaN UfJko6b4pHQ.

② 郑建明. 大数据环境下的数字文化治理路径创新与思考[J]. 晋图学刊, 2016(6): 1-5.

③ 吴素舫, 柯平. 我国文化大数据标准规范体系构建[J]. 现代情报, 2018(1): 25-30.

生的，这些数字化信息应当得到备份和流通。

3. 敏感数据保护和脱敏机制建设

大数据时代来临前的二十多年前，学者就提出了现代社会的风险不断增加的观点。由于现代化进程的不断加快，科技飞速发展，而相应的法律道德规范来不及完善，各种意外风险频频出现，而且具有不确定性、连锁反应性、全球性、不可预测性等特点。而大数据时代，风险更加瞬息万变，这就需要我们做好预警方案和安全保障机制，尤其是在信息安全与敏感数据保护方面，规避可能发生的巨大风险。对于敏感数据来说，一旦泄露便万劫不复，因此隐私保护是现代社会的一个重要的社会性和技术性议题。

大数据可能侵犯了人们的基本隐私权利。为了保护隐私，维护道德底线，我们需要明确界定个人与集体的权利边界。越来越多的新数据产生于人们日常生活，这些“数字足迹”一定程度地泄露了人们的隐私。尤其是对多个数据集进行综合分析，可能获得更多的个人信息。为了保护人们免受伤害，需要采取适当的隐私保护措施，尤其对数据泄露和滥用的情况要提出预防和惩罚措施。

隐私保护标准是指对文化大数据所涉及的人、事的隐私的保护规范和说明①，它包括通用的隐私保护标准和特殊的隐私保护标准，其中通用的隐私保护标准包括涉及隐私保护的法律、从事文化大数据行业企业自身所制定的数据隐私保护措施、从业者在此方面应遵循的职业道德规范、涉及隐私内容的数据在系统和网络环境中的安全规范等；特殊的隐私保护标准是指针对某一特殊情况而制定的隐私保护标准。

从针对大数据环境下个人数据保护的法律制度来看，目前欧盟模式和美国模式是全球最有影响的两种模式②。

欧盟一直是数据保护领域的立法先驱，从启动时间到法律文件数量、领先概念和自我更新，欧盟都为其他司法辖区的数据保护立法工作提供了蓝本，其影响不仅仅局限于其各成员国，还扩展到了其他国家和地区如日本、韩国和我国香港地区等。欧盟模式是统一的立法模式，通过综合立法确定个人数据保护的各项基本原则，并设立专门的机构来监督法律实施。

早在 1981 年，欧盟理事会就通过了《有关个人信息自动化处理保护公约》；1995

① 吴素舫,柯平. 我国文化大数据标准规范体系构建[J]. 现代情报,2018(1):25-30.

② 中国电子技术标准化研究院. 大数据标准化白皮书(2018)[EB/OL]. [2019-07-15]. http://www.cesi.cn/201803/3709.html.

年欧盟通过了《关于个人数据处理保护与自由流动指令》(1995/46/EC),很快就成为世界各国个人信息隐私保护,以及数据保护领域法律文件和国际协议制定中的范例,后被2016年5月通过的《一般数据保护条例》(GDPR)替代;2002年通过了《电子通信领域个人数据处理和隐私保护的指令》(ePD指令,2002/58/EC),并于2017年1月10日进行了最新的修订。针对性的隐私保护指令——ePD指令与一般性的综合数据指令——GDPR共同构成了欧盟数据保护法律框架的两大支柱,为欧盟公民的个人数据权利和隐私权保护提供坚实的保障基础,赋予数据主体包括访问权、纠错权、被遗忘权、限制处理权、反对权、拒绝权和自决权等权利,对数据控制者和处理者构建了相应的义务体系,并通过相关的监督机构设置、域外效力条款和高昂的罚款则充分保障了数据保护法律制度的实施,具有极强的法律震慑力和适用性。

美国则是行业自律模式的倡导者,成文立法散见于联邦、各州的各行业规定之中,辅之以行业内部的行为规则、规范、标准和行业协会的监督,在充分保证个人数据自由流动的基础上保护个人数据,实现行业内个人数据保护自律和行业利益保护的平衡。美国早期数据保护方面的立法主要是1974年通过的《隐私法》和1986年的《储存信息保护法》,1970年《公平信用报告法》中也有信贷和消费者信用行业的特殊规定。2015年10月,美国通过了《网络安全信息共享法》,明确规定了个人隐私、自由等权利的保护。

相对于国外的个人信息安全隐私政策而言,我国个人数据保护起步较晚,目前还没有专门的《个人信息保护法》。但是,2018年5月1日《信息安全技术个人信息安全规范》(以下简称为《安全规范》),作为国家推荐标准正式实施。《安全规范》包括个人信息及其相关术语基本定义,个人信息安全基本原则,个人信息收集、保存、使用和处理等流转环节等内容。

4.7.2 政策保障

1. 以政府为主导,建立文化大数据管理部门

文化大数据的开放共享需要一个稳定、中立的主导者,以联合全社会的不同类型、不同性质、不同规模的文化机构。文化大数据的管理主体应当形成一种机制,统一负责文化大数据相关事务的管理。

近几年，我国成立了十几个市级以上的大数据管理机构[①]，推动当地大数据产业发展，区域大数据资源得到有效整合，释放出巨大的经济价值与社会价值。大数据管理部门致力于帮助政府拟订并组织实施大数据战略，共享政务大数据信息，在社会发展、公共服务等领域将大数据转变为重要的管理工具，甚至将大数据变成经济发展的主要动力。2014 年，河南省成立了全国第一个省级大数据管理部门，随后，十几个大数据管理部门相继成立。2017 年 2 月，贵州省公共服务管理办公室更名为贵州省大数据发展管理局，将省公共服务管理办公室职责全部划入贵州省人民政府办公厅。这些变化都表明，大数据产业发展在管理机构上的保障正在得到加强。

以我国政府数据开放的管理主体为例。当前我国政府数据开放平台的管理主体主要有三种：一是由政府办公厅直接管理；二是由经济与信息化委员会进行管理；三是成立专门的数据或大数据管理机构进行管理。实际上，在政府数据开放的资源建设中，这三个单位是密不可分的：政府办公厅是政策的制定者，起到统筹规划政府数据开放资源建设的工作；经济与信息化委员会和数据管理机构都是政策的执行者，是实际上采集、加工、存储政府数据资源的机构[②]。文化大数据开发共享的管理主体可以借鉴这种模式，三位一体，共同进行管理。

文化大数据开放共享是一个交叉的领域，既与信息管理部门相关，又与文化产业部门相关。这种跨部门的管理和协作需要制定科学有效的沟通管理模式，减少沟通的无效性和冗余性。

例如，2017 年，内蒙古成立了独立的正厅级大数据管理单位——内蒙古大数据发展管理局[③]，形成了大数据发展的强大合力。同时，内蒙古还针对企业落地、人才引进、税收政策、产业资金等出台了一系列政策，并设立了 20 亿元大数据产业引导基金和 1 亿元大数据发展专项资金，全力培育和扶持大数据发展。目前，内蒙古已成为国家电子政务云数据中心北方节点，三大电信运营商、华为、阿里巴巴、苹果等行业巨头的数据中心以及公安部、教育部、中国银行等机构的灾备中心纷纷落户。截至 2017 年底，全

---

① 王丹娜. 国家大数据综合试验区建设概况[J]. 中国信息安全，2017(5)：63-67.

② 李白杨. 我国政府数据开放的用户需求及其保障策略研究[D]. 武汉：武汉大学，2017.

③ 内蒙古出台优惠政策推进大数据发展应用[EB/OL]. [2019-07-15]. http://finance. eastday. com/m/20161107/u1ai9896942. html.

区大型数据中心装机能力突破100万台，位居全国首位，擦亮“中国数谷”名片①。

在政府为主导的基础上，鼓励公共文化服务领域的政府与社会资本合作。社会力量的参与使大数据的价值得到了充分体现，同时社会力量对大数据的应用拓宽了文化大数据开放共享的广度，加深了文化大数据开放共享的深度，使大数据向纵深发展。社会力量的参与形成了公共文化服务的生态服务链，很好地解决了公共文化服务内容产生的动力机制问题。

2. 积极吸纳文化大数据产业人才

文化大数据的开放共享离不开大量专业人员的支持，应该广泛吸纳文化大数据产业人才。文化大数据开放共享需要的人才主要包括大数据开放人才和文娱产业人才。

从广义上讲，大数据人才就是具备大数据处理能力的科学家和工程师。目前，国际上开设了大量的数据科学方面的课程、数据科学学位计划以及数据科学短期培训班。从国际上设置的培养计划来看，大数据人才应该系统地掌握数据分析相关的技能，主要包括数学、统计学、数据分析、商业分析和自然语言处理等，具有较宽的知识面，还应具有独立获取知识的能力，具有较强的实践能力、创新意识和团队合作意识。具体来说，大数据人才首先应具备获取大数据的能力，例如能根据任务的具体要求，综合利用各种计算机手段和知识，收集整理海量数据并加以存储，为支撑相关的决策和行为做好数据准备。其次，应具备分析大数据的能力，对于经过预处理的各类数据，能够根据具体的需求进行选择、转换、加载，采用有效方法和模型对数据进行分析并形成分析报告，为实际问题提供决策依据。最后，应具备良好的团队合作精神。大数据时代下的数据分析任务通常无法依赖个人能力来完成，需要在团队制度的约束下，与他人一同携手、互相鼓励、分工合作来实现既定目标，因此具备较强的责任心与团队合作精神也是大数据从业人员必备的基本素质②。

大数据开放人才③，今后有望从统计学、信息技术、人工智能、网络科学、政策科学、社会学、经济学等领域诞生。他们主要负责开放数据的相关事宜，如数据开放理念的传播和普及、开放数据运动的呼吁和推动、开放数据平台的建立和维护等。大数据开

① 内蒙古崛起国家大数据综合试验区“中国数谷”[EB/OL]. [2019-07-15]. http://wemedia. ifeng. com/80737763/wemedia. shtml.

② 黄晋. 关于大数据人才培养的思考与探索[J]. 教育教学论坛，2014（45）：201-203.

③ 马海群，蒲攀. 大数据视阈下我国数据人才培养的思考[J]. 数字图书馆论坛，2016（1）：2-9.

放人才并不一定要具备深厚的技术功底，他所应具备的素质和能力，首先是对“开放”理念的认知与认可，其次有推动“开放”的理想，最后是进行过有效的开放数据实践。Julie McLeod在探讨开放获取和开放数据对信息和记录管理者产生的潜在挑战和机遇时表示，在新的环境背景下，他们专业知识的应用受到来自技术和竞争对手的挑战。如果除了上述三点之外，大数据开放人才还具备一些数据挖掘、数据建模、数据分析等技能的话，开放知识的应用就会相对简单。

文化部统计数据显示①，截至2015年底，全国文娱产业从业总人数达230万人，相比2010年增长13%。根据脉脉数据研究院提供的数据，2016年文娱行业雇主发布的招聘需求中，总岗位数量超过30万个。文娱产业人才的流动曲线，也反映着行业态势变化。当前文娱产业人才流动的一大趋势是从传统文娱公司走向互联网以及从体制内走向体制外。传统文娱人才向互联网迁徙的原因有三：第一，互联网行业岗位的薪水高于传统公司。第二，网络大电影、网络剧以及网红直播等新媒体内容形式给传统文娱行业带来了很大冲击，这些行业的变化促使人才向互联网行业靠拢，这是最重要的一个原因。第三，互联网整体上能给年轻人带来更多的机会。

目前互联网文娱业最缺人才的岗位是数据挖掘。当前，网络内容喷发，每天基于内容产生的数据量非常大。在脉脉大数据分析平台，数据挖掘的算法工程师是需求量非常大的一个岗位，同时也是最难招的一个岗位。此外是一些基础的制作类工作，如字幕师、剪辑师等，也有较大需求。

3. 重视文化大数据治理

物联网、云计算、社交网络等新兴技术的蓬勃发展，使得人类社会从IT（Information Technology，信息技术）时代走向了DT（Data Technology，数据处理技术）时代。如果说IT时代是以信息流为中心，DT时代就是以数据流为中心，DT时代的核心是关于数据驱动的创新，即基于海量数据的巨大价值挖掘。但是在挖掘海量数据的过程中，大数据创新应用还面临数据安全、隐私保护、数据质量、运营合规等多个方面的挑战。

为解决大数据创新应用面临的问题，“数据治理”的概念应运而生。数据治理主要聚焦在治理目标、职能、范围、过程与规范等方面，核心是提升企业对数据的管理和利

① 风口上的文娱行业，人才都去了哪儿？这份报告告诉你[EB/OL]. [2019-07-15]. http://www.sohu.com/a/163025842_494156.

用能力。

ISO/IECSC 40 国际标准工作组对数据治理提出了 EDM（Evaluate-Direct-Monitor，评估—指导—监督）方法论，从而满足数据完整性、正确性、一致性要求，为大数据的应用创新和价值创造提供支撑，保障数据安全隐私并满足合规性要求。

在大数据的数据采集过程中，很多数据可能出现格式不规范和不完整的情况，或者存在内容缺失、数据虚假的情况。例如，目前社交网络上鱼龙混杂，水军等组织有意识地操纵舆论，大量刷屏或水贴，并通过删帖、盗号等不良手段极力压制自己反对的意见表达。这样一定会影响大数据分析网民的真实想法。因此在数据采集后，需要进行数据清洗，运用各种工具对采集数据进行合理的分析和取舍，尤其对多个来源的数据进行交叉验证等分析。

文化大数据也存在需要数据治理等问题。文化大数据来源渠道多样、包含的数据类别纷杂、贯穿的历史时间很长等特点，要求文化大数据重视规范性、完整性、统一性。例如，大量的用户行为数据，因为个体的随机性，可能导致大数据对规律的揭示有偏差。文化大数据资源是开放共享的基础，因此从源头上要注意文化大数据的治理问题。

4. 完善信息共享平台设施建设

自 2011 年全面启动云计算产业发展战略以来，内蒙古依托自身冷凉气候和丰富的风能、电力资源，推动产业迅猛发展①，2017 年大型云计算数据中心服务器装机能力已达 90 万台，全区光缆总长度 42 万公里，互联网宽带接入端口 890 万个，建设北方大数据中心的宏伟蓝图初显规模。

内蒙古已初步形成以呼和浩特市为中心，以包头、鄂尔多斯、赤峰、乌兰察布等市为重点的数据中心基地发展格局，建成中国电信、中国移动、中国联通，中科曙光、中兴能源、华为等一批大型数据中心和灾备中心，阿里巴巴、腾讯、百度、浪潮、京东等一批国内外知名互联网企业纷纷入驻②。

借鉴内蒙古建设大数据产业基地的经验，文化大数据信息共享机制理应成为一个各省市、各部门、各系统、各环节稳定有序衔接运作的有机整体。但是，不同区域、不同领域内文化大数据信息共享的网络平台发展速度不一致，呈现出“东部快且成熟、中西

① 呼和浩特大数据产业突飞猛进[EB/OL].[2019-07-15]. http://www. ctoutiao. com/256225. html.

② 内蒙古大数据发展管理局. 开创内蒙古大数据发展新局面的思考[J]. 北方经济,2018(Z1):37-39.

部慢且落后”的发展特点，这就严重制约了中国整体性文化大数据信息共享网络系统的建设。因此，加快健全完善中西部文化大数据信息网络平台建设也就成为文化大数据信息共享交互平台建设不可或缺的物质基础。

第一，加快交互平台建设的宏观调控。各省市政府要想不断推进文化大数据信息网络平台建设，首先就应该积极协调不同政府的利益诉求、弥合分歧与矛盾，尽量促使内部各部门之间形成交互网络平台，然后再逐步促使不同级别政府之间形成文化大数据信息网络交互共享平台，最后还需要不断加强不同部门、不同级别政府之间交互平台建设的宏观调控，以此来确保稳定、有序、持续的运作。具体来讲，国家和各省市政府应在纵览全局、把握顶层设计理念的前提下，对各地区、各级政府、各部门之间的网络信息交互平台进行统一调控，力争实现所有文化大数据信息资源的统一共享。

第二，加快文化机构之间的信息网络框架建设。各省市政府理应严格按照顶层设计与合理规划的具体要求来逐步健全内部信息网络框架。首先，对于中央文化机构和各省市地方文化机构的信息网络建设应给予足够重视。改善文化机构之间的信息网络建设状况，能够更加便捷地收集、筛选、整合、处理、储存、开发、利用各种数据信息，也可以将一些必要的信息资源统一集中到信息网络上进行交流和共享，唯有全力投身于文化机构之间的信息网络建设，才会为以后其他网站的建设做好铺垫。其次，同一地区文化部门或机构之间以及不同地区的文化部门或机构之间的信息网络的建设也应尽快展开，促进文化大数据信息资源在全国范围内的有效共享。

第三，完善网络拓扑，建成基于 web4.0 信息共享平台的政府门户网站。因特网不仅是整个信息工程的基础性平台，而且是行政机关与辖区社会公民进行沟通交流的桥梁与纽带，更是实现政府信息共享最重要的媒介载体与传播方式。

4.8 小结

本章研究了文化大数据的开放共享机制：总结了开放共享机制的构建目标，包括短期、中长期、长期目标；指出我国文化大数据开放共享机制应该着眼于公共文化大数据的开放共享生态构建；讨论了开放共享机制的构建原则，包括可持续性原则、互惠互利原则、统一协调原则、低碳环保原则等；梳理了文化大数据开放共享的数据源；构建了文化大数据开放共享的云平台建设机制；从组织机制、激励机制和保障机制三个角度，较为系统地阐述了文化大数据开放共享机制的重点内容。

5　文化大数据技术扶持政策

5.1　文化大数据技术扶持政策概述

正如全球知名咨询公司麦肯锡宣称的那样，大数据时代已经到来了。大数据的应用如风卷残云一般，迅速铺展到社会生活的各个层面。各国政府都高度重视大数据技术的研发与应用，很多国家都制定了相应的大数据发展战略。我们党和政府高度重视大数据的应用与研究，制定了一系列的大数据发展战略和规划。

2015 年国务院印发《促进大数据发展行动纲要》，指出："信息技术与经济社会的交汇融合引发了数据迅猛增长，数据已成为国家基础性战略资源，大数据正日益对全球生产、流通、分配、消费活动以及经济运行机制、社会生活方式和国家治理能力产生重要影响。"① 并提出，要加强顶层设计和统筹协调，大力推动政府信息系统和公共数据互联开放共享，加快政府信息平台整合，消除信息孤岛，推进数据资源向社会开放，增强政府公信力，引导社会发展，服务公众企业；以企业为主体，营造宽松公平环境，加大大数据关键技术研发、产业发展和人才培养力度，着力推进数据汇集和发掘，深化大数据在各行业创新应用，促进大数据产业健康发展；完善法规制度和标准体系，科学规范利用大数据，切实保障数据安全②。

2017 年 12 月 8 日，习近平在中共中央政治局第二次集体学习时强调"实施国家大数据战略，加快建设数字中国"③。各部委、省市也针对自己的业务和实际情况，制定了

---

① 促进大数据发展行动纲要[EB/OL]. [2017-07-07]. http://www.gov.cn/xinwen/2015-09/05/content_2925284.htm.

② 国务院印发《促进大数据发展行动纲要》[EB/OL]. [2017-07-07]. http://www.gov.cn/xinwen/2015-09/05/content_2925284.htm.

③ 习近平：实施国家大数据战略加快建设数字中国[EB/OL]. [2017-07-07]. http://www.xinhuanet.com//2017-12/09/c_1122084706.htm.

相应的政策。国家选择了一些具有一定条件的地区开展试点工作。目前，我国共有 8 个国家大数据综合试验区，其中先导试验综合试验区 1 个，跨区域类综合试验区 2 个，区域示范类综合试验区 4 个，大数据基础设施统筹发展类综合试验区 1 个，包括贵阳、上海、河南、重庆、沈阳等省市，和京津冀、珠三角等地区。一些省市还设立了专门的大数据管理机构，如贵州省大数据局、广东省大数据管理局、杭州市数字资源局、昆明大数据管理局等。上述种种政策，为大数据的应用与发展指明了方向，提供了保障，必然促进大数据技术的广泛应用和飞速发展。

在文化大数据领域，以文化和旅游部为首的相关单位，也制定了一些文化大数据的发展战略和规划。遗憾的是，目前尚未见到有关文化大数据技术扶持的专门政策。不过，在相关发展战略中，对于文化大数据技术扶持的问题，多有涉及。

《文化部信息化发展纲要》要求要“综合利用云计算、大数据处理等新技术，有效保障社会文化资源的需求供给”，并在健全组织机构、加强统筹协调、完善规章制度、加大资金投入、注重人才培养五个方面，提出了保障措施[①]。

2015 年 1 月 14 日，中共中央办公厅、国务院办公厅印发的《关于加快构建现代公共文化服务体系的意见》，要求加快推进公共文化服务数字化建设：“结合‘宽带中国’‘智慧城市’等国家重大信息工程建设，加快推进公共文化机构数字化建设。统筹实施全国文化信息资源共享、数字图书馆博物馆建设、直播卫星广播电视公共服务、农村数字电影放映、数字农家书屋、城乡电子阅报屏建设等项目，构建标准统一、互联互通的公共数字文化服务网络，在基层实现共建共享。提高资源供给能力，科学规划公共数字文化资源建设，建设分布式资源库群，鼓励各地整合中华优秀文化资源，开发特色数字文化产品。支持数字版权公共服务平台建设，实现公共数字文化资源有效保护。加强公共文化大数据采集、存储和分析处理。加快推进数字文化资源在智能社区中的应用，实现‘一站式’服务。”该意见还要求从加强组织领导、加大财税支持力度等方面，加大公共文化服务保障力度[②]。

2016 年 12 月，科技部、文化部、国家文物局联合印发《国家“十三五”文化遗产

---

① 文化部关于印发《文化部信息化发展纲要》的通知[EB/OL]. [2017-07-07]. http://zwgk.mct.gov.cn/auto255/201309/t20130918_474677.html.

② 关于加快构建现代公共文化服务体系的意见[EB/OL]. [2017-07-07]. http://www.gov.cn/xinwen/2015-01/14/content_2804250.htm.

保护与公共文化服务科技创新规划》，要求聚焦文化遗产的价值认知、保护修复、传承利用和公共文化服务4个重点方向，补强短板、创新发展，到2020年基本建成我国文化遗产保护与公共文化服务的科技创新体系。从我国文化遗产保护与公共文化服务现状出发，以形成满足文化遗产保护与公共文化服务领域重大发展需求、解决行业重大问题的系统解决方案为重点，在基础研究、重大关键技术、国产专有装备、标准体系建设方面取得实质性突破①。

同月，文化部印发《文化部关于加快推进"互联网+政务服务"的实施方案》，其目标之一是"通过实施文化大数据工程，加强全国图书馆、文化馆、美术馆等机构文化资源数字化开发利用，推进数据资源向社会开放"。其中特别提到，要推动文化大数据工程建设："以全国图书馆、文化馆、美术馆等机构的数据资源为主要内容展开普查，掌握基础数据存量和待开发的数据增量。加快共性关键标准的制定和实施。加强文化大数据采集、分析、共享，推动与社会力量共同开发利用文化资源数据。"②

2017年4月，文化部印发《文化部关于推动数字文化产业创新发展的指导意见》，要求优化数字文化产业供给结构，深化"互联网+"，深度应用大数据、云计算、人工智能等科技创新成果，促进创新链和产业链有效对接。该文件还要求以落实相关财税金融政策，强化创新服务和人才支撑等方式，加大数字文化产业政策保障力度③。

同月，文化部印发了《文化部"十三五"时期文化产业发展规划》，要求推进"文化+""互联网+"，促进结构优化升级，大力培育基于大数据、云计算、物联网、人工智能等新技术的新型文化业态，形成文化产业新的增长点。该文件还从创新体制机制、推进法治建设、完善经济政策、强化人才支撑等方面出发，要求提升治理能力，完善发展保障体系④。

还在同月，文化部又印发了《文化部"十三五"时期文化科技创新规划》，其发展

① 科技部文化部国家文物局关于印发《国家"十三五"文化遗产保护与公共文化服务科技创新规划》的通知[EB/OL]. [2017-07-07]. http://www.most.gov.cn/mostinfo/xinxifenlei/fgzc/gfxwj/gfxwj2016/201612/t20161221_129720.html.

② 文化部关于加快推进"互联网+政务服务"的实施方案[EB/OL]. [2017-07-07]. http://zwgk.mct.gov.cn/auto255/201612/t20161230_474964.html.

③ 文化部关于推动数字文化产业创新发展的指导意见[EB/OL]. [2017-07-07]. http://zwgk.mct.gov.cn/auto255/201704/t20170424_493319.html.

④ 文化部"十三五"时期文化产业发展规划[EB/OL]. [2017-07-07]. http://zwgk.mct.gov.cn/auto255/201704/t20170420_493300.html.

目标之一，是全面推进科技融入文化领域。在大数据等高新技术的应用更加广泛，文化领域科技创新水平显著提高的背景下，该规划提出要着力实施文化大数据等 6 项重点工程。其中的文化大数据工程，要求加强文化大数据采集、清洗、分析、共享、可视化的研发，提升大数据技术服务能力和应用开发水平，集中力量支持大数据核心技术集成攻关、产业链构建、应用示范和公共平台建设。该规划的主要任务是：加强协同创新，加强研发攻关，加强成果应用，加强区域统筹，加强人才培养①。

2017 年 7 月，文化部印发《文化部“十三五”时期公共数字文化建设规划》，重点任务是：构建互联互通的公共数字文化服务网络；打造公共数字文化资源库群，加强资源保障；创新服务方式，提升服务效能；统筹推进重点公共数字文化工程建设；鼓励和支持社会力量参与公共数字文化建设；加强公共数字文化建设管理。该规划从多个角度，对文化大数据的应用与研究提出了不同的要求。如，要求建立健全大数据分析系统，加强需求信息的整理、归纳和分析，精准识别群众文化需求等。并提出了完善经费保障，注重队伍建设等保障措施②。

同月，文化部印发《“十三五”时期全国公共图书馆事业发展规划》，其重点任务之一是加强新技术应用，提升数字化服务能力，要求加强新技术研发和应用，结合国家重大信息工程建设，加强先进技术研究转化和应用，利用云计算、大数据等信息技术，推动图书馆信息化装备和系统软件的研发应用，促进图书馆数字服务手段升级换代，提升公共图书馆的现代化服务水平③。

综观上述政策，可以看出，我国关于文化大数据本身的战略规划为数不多，而关于文化大数据技术扶持的内容更可以说是寥若晨星了。而且，制定者的层次较高，主要集中于文化和旅游部系统。这是由于目前文化大数据还是一个新生事物，还没达到广泛应用的成熟阶段。这些政策覆盖面极为广泛，涉及文化大数据技术从研发到应用的各个环节。不过也应该清楚地看到，这些政策的重点在于对文化大数据技术应用的扶持，而非研发扶持，这与公共文化服务提供者的定位有关。

---

① 文化部“十三五”时期文化科技创新规划[EB/OL]. [2017-07-07]. http://zwgk. mct. gov. cn/auto255/201705/t20170503_493589. html.

② 文化部关于印发《文化部“十三五”时期公共数字文化建设规划》的通知[EB/OL]. [2017-07-07]. http://zwgk. mct. gov. cn/auto255/201708/t20170801_688980. html.

③ 文化部关于印发《“十三五”时期全国公共图书馆事业发展规划》的通知[EB/OL]. [2017-07-07]. http://zwgk. mct. gov. cn/auto255/201707/t20170726_685747. html.

保障措施的重点，放在人才培养和资金支持两个方面，紧紧抓住了文化大数据技术发展过程中的最大障碍，即人才不足和资金短缺。这些政策的目的是通过基础设施提供、研发支持、技术合作支持、人才鼓励、资金支持等手段，努力营造和优化大数据技术应用与研发的产业环境。其中还内含着一个构建产学研一体化体系的思路，这也与公共文化服务提供者的定位有关。

总结上述政策，首先，笔者希望相关部门能够出台一些专门针对文化大数据，特别是文化大数据技术扶持的政策。有了专门政策的指引和保障，才能更好地为文化大数据的发展与应用保驾护航。其次，地方政府和执行单位应该制定具体的文化大数据技术扶持政策。就目前所见的文化大数据技术扶持政策而言，一般都是宏观的、高屋建瓴的、原则上的、指导性的规定，这与制定者的层次较高有关。地方政府与相关执行单位，应该结合本地本单位的实际情况，制定更为详细和具有可操作性的政策，以便使国家的文化大数据扶持政策尽快落到实处。

5.1.1 政策的目的和作用

文化大数据技术扶持政策需要紧密围绕公共文化领域大数据，对提升相关核心方法和技术的所有方面给出扶持政策和具体指导意见。

5.1.2 政策的内容和范围

（1）明确公共文化大数据产业主体，包括基础设施提供方、内容提供方、数据分析方、应用和产品提供方、服务提供方、平台与方案提供方、数据流通与渠道方等。

（2）依据产业构成的不同主体，明确具体内容范围，分析各自关键技术环节。比如针对内容提供方，需要鼓励各机构建设和分享数据，鼓励数据的规范化，加强数据的梳理和排查，资源内容、读者信息、行为数据、访问数据等的管理等。

（3）技术合作机制的相关扶持内容。

5.1.3 政策的制定和完善

（1）实施政策的制定：行动规划、行动纲要、计划议程、实施方案、通知条例等。

（2）实施效果的评估：评估机制的建立、评估方案、评估的反馈。

（3）实施政策的完善：针对不同发展时期的工作目标、依据评估反馈的政策修订、内容的补充完善等。

5.2 文化大数据扶持政策体系的构建

5.2.1 政策制定的依据

公共文化是我国社会主义精神文明建设的重要领域，其生存与良性发展离不开国家的支持，尤其在市场经济剧烈竞争的环境下，各地政府和公共文化机构的政策支持和有效激励行为对公益文化发展显得尤为重要和迫切。公共文化大数据是公共文化在现代技术发展趋势下的产物，是大数据产生、发展和应用在公共文化领域中的具体体现，公共文化大数据的发展当前还处于萌芽和理论研究阶段，属于弱势产业和幼稚产业，需要政府给予必要的政策扶持和战略实施，让文化大数据由弱变强、由小变大。从量变向质变发展，有利于文化大数据做大做强，有利于推动公共文化发展繁荣。

1. 公共产品理论依据

文化产品又可称为文化商品或精神产品，是具有特定文化含量的精神消费商品或服务。文化产品是人们在精神生产领域创新、创造出的文化成果，其主要目的是丰富人们不断发展的精神文化生活，进而满足人们对文化精神商品的欣赏、鉴别与休闲娱乐的需求[①]。与公共产品分类一样，文化产品可分为公益性文化产品和非公益性文化产品两大类。依据公共产品理论，公益性文化产品具有效用的不可分割性、消费的非竞争性和受益的非排他性特征。它们不以市场营利为目的，不以追求利润最大化为目标，而是以不断满足人们日益增长的文化精神需要为诉求，提供教育知识、审美熏陶和休闲娱乐，进而提升社会的精神文明和精神文化水平，促进人类精神文化、精神文明和社会进步三者的和谐发展。公益性文化场馆主要包括博物馆、图书馆、纪念馆、文化馆、公园、美术馆等。上述场馆所提供的公益性文化产品，能够满足公民公共需求，同时，政府也可以通过公益文化服务履行公共职责[②]。文化大数据是公共文化领域在现代技术环境下发展

---

① 杨京钟．文化产业财税支持：理论依据与调控机理[J]．河北工业大学学报（社会科学版），2013，5（1）：61-66.

② 谭九生，杨建武．服务型政府理念下提升政府执行力的对策探讨[J]．吉首大学学报（社会科学版），2012，33（4）：153-157.

的必然产物，它的发展和应用离不开政府的全程参与与支持。政府部门有责任也有义务根据文化大数据的整体规划、业务流程、产业发展等给出方向和指导，并制定配套措施付诸实施，为文化大数据有章可循、持续发展提供必要的支持。

2. 文化属性理论依据

文化产业同时具有产业和政治意识形态的双重属性，一方面产业属性决定了文化产业就是一个单纯的产业生产部门，以经济效益为经营前提，采用现代经营管理方式，遵循市场经济秩序和经济规律，谋求经营利益最大化；另一方面，政治意识形态属性又决定了文化产业是国家社会治理结构的一个重要政策宣传工具，必须坚持用正确的舆论导向，引领社会凝聚人心。所以，文化产业的发展不仅要坚持“经济效益”，而且要坚持“社会效益第一”原则[①]。文化大数据作为公益文化产业的组成部分，除了上述属性以外，还具有以下特征：①久远性。文化大数据所承载的文化价值随着消费的过程，不但不会损耗，反而会在消费增长的同时获得人们的共鸣与认同，文化内容在流转过程中被人们评价讨论，优秀的内容可以经得住时间的检验而成为经典，通过不断的再版和复制长久流传。②需求的多样性。现实生活中，不同职业和层次的人群对于文化知识和精神情感等的需求差异极大，甚至每个人在不同的年龄和发展阶段的文化需求都有多样化的特点。这就客观上要求文化内容的提供必须适应广大民众的不同需要，提供多层次、多品种、广范围的文化内容和服务。③高投入性。文化大数据需要变革现有文化内容的产出与整合方式，对技术和人才要求非常高，需要政府投入大量的人力和物力；而大多数文化企业无法承担全部成本，因此需要跨地区、跨行业的合作。以上三个特点决定了文化大数据可以带来精神境界和道德修养的提高，而意识形态方面存在的问题则有可能会对社会和民众产生错误的引导作用。同时，文化大数据具有高投入的属性，这要求政府必须介入文化大数据的规划，将其纳入监管与控制过程中，并制定产业政策，保证其正确、稳定、高效发展。

3. 产业扶持理论依据

文化产业是我国重要的新兴产业，年均增速均超过 10%，特别是在整体经济向好和民众文化需求不断提升的环境下，文化创意、文化旅游、文化消费等领域得到快速发展，已成为某些地区的支柱性产业。公益文化事业也发展快速，数字图书馆、博物馆、

---

① 陈楠楠，李景波．财税扶持文化产业的理论依据、国际经验与中国实践[J]. 中国经贸导刊，2017（2）：67-68.

文化馆等行业蓬勃发展，为推动社会进步和满足民众文化生活提供了强大支持。然而，公共文化大数据还处于研究和起步阶段，内容数据化和数据驱动型导向的服务能力还很薄弱，与国际先进水平相比，文化大数据的整合与应用的竞争力不强、社会效益不够明显，文化大数据的价值评估存在不确定性，较高的投入与社会回报存在较大的产业风险。以上因素决定了政府必须从政策上对文化大数据事业进行必要扶持，鼓励地区和企业不断加大投入，为其持续发展提供支持：①文化大数据的持续性发展就是将具有差异的不同文化内容数据转化为文化产品、文化服务的全过程，并实现文化产品（服务）的保值增值。②文化大数据的持续性发展离不开对各种文化资源的开发与运用。③文化大数据具有的可再生性特点决定了其可循环重复利用，可为我国公益文化事业的持续性健康发展提供“取之不尽、用之不竭”的基础性文化资源。④文化大数据的持续性发展能有效推动产业优化升级，转变经济结构方式。

5.2.2 政策制定主体的职能和作用

政策制定主体是制定文化大数据技术扶持政策的核心成分，是指参与和影响文化大数据技术发展决定、执行、监督等过程的组织、团体和个人。

1. 政策制定主体的组成与划分

公共文化大数据作为公共文化事业的组成部分，具有意识形态特殊性、公益性、高投入性等特征，要求政策制定主体必须是国家法定的具有公共法权职责的主体机构，也就是居于法律规定的法权地位、获得法律授权、享有公共权威以制定、执行和评估公共政策的机构与职位。在我国，文化大数据技术扶持政策的制定主体主要有以下类型：

（1）政府机构

该主体类型主要的范围是我国人民政府和主管文化事业的政府机构。按照不同级别，包括国务院、省级人民政府、地市级人民政府、县级人民政府，以及文化部和各级人民政府下设的文化厅（局）等文化主管机构。此外，还应该包括主管各类文化产业园区、公益性文化工程、文化创意项目、文化发展事业的政府机构和部门等。

（2）文化事业单位

指由国务院和各地区政府机构所管辖或直属的公益性文化事业单位，包括：公共图书馆、博物馆、美术馆、艺术馆、展览馆、群艺馆、演艺团体等，此外，还应该包括公益性文化工程如数字图书馆推广工程、文化共享工程、电子阅览室工程等的主管部门或机构等。

（3）社会行业组织

是经过法律认可和保护的，可参与公共政策的制定、执行、评估，但不拥有合法的权力去做出具有强制力的政策决定的社会行为主体。在政策制定过程中，这类主体的作用通常是巨大的，有时甚至处于主导地位，但由于他们不拥有合法的权力去做出带有强制性的政策决定，因此不能成为国家公共法权主体。这类政策主体往往通过合法的程序，获得社会法人资格，并由此得到法律的保护。此类主体包括：文化演艺协会等行业协会，艺术家协会、作家协会等群众性文化组织等。

2. 政策制定主体的工作与职责

政策制定主体的工作职责主要是通过制定政策引导、鼓励、监督文化大数据技术发展，同时发挥各方面力量进行合作、评估、实施等，为调动社会和民众积极性、促进行业发展繁荣提供环境保障。具体而言主要有：

（1）规范社会大众行为

作为社会普遍遵循的规章准则，公共文化大数据政策在实施过程中需符合社会主义优秀文化发展的内在要求，并在满足行业利益与民众价值需求中找到最佳平衡。规章的制定需要对社会大众的行为进行规范，明确行为的目的、方式和手段，明确哪些行为应该被鼓励提倡或限制禁止。

在应对公共突发事件或危机管理时，文化大数据政策制定主体还应体现出法律赋予的权威和号召能力，通过各种强制手段和措施维护和保证社会公共利益，对违法行为和个体坚决予以打击，提倡社会公知，宣扬公序良俗。

（2）倡导优秀社会价值观

文化大数据政策的制定主体具有通过公共政策规范并引导公众观念和行为的重要职责。因此，首先要具备最大限度收集公共舆论，分析存在的问题，并在此基础上把握公众需求并对问题积极解决和疏导的能力。政策的制定需要有较强的针对性和可行性，为政策主体更有效地履行公益职责、倡导科学社会价值观提供保证和支持。随着社会的发展和公民素质的提升，不同群体有着多样化和多层次的社会需求，政策引导的难度和挑战更大，也更加不可或缺，需要在增强自身价值观念和提高管理水平上加强建设，提升政策制定主体的行为规范和样板作用。

（3）协调各种利益关系

文化大数据实现有效执行与高效管理的重点是选择最为合适的方案来处理和协调好各方利益关系。方案的实施是对从事文化大数据行业各方的权益进行调控的动态过程。首先，要确定参与文化大数据事业的行为主体，从大局出发客观剖析存在的问题。其次，在客观规律的指导下通过行政的手段最大限度解决共性问题，满足权益主体的利益需求。最后，要加强调控能力，面对不同的主体和问题采用多元化解决方案，以取得满意效果。

（4）优化配置社会资源

文化大数据公共政策的本质决定了秉承"公平"原则优化配置社会资源是政策制定者规划和执行所有政策的关键。由于文化大数据的公益性质，扶持政策不能仅考虑市场调配因素，将利益的分配全部交由市场管理，这样只能使文化事业走向"重利益、轻社会"的方向。因此，"究竟把利益分配给谁、怎么分配、最佳分配方式是什么"就成为公平分配社会资源中的核心问题，必须依靠国家行政事业单位来承担公益文化传承和传播的任务，主导意识形态和精神文明方向，坚持马列主义，使国家文化的发展能够兼顾到社会各个层面，并弥补地区和民族发展的不均衡，促进共同发展。

（5）内部的整合与互动

公共政策系统的核心是公共政策主体即政府行政部门，此外完整的系统组成还须有政府直接管理的事业单位和社会团体，以及各种企业、机构、媒体、公众等。该体系的正常运转离不开各组成部分的密切配合与业务协调，互动与整合的优劣直接关系到公共政策主体的执行能力与实施效果。此外，整个体系的优化与互动的范围越大、频次越高，越有利于政策制定的客观和民主，对事业的可持续发展极为重要。

3. 政策主体的能力与要求

（1）从能力来看，文化大数据公共政策主体需要具备有效协调各种主体的利益关系，引导社会公众观念行为，处理好面临的各种问题，立足公益职责公平分配社会资源的能力。

（2）文化大数据具有较高的门槛，公共政策主体应当加强自身素质建设，紧密跟踪业界和技术发展趋势，不断变革业务模式，满足日益增加和多样化的业务和民众文化需求。

（3）文化大数据的发展是一个新的挑战，文化大数据公共政策主体应具有较强的竞争意识和理念，对文化发展规律和产业机制有充分的认识和把握，以迎接新技术环境的挑战，基于更广的视野和更长远的利益制定政策，并与时俱进，不断提高应对环境挑战的能力。

5.2.3 政策目标群体发展需求分析

我国的文化产业通过党和国家政策的大力扶持，得到了长足发展，但是依旧存在文化内容创作水平不高、文化服务质量不好、文化产品供需脱节、文化产品价格体系扭曲等深层问题。在我国文化产业亟待升级转型的重要时期，大数据作为一种革命性的新技术，正引领着人类社会的深刻变革。开展文化大数据的建设、整合、应用与服务，就是将大数据技术、云计算技术与公共文化进行深入结合的良好契机。

我国的文化大数据特指我国公共文化领域中涉及文化资源的创建、传播、服务、消费等方面的数据。主要范围包括：我国文化馆、美术馆、图书馆、博物馆等公共文化机构以及演艺团体、非物质文化遗产等民族民间艺术文化素材的收集、文化资源的创建、加工、整合、服务和消费等过程中涉及的公共文化资源、产业运营数据、服务数据、业务数据、用户数据、行为数据，以及对上述数据融合、分析中所产生的关联数据、语义数据、知识数据等。

2015 年 1 月，中共中央办公厅、国务院办公厅印发《关于加快构建现代公共文化服务体系的意见》指出，要加快推进公共文化服务数字化建设，加强公共文化大数据采集、存储和分析处理①。同年8月，国务院印发《促进大数据发展行动纲要》指出，要在公用事业、文化教育和社区服务等领域全面推广大数据应用以及优先推动文化和教育等民生保障服务相关领域的政府数据集向社会开放②。国务院明确指出，数据已经成为我国的基础性战略资源。建设文化传播大数据综合服务平台，不仅推动了我国公共文化服务事业的不断发展，而且增强了我国的文化影响力和综合国力。

目前全国各级政府及单位均在积极地计划并开始实施文化产业数据资源共享平台的建设，从整体上来看，都处于发展初期摸索的阶段，理论体系的研究还不完善。在理论

---

① 关于加快构建现代公共文化服务体系的意见[EB/OL]. [2017-07-07]. http://news.xinhuanet.com/zgjx/2015-01/15/c_133920319.htm.

② 国务院关于印发促进大数据发展行动纲要的通知[EB/OL]. [2017-07-07]. http://www.gov.cn/zhengce/content/2015-09/05/content_10137.htm.

体系及逻辑框架还未完善的情况下盲目地进行平台建设，就可能会导致一些功能的不稳定甚至失调，从而浪费时间以及资源。作为公共文化政策的主体和具体执行者，政府机构、文化事业单位、企业和民众具有不同的发展需求，也为政策的规划和制定提供了必要的依据，具体来看，主要有以下几个方面。

1. 政府机构

文化是地区人类的生活要素形态的统称，不同地域和民族的人们由于所处人文地理环境的不同，会形成具有地方和民族特色的文化传统和体系，并且它们会与经济发展和社会变迁形成强烈的正相关关系。总体上看，随着我国综合国力的增长，国家的公共文化事业也得到了繁荣发展。文化事业的发展对于提升民众文化素质、促进经济发展和社会进步发挥了重要作用。然而，由于地区发展不平衡、经济和社会发展水平差距显著，特别是西部和边疆偏远地区经济欠发达，长期以来社会发展基础薄弱，基础设施、资金、人才和科技实力等条件的限制，导致其文化事业发展与东部地区相比有较大的滞后。因此，制定文化大数据扶持政策，既要站位高远，结合国家长远发展，给出战略目标和效果，又要兼顾地区，了解和结合不同地区的文化发展需求，制定切实有效和符合实际的地区发展和实施细则，保证文化大数据发展循序渐进、逐步深化。具体而言，政府机构既是文化大数据技术扶持政策的规划和制定者，也是负责政策能够实际落地并助推事业发展的执行者，需要因地制宜，寻求不同地区和民族的合适的发展路线。根据各地所处的发展阶段，政府需要把握以下几点：

（1）发达地区

我国直辖市和东部沿海地区经济较为发达，在公共文化发展方面也位于全国前列。这些地区需要进一步巩固优势要素资源，着力优化公共文化发展的要素结构，并逐步成为文化的辐射源。在文化大数据发展中，北上广深和东部沿海地区要充分发挥研究优势，探讨文化大数据的组成、技术与应用模式，将优质文化资源转化为文化大数据内容，利用现代技术手段建设示范应用基地和重点项目，以此作为发展范本为其他地区的跟踪发展提供借鉴。文化大数据政策的制定要瞄准国际先进水平，依托有利的条件加强技术创新，引领世界公共文化大数据的发展，为实现公共文化内容建设和智慧化服务模式转变提供支持。发达地区高校和研究机构众多，要建立人才引入政策，扩大公共文化大数据产业，吸引更多高层次人才研究和创业，为文化大数据的研究和应用提供人员保障。政府需出台一系列政策引导更多的资金、技术进入公共文化行业，激励文化单位的发展，不断强化文化机构的竞争力。文化产业发展较好的地区需要加强内部要素建设，加大公共文化服务支出力度，推动文化大数据新业态的发展，不断挖掘文化需求，注重新的技术手段在文化大数据中的应用，不断深化产业融合。

（2）一般地区

与沿海经济发达地区相比，我国东北和中南部地区的公共文化事业在规模和经费投入上有一定的差距。这些地区要以科学客观的态度认识发展差距，了解并掌握目前文化机构的资源建设情况、技术能力和服务条件，从优势要素出发，形成有特色的文化大数据服务模式，构建差异化不对称发展路径。中部地区需要为文化大数据产业的发展提供更良好的内部环境，加大教育投入力度，尤其是要支持现代文化产业类专业的培育与发展，鼓励文化要素与科技产业相融合，挖掘地方特色文化资源，利用现代信息技术手段，拓展创新其营销渠道。需要进一步鼓励更多人才进入公共文化行业领域，让资本更好地为文化产业发展服务。积极推动文化创新研究，加强与发达地区的文化沟通和业界合作，研究采用新的试点和成立文化项目等形式鼓励文化大数据内容建设、数据分析和应用研发，基本建立较为全面的文化大数据产业链，为下一步利用智能化技术、大数据技术等现代科技进行知识发掘和行业资源整合奠定基础。

（3）欠发达地区

公共文化事业欠发达地区往往处于西北部、中西部、西南部等边疆或少数民族地区。由于各种因素或条件所限，这些地区经济和社会的发展距离东部地区有着明显的差距。公共财政和技术人才的短缺，造成这些地区公共文化事业的基础设施建设、技术储备和服务手段不足，公益文化服务传播范围难以覆盖地区所有民众，内容产品形式较为单一，民众难以获得丰富多样的文化体验。鉴于此，文化大数据扶持政策应当解决上述地区的基本文化业务诉求，从补齐短板出发，不断拉近与全国平均水平的差距。首先要给予优先政策，改变基础设施落后的现状，提升社会对优秀文化的需求动力，鼓励教育发展，逐渐提高民众的思想文化水平和文化消费意识，推动先进地区的单位和文化企业与欠发达地区建立合作关系，依托技术手段和引入资金方式实施文化扶贫，加强现代文化服务能力，为文化大数据的整合与服务提供良好的外部环境。其次，内部要加强对本地特色文化资源和要素的发掘和改造，以全国或文化行业推荐标准建设资源，积极参与国家或地区文化工程和文化试点项目，加强文化行业人员培训，学习优秀经验和理论技术，提升文化大数据从业人员能力。

2. 公益文化事业单位

公益文化事业单位是文化大数据技术扶持政策的主要实践者，同时也是政策制定的重要辅助力量，需要从自身业务发展出发，为政府机构提供决策参考，在政策支持下开展各项文化大数据建设与应用服务。同时，应当发挥行业优势和自身职能，制定相应的行业标准、规章和纲领，为指导业界构建规范化、高效化、规模化的文化大数据发展体系提供保证。具体而言，依托文化大数据扶持政策，公益文化事业单位的发展需求主要有以下几方面：

（1）文化大数据内容建设

随着公共文化数字化工程的不断深入与完善，各文化机构已经拥有了大量的数据资源及其相关信息。这些数字文化资源信息是文化机构最基础和最为珍贵的资源，是文化大数据内容的最重要组成部分。各文化机构间和机构内保存的数字资源格式不同、类型各异，但都是中华民族的优秀文化素材，是传统文化脉络的原生载体。文化大数据扶持政策一方面要鼓励各类文化机构不断加强数字人文资源的建设，挖掘优质内容，结合现代技术手段实现传统文化与现代媒体技术融合发展；另一方面，需要实现内容建设的标准化和规范化，为构建统一的文化大数据资源体系和提高文化资源的共享与利用提供基础支撑。同时，除了优质的文化内容数据外，文化行业的业务数据、服务数据和用户数据等也是构成文化大数据的重要组成部分。在当代技术趋势下，需要提供全面且有重点的政策，对提高文化大数据的分析和应用能力、实现数据驱动和智慧化的知识服务模式进行指导和鼓励，吸引各方投入力量加强文化大数据的研发和应用，提升服务效益。可以说，在“内容为王”的时代环境下，谁拥有优质的文化内容资源，谁就会争取到更多的黏性用户，从而扩展行业影响力。因此，文化大数据的内容建设永远都是文化机构最为重要的核心业务职能，只有依靠政府各项政策，在国家和社会共同推动下，投入大量的人力、智力、技术和资金成本，才能满足公益文化机构的自身对于文化大数据的业务需求。

（2）文化大数据目录整合

目录体系的研究最早出现在图书馆学领域，是通过对图书或边章按照次序进行编排的一种名目，用于支持用户的查询和定位等服务，有效地指导和规范图书信息的分类管理。随着全球互联网技术的发展、信息化建设的推进，目录的概念逐步引入到计算机科学、信息科学领域中，并得到了发展和延续[①]。梳理文化大数据，建立机构内文化大数据目录体系，整合跨部门、跨专业的文化大数据目录是研究与利用文化大数据的基础。文化大数据目录体系的建立，能够全面梳理我国公共文化单位保藏的文化资源和业务数据，对其进行有效组织和管理，可以形成各类文化资源物理分散、逻辑集中的资源共享模式，为实现信息的统一检索、定位、交换、整合等奠定基础。因此，要积极出台政策，支持和鼓励不同级别、不同行业的文化机构全面了解和掌握现有资源情况，制定资源分类、数据加工、唯一标识符、元数据等标准规范，促进各文化机构和社会文化遗产资源的互联互通，为整合社会优质文化资源、实现规模化服务、促进知识发现等提供保障。

（3）文化大数据技术研究

文化大数据的研究和发展离不开对现代信息技术的利用。技术的投入具有高成本、高风险特征，必须由国家和地方各级政府在相关政策的保障和指导下，发挥社会各方面优势，集中开展研究和应用。首先要了解并掌握文化大数据技术构成和关键技术特点，包括：海量异构数据的存储与管理技术、资源共享和分发技术、数据分析技术、应用技术、内容传播技术等，并根据实际需求对重点技术和关键环节进行突破，创新现有技术架构，提供高效的技术发展模式。其次，要从政策上积极给予支持，包括鼓励发展、引入社会合作、提供资金保障、重视人才教育等，为发展文化大数据技术提供良好的内外部环境，保证业务的健康可持续发展。最后，要鼓励建设并形成良好的文化产业生态环境，利用企业、科技园、科研机构等将现有技术成果向公益文化大数据转型，鼓励更多的社会机构参与到公共文化大数据内容的建设、分析和传播服务中来。同时，公共文化机构要为社会机构提供必要的优质文化素材和管理经验，为文化创新提供源源不断的思想源泉，在促进社会和经济效益提高的同时实现双方的互利互惠和共同发展。

（4）文化大数据应用服务

服务社会、传播优秀文化和满足各界的文化内容需求，是文化大数据事业的最终目标。政策的规划需要以大数据为基础，找准公共文化的社会定位和需求，发挥各界优势，实现文化大数据的创新协同合作，在提升社会参与度的同时完善反馈机制，实现文化服务效益评估，提高政策实施的有效性和针对性。给出支持政策以促进服务模式的创

① 肖希明，李金芮．国外公共数字文化资源整合模式及其借鉴[J]．图书与情报，2015（1）：9-14.

新，利用技术手段构建文化大数据服务平台，实现资源汇集和一站式知识服务。深入分析用户需求，实施精准化和个性化文化服务，扩展文化大数据服务对象，面向社会提供多元化高水平服务，合理利用多种媒体终端和渠道，实现文化资源的广泛传播，充分发挥自媒体优势，促进优秀文化内容的产生和传播，加强线上展示和线下宣传力度，构建O2O的文化传播模式。

3. 企业

政府是文化大数据的主要规划者、引导者及监督实施者，在整个文化大数据的发展过程中起主导作用。公共文化事业单位为政府的决策提供参考，是文化大数据的拥有者、内容建设者和传播者，是具体执行文化大数据政策并促进其发展的中流砥柱。各类企业，特别是高新技术企业、文化企业和互联网企业则是文化大数据技术的创新和开拓者、运营者，为公共文化事业单位提供必要的技术开发、数据加工、服务运营、平台建设等支持，是实现并推动文化大数据发展，惠及社会民众的具体实践者，是整个公共文化产业链的关键环节，起着重要的作用。

在我国政府的重视和推动下，以文化传播为核心的企业便开始大规模地不断涌入市场，增加了企业间的竞争，这对传统文化企业的生存、发展提出了严峻的考验。面对竞争越来越激烈的文化行业，当前的诸多文化企业虽然在国内市场仍然占据着一定的地位，但其盈利空间明显受到了新进企业的影响，因此这些传统的文化企业不得不寻求适应经济的企业发展模式，充分利用先进的技术和现代化的生产方式，改造传统的文化生产和传播模式，推动规模化、集约化经营，以此来延伸产业链，达到降低成本、提升利润空间的目的。因此，扶持政策应当从利益、机制、环境等方面为企业提供良好发展条件，具体措施如下：

一是由于文化类企业大多属于中小型企业，规模和竞争力和传统优势行业相比较为薄弱，需要鼓励并引导文化大数据企业优化产业结构，提升技术能力，围绕核心业务通过跨地区、跨行业的联合、兼并、重组，形成规模化经济效益，提高集约化经营的能力和水平，形成具有较强竞争力和影响力的大型文化企业集。

二是改革企业运营机制，按照现代企业制度的要求规范运营，谋划未来发展，总结改革的经验，注重市场化发展。坚持“开放、发展、合作、共赢”的发展理念，积极破除事业单位体制下形成的因循守旧、故步自封等思想观念和工作作风，同时以完全的企业经营理念和行为巩固企业体制改革成绩。切实维护职工利益，减少改革阻力，化解员工担忧，充分发挥员工的积极性和创造性。改善企业管理，逐步完善法人治理结构，规范经营决策程序。建立健全经营管理制度体系，夯实企业经营管理基础[①]。

三是给予积极的财政支持，满足企业融资需求。与传统产业相比，文化创意企业和高新企业属于技术和资本密集型产业，企业融资问题比一般的中小企业更为突出，资金是维系产业发展的重要因素。在构建文化大数据产业融资政策体系时，需要处理好政府与市场的关系，政府起引导作用，市场起主体作用。在构建文化创意产业融资政策体系时，主要思路是正确处理政府与市场的关系，充分利用公共资源，建立利益补偿机制等激励制度，调动社会资源参与文化创意产业发展。也就是建立起政府协调引导、金融机构合作支持、文化创意企业主动参与、市场平台高效运转的多元化、多层次文化创意企业投融资服务体系，以满足文化创意企业的资金需求[②]。

4. 民众

向社会传播和提供优秀文化内容和服务，是发展文化大数据的根本目的。是否能够满足民众日益增长的精神文化需求也是检验政策制定和执行好坏的试金石。为此，制定政策时有必要充分了解当前不同民众群体的文化信息需求，分析当前公共文化服务过程中存在的问题，在总结经验的基础上提供指导依据。文化大数据的建设要提高公共文化行业信息化水平，丰富基层群众的精神文化生活，满足群众不同层次的文化需求。采取鼓励政策促进民众对文化内容的了解和参与，着力建设丰富的数字文化资源，加强数字资源的整合，通过大数据技术实时掌握数字文化传播效果，减少地区差异。针对不同群体，探索和建立具有地域特色的文化大数据建设和服务模式，具体措施如下：

一是充分利用当地公共文化单位保存的数字文化资源，以当地特色人文资源为素材，针对本地生产结构、经济发展水平和社会现状等诸多方面现状，建设有适用性和实用性的文化大数据内容。

二是根据地区发展水平和技术条件，选择适当的内容分发和传播渠道，优先选择覆盖面广、传输接收方式较为便捷、民众获取内容成本较小的方式，如广播电视、手机通讯等。其次可以有条件地尝试新媒体运营模式，并逐步地开展和推广，比如基于互联网的内容传播服务方式、有线数字电视、数字书屋等。在经济社会发展较为发达的地区则综合运用现代技术手段，打造集成化、个性化、多终端的文化大数据产业模式，如互联

① 李文臻．文化企业国际化发展的战略需求探究[J]．企业导报，2012(20)：100.

② 安世绿．文化创意企业融资需求特点及政策初探[J]．中国金融，2010(3)：82-83.

网电视、数字家庭、可穿戴设备、VR（虚拟现实）、人工智能应用等。

三是加强对用户需求和使用情况数据的收集和分析。对用户类型的划分、文化偏好、行为习惯、使用环境等做出详细分析，按照群体或个人进行精准化的文化内容推送，个人也可以根据自己喜好自行构建个性化内容接收模式。同时，要鼓励文化大数据在保护版权和用户利益的基础上有针对性地向社会公开和共享，为科学研究和应用开发提供必要的数据支持。

5.2.4 政策内容范围和目的

政策制定的主体应以我国公共文化政府机构和公益文化事业单位为主，包括中央机构、省级、地市级和县级。政策制定的主体要以“政府机构 / 文化事业单位”以及“不同行政级别和地区单位”两个维度明确各自职责和分工。政府机构整体站位，从整体发展规划和实施过程角度给出指导，文化事业单位从行业和专业角度给出具体扶持细则。各地区因地制宜，结合地区发展现状和条件给出适合的可操作的扶持政策。

政策的内容范围主要是促进并推动文化大数据技术的研究与发展。大数据技术是推动文化大数据实施的基础，政府应加大对文化大数据重点领域关键技术自主研发的扶持力度；研究文化大数据核心技术构成，鼓励文化大数据核心关键技术研发，加大与相关科研机构的合作，推进文化大数据科学和工程的核心方法及技术的研究；调研文化大数据理论基础研究现状、目前存在的困难，提供实验环境，保证实验设备的配置，加大对基础研究的支持力度；加强技术合作，建立与其他领域（尤其是大数据领域）的合作机制，引入或迭代文化大数据核心技术；支持文化机构与科技领域研究机构与科技公司的合作，开展推动先进文化大数据技术应用的政策研究，鼓励文化大数据科技创新。

政策的制定和执行要实现以下目的：

1. 基本构建我国文化大数据技术发展政策体系

宏观层面上，建立我国文化大数据的发展战略和指导方针，明确我国文化大数据的构成、技术发展目标、发展方式、达到的效益。从国家发展角度，对文化大数据产业链中的不同机构、单位、群体等的职责进行划分，鼓励参与方开展文化大数据的研究与应用，促进优秀文化的传播。微观层面上，地方各级政府要建立适合当地发展条件的文化大数据技术扶持政策。细化各地政策细节，明确任务目标，充分发动社会力量对文化大数据涉及的关键技术给予研发，建立可实施的人才、技术、资金、税收等优惠政策，为事业单位和企业的技术投入提供积极政策支持。通过可预见目标的实现，推动当地文化事业的发展，逐步缩小与发达地区的差距，通过技术手段不断提高较落后地区的文化传播与覆盖范围，实施基于文化大数据的“文化扶贫”政策，使文化大数据的应用能够真正惠及全民。

2. 推动文化大数据技术的研究和发展

构建全面的文化大数据技术扶持政策体系，明确各单位的角色分工。公益文化事业单位要对文化大数据的模型和构成进行研究，给出数据加工需求；对文化大数据分析、应用、服务等相关技术进行调研，围绕业务工作，给出文化大数据关键技术类型、要求；变革自身工作模式，创新资源加工和服务方式，推动技术的转化应用。社会科研机构和高新企业要积极与文化事业单位开展合作，依托文化机构保存的海量文化资源提供创作的灵感和源泉。科研单位和企业要充分发挥自身优势，加强技术研发，围绕公共文化服务中的大数据，进行关键技术突破，改善文化事业单位的基础设施条件，促进数据采集与保存方法、数据分析和数据应用技术的发展，为建设面向全国、分层分级的文化大数据业务平台提供积极的技术支持和解决方案。作为政府机构，要充分发挥政府的管理和行政职能，大力支持公益文化单位开展文化大数据建设和服务，加大财政、人才、政策方面的投入力度，为文化事业单位顺利开展业务提供良好环境。政府要积极发挥协调领导作用，鼓励高新企业和科研机构从事文化大数据技术的研发和应用，并促进社会的广泛合作和产业发展，实现文化、社会、经济的相互促进。

3. 提高不同地区文化大数据的应用与服务水平

我国经济和社会发展情况复杂，各地的发展进度、人员素养和各方面条件有较大的差距，传统的文化服务方式面临着资金、交通、场地、设备等诸多问题。而互联网的普及和数字人文的发展成果可以为普及优秀文化、缩小地区差距、针对性开展文化内容推送提供现代化的解决方案。应该根据不同地区的具体情况给出针对性的文化大数据发展规划和行动纲要，充分发挥地区特色文化优势，挖掘当地人文素材价值，建设优质文化大数据内容。建设面向全国的文化大数据内容分发平台，借助现代通信手段向偏远地区和少数民族地区传播科学知识和文化内容。各地应该积极配合上级政法部门的规划和部署，给出具体的扶持政策和法规制度，宣传和引导当地民众参与到文化大数据服务体系当中。培养民众的文化素养和学习意识，从接触、了解到熟悉、喜爱文化内容。政府要履行好监督职能，建立反馈制度，定期收集各地文化服务中的运行数据和文化资源访问数据，通过数据分析及时掌握文化服务效益，针对存在的问题进行整改，不断完善和改进文化资源建设与服务机制，推动文化大数据更好发展。

4. 促进行业合作和产业融合发展

文化大数据作为新生事物，对技术要求非常高，国际上尚未有相关的促进政策和具体的公益项目。国内的文化大数据也处于研究起步阶段，数据形态和模型的分析、数据的加工与标准化建设、数据的分析和挖掘、文化大数据应用与服务模式等还需理论和实践的突破。文化大数据技术的发展依赖于政府、文化事业单位、科研机构和企业的通力合作与业务配合，其中政府要起到顶层设计和统筹安排的作用，引导各方发挥各自有利条件推动事业发展。文化事业单位要充分发挥数据资源优势和专业优势，围绕业务的创新发展，广泛寻求社会合作。在政府的鼓励和推动下，高新技术企业和科研单位为公益文化事业单位提供新的技术平台和解决方案，将优秀文化素材转化为高品位、吸引人的文化创意产品，并依托互联网、物联网、智能化终端设备、新媒体技术等技术手段对文化内容进行广泛传播。各方协作推动文化产业的进步和发展，满足社会各方面的文化和知识需求，同时促进传统文化与新技术产业的融合与协调发展。

5.2.5 政策制定原则

1. 顶层设计，政府主导

文化大数据技术发展要坚持以政府部门为主导的原则，加强顶层设计，以弘扬和发展社会主义精神文明为宗旨，统筹协调公共文化单位和文化产业各方共同发展。要以国家文化行政部门颁布的文件为指导，加强文化大数据的统一管理与分析，制定服务发展规划，充分利用现代科技信息技术和新媒体平台，促进文化大数据的整合、挖掘与利用，保证文化大数据服务能够在科学、正确的方向上前进和发展。

各级政府部门要充分发挥统筹协调和引导作用，从国家、省部级、地市级、县级及以下级别政府和相关文化主管机构的职责出发，以不同范围、阶段性目标、适合地方发展、切实可行等为要求全面布局文化大数据技术发展，协调社会各机构和组织进行通力协作，制定各项配套法规制度，确保各方利益得到保障。鼓励社会投资、研发与技术引进。加强政策宣传和落地实施力度，在具体实施过程中，通过技术手段对文化大数据建设和服务效果进行反馈，定期分析和总结存在的问题和不足，对政策进行调整，有针对性地改进工作目标和工作方式，确保文化大数据发展目标能够逐步完成。国家要立足全国公益文化事业，推动落后地区的公共文化大数据发展，进一步丰富优秀特色文化资源建设，普及和传播优秀传统文化，实现各地区的文化资源共享与整合，弥补地区差异，促进全国公共文化大数据的共同进步。

2. 长远规划，分步实施

政府部门要在国家文化事业发展总体思想指导下对文化大数据事业进行科学合理的规划。立足公益文化服务性质，既有长远的发展目标，又有近期实施的统筹安排和具体措施，既有整体规划，又有重点攻关，集中力量解决文化大数据技术架构和发展中的重点、难点问题。在具体实施过程中，完善法规制度建设，合理组织人员、资源、资金，确保文化大数据技术的研发和应用有章可循。同时，要结合具体业务要求，制定行业标准，实现技术、流程和服务等的规范化，提高工作效率，促进共享互通。文化大数据建设要充分重视通过现代信息技术对文化实体资源进行数字化保护，实现文化数字资源的有效保存。在保存的基础上，重点利用大数据分析处理技术，对文化数据进一步加工处理，进行数据挖掘分析，挖掘潜在价值，提升知识密度。要发挥互联网“第五空间”的重要作用，充分发掘各类用户数据、行为数据、管理数据和社交数据的关联关系，为国家文化发展和规划策略提供重要依据。此外，政府部门要负责建立监督反馈机制，通过大数据和互联网对各地区文化大数据技术发展现状进行实时掌控，及时收集和分析现状中存在的不足和困难，有针对性地对政策进行完善，改进工作方式，不断提升文化大数据技术应用水平，促进产业发展。

3. 因地制宜，加强创新

文化大数据是公共文化事业中的新生事物，国际和国内都没有现成的案例和经验可供参考，因此制定政策时既要从全局考虑，也要分地区、分情况制定，做到地区和全国统筹协调发展。制定政策过程中，要注重体制创新、机制创新，优化政策的组织部署结构，改进工作方法，提高政策的执行效率。通过手段和方法创新确保政策的落地实施，确保政策的效果能够及时得到反馈和分析，为进一步完善政策体系，改进工作模式提供借鉴和参考。

文化大数据发展要把技术创新与制度创新放在同等重要的位置，推动原始创新，加强集成创新，重点解决文化大数据的汇集、管理、分析和利用。研究并掌握文化大数据技术体系，分析文化大数据内容建设、数据收集、数据保存、数据管理、数据挖掘、应用开发、平台建设、技术标准等一系列技术相关需求，与业界、科研机构、高新技术企业共同寻求方案的解决和关键技术的突破；注重培养人才，建设既了解熟悉业务流程，又掌握现代信息技术的专业化员工队伍，为文化大数据技术的解决和研发提供重要的人力保障；充分利用互联网、移动互联网和广播电视网，基于多平台和终端开展文化大数据服务；推动现代显示、人工智能、数据可视化、人机交互、三维建模、遥感定位、物联网等先进技术应用于文化传承与发展，不断提升服务体验，创造良好的社会效益和经济价值。

4. 合作共建，融合发展

文化大数据技术的发展是一个涉及多门学科、多个行业、多种资源类型的复杂体系，离不开业界和社会的密切合作。要从全局出发，由政府牵头，全面协调资金、人才、基础设施建设、场地、硬软件条件等各种因素，在开展文化试点建设、重点项目实施的过程中对文化大数据的关键技术进行研发。多部门协调联动，引导各界力量参与，加强不同领域、行业、机构文化资源的整合与集成。加强中央和地方政府的政策协调，构建分层分级式的文化大数据建设与应用平台，实现逻辑集中管理的同时，将对象数据分散保存。提高信息检索和知识发现能力，开展特色化和精准化的文化服务，满足民众的多样化文化需求。

积极加强与各类科研机构、高校、现代高新技术企业的合作，充分利用新技术和新媒体手段，对传统文化内容进行保护、改造、传播，发掘文化内容的人文价值。实现以文化事业单位等为主的资源建设部门向企业提供文化素材、文化企业向公益文化机构提供技术支持的双向促进的良好业务生态，促进传统文化与现代技术的融合发展。同时，要调研和跟踪国际上文化领域和大数据领域的前沿技术成果，积极参与国际学术会议，与同行开展业务交流，开拓思维，扩大眼界，为促进我国文化大数据的理论和技术创新发展提供支持。

5.2.6 政策体系的架构和内容

图 5-1 展示了文化大数据技术发展体系的整体架构和主要技术构成。政策体系需要由政府顶层设计，兼顾文化大数据建设与资源保存机构、参与企业、科研单位、数据应用与渠道运营商、社会用户等业务需求。建立并完善相关制度机制，完成激励机制、安全机制、创新机制和合作机制建设。推动行业技术标准规范体系建设，促进文化大数据

技术的研究与发展。

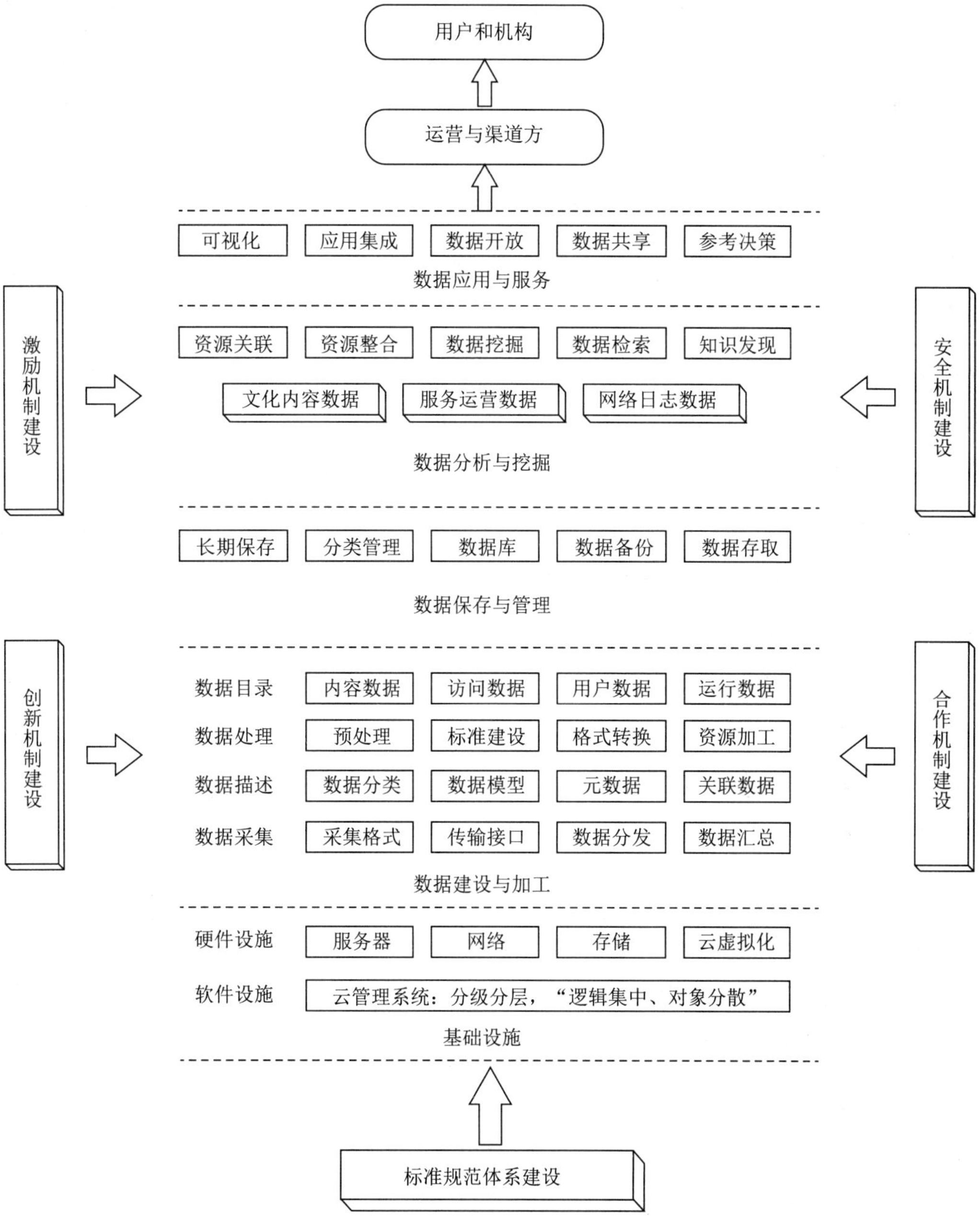

图 5–1　文化大数据技术扶持政策体系架构

1. 政策的制定与管理

（1）建立牵头部门和工作小组

制定文化大数据技术扶持政策并达到预期的结果，必须要有高效的领导和沟通。政策的制定由各级主管文化的政府部门负责，执行的主体包括各级公共文化事业单位。技术的研发也离不开社会科研机构和企业的帮助与合作。由于具体执行过程中，不同级别、不同行业的单位之间会产生工作的交叉重叠，如果没有联动好这些部门的职责和分工，可能会导致政策的执行遇到阻碍。因此，要从中央到地方建立不同级别的政策规划与协调小组，设立专门的牵头部门，主要负责制定文化大数据相关技术扶持政策，跟进细化执行程序，让文化大数据技术扶持政策的执行有路可走，落实不到位有责可查，执行不力有人可究，而不是仅仅停留在政策的制定层面。第一，根据有关法律制定和实施文化大数据技术扶持政策和计划，如税收优惠政策、就业鼓励政策、风险基金政策、贷款政策、技术援助计划、职工培训计划、政府采购计划等。第二，维护文化大数据产业参与各方的利益，如创造良好的经营环境、防止行业垄断、向上级反映各单位需求等。第三，从政府的角度，向各类单位提供所需的各种法规、政策、技术专利、行业发展等方面的信息和服务。第四，由政府牵头组织各单位定期交流经验，对执行效果保持监控，围绕政策执行中的情况，找到问题的解决方法。通过行政权力和行政手段使各部门各单位共同运作，达成一致目标，扶持技术发展。

（2）成立政策咨询协调服务机构

参与文化大数据事业的文化事业单位、企业、科研院所等机构在相关资源、信息、经验、素材、知识的获取方面不够畅通，单纯依靠政府的推广是远远不够的。政府权力的集中化与社会机构分布的分散化，导致了政府部门与下级各类机构单位之间永远隔着“一段距离”。这需要一个桥梁或渠道来弥补隔阂，让政策深入基层的同时，让基层的需求和呼声上达高层，以及时调整政策的走向。需要充分借鉴公益社会组织和团体的经验，充分发挥他们中间人的作用，在法律法规允许的范围内，积极引导和发掘社会组织的力量，研究如何通过政策倾斜、资金补助、舆论支持等方式，建立起符合我国社会发展特点的文化大数据政策咨询与服务机构。这些机构作为政府政策法规的解读者与参与者，为不同地区的各级单位建言献策，解决问题，补齐短板，向政府反馈社会建议，引导各方参与者和文化事业健康发展。

（3）构建纵向承接、横向合作的格局

文化大数据技术扶持政策是纵向相承、横向合作的组合。纵向看，从中央到各省市，从各级政府到直属公共文化事业单位，不同层级的机构要紧密合作，政策涉及全国层面的规划战略、区域层面的发展目标和发展纲要、单位层面的技术研发与创新应用三个层次。横向看，以公共文化机构为核心，一方面向社会高新技术企业和科研机构提出技术需求，由社会机构进行技术研发和给出解决方案；另一方面，根据社会发展和民众对信息知识的需求，公共文化机构也要不断变更业务模式，创新文化服务手段，提高文化应用效益。因此，纵向上需要各级地区在各自管辖范围内指定扶持政策和配套措施，扶持规模和层级有所不同；横向上要在扶持文化机构、企业、科研机构等时做到重点有别，从单纯的提供优惠政策，逐渐深入到全产业和实现完整性覆盖。

（4）建立科学论证和专家咨询体系

文化大数据的研究、起步、发展等阶段需要政府分别提供相应的政策支持，做好中长期规划，并依据规划为文化大数据的可持续发展提供良好的外部发展环境。这些政策因不同阶段而异，同时要具有连续性。国家有关部委应该组织由专家组成的科学论证小组，对政策开展充分的客观研究，并有针对性地对有条件的机构进行先行试点，然后在可控条件下在全国推行长期的扶持政策，确保政策的连续性。各地需要积极将地区发展政策和方案上报上级机构，统一进行讨论，以免衔接不畅导致技术扶持政策的断档。同时，在具体实施上，明确各项目标和时间节点，以确保政策能够持续落地执行。

2. 文化大数据技术构成特点与政策需求分析

文化大数据技术主要涉及 5 个主要部分：基础设施建设、数据建设与加工、数据保存与管理、数据分析与挖掘、数据应用与服务。技术应用和内容服务涉及运营与渠道方和社会各类用户等。同时，要完成文化大数据技术扶持体系建设还要实现 4 个机制：激励机制、安全机制、创新机制、合作机制。同时为加强技术的推广和促进标准化建设，还要加强标准规范体系建设。其中，具体而言，文化大数据技术构成的主要部分特点和政策需求如下：

（1）基础设施建设

基础设施建设是决定文化大数据事业发展的基础条件和保证。基础设施主要包括硬件和软件两部分。硬件主要由服务器、网络、存储设备等以及与之相关的其他配套设施如场地、机房设备、空调系统、供电系统、消防安全系统、监控系统等组成。硬件设施是文化大数据赖以保存、管理、应用的必备要素。传统的文化机构硬件设施大多存在存储量小、集中式存储、管理和应用分散等不足，而文化大数据要求对海量的异构数据进行有序保存，且需要具备检索和一站式查询等功能。对象数据的分布式保存特点要求对现有的硬件设备通过“云技术”进行虚拟化处理，构成逻辑统一的虚拟池，有效整合硬件服务器，克服文件保存零散、不易管理等缺陷。此外，软件基础设施还包括必要的硬件管理系统、操作系统、安全备份系统、运行监控系统、日志分析系统等。不同机构之间还需要建设统一的业务管理和运行系统以及内容分发和传播系统等。从业者依靠各种软件系统和工具，将全国或各地区的公共文化机构大数据进行统一管理与调度，实现内容和运行的有效整合。这就要求政府相关部门制定技术扶持政策时要充分考虑到文化机构对于文化大数据保存、管理和应用等方面的实际需求，科学制定规划，加大资金、场地、硬件设备等的投入，建立能够满足现在及未来业务需求的硬件基础设施体系。相关部门还应建立鼓励政策，引导社会各方和公共文化机构进行软件系统的开发，构建适合文化大数据业务的软件体系，为管理和应用文化大数据提供必要的软件基础。

（2）数据建设与加工

文化大数据的建设与加工是公益文化机构的重要业务职能，也是文化大数据产生的最主要方式。文化大数据的建设与加工主要包括以下四个环节：

数据采集。随着数字文化资源内容建设以及数字文化应用与服务的不断推进，大量的文化内容数据和应用服务数据会产生，这些数据作为文化大数据的主要组成部分分散在不同业务环节和系统中，需要进行统一采集、传输与汇总。

数据目录。数据目录是构建统一的文化大数据体系、实现数据分类整合的基础。采集到的数据格式各异、系统平台和数据类型也存在很大差异，因此要建立统一的文化大数据目录体系，为查找、浏览、管理文化大数据，梳理公共文化领域的大数据资源情况提供必要的支持。

数据处理。由于采集的数据存在类型和结构上的差异，不能直接应用，因此需要围绕某一应用目的，将采集的数据进行标准化加工、格式转换等，为后续的分析和应用做好准备。

数据描述。文化大数据是公共文化机构最为重要的数据资源，需建立统一的描述体系，实现数据的有序管理。并且通过数据模型和元数据的研究，实现数据的关联，为文化大数据整合提供支持。

综上，要建立技术扶持政策，需要鼓励并引导公共文化机构加强文化大数据的建设，一方面要结合优秀传统文化素材，建设富有创意的文化内容资源，另一方面要注重文化单位内业务数据、用户数据、应用数据等其他类型大数据的采集与加工处理，建立文化大数据的全面描述与管理体系，依据数据分类，构建详细的文化大数据目录。同时要积极推动各文化机构之间数据的交换与标准化建设，从而为建设跨行业、跨领域的文化大数据资源目录体系奠定基础。

（3）数据保存与管理

文化大数据具有海量和异构的特点，因此需要应用云计算、分布式存储等技术，建立文化大数据长期保存与管理体系。一方面要能够实现数据的统一描述与定位，保证数据的真实、有效、完整，支持长期可存取。另一方面建立数据分类和多份保存机制，确保文化大数据能够实现安全保存，一旦发生意外，具有抵抗一定风险的能力。

因此，要给出文化大数据保存与管理的规划政策和实施纲要，在充分调研本行业和其他行业的存储技术的基础上，提出适合不同地区、不同级别公共文化机构的数据保存与管理技术体系。鼓励国家级、省级文化机构和大数据事业发展较好地区的文化机构优先采用先进技术对本地区或周边地区的文化大数据进行保存与整合，在此基础上，对发展较为落后的地区开展技术培训和技术扶持，逐步带动其他地区的公共文化机构实现本机构或本领域文化大数据的长期保存，不断推动全国文化大数据保存体系走向完善。

（4）数据分析与挖掘

数据分析与挖掘是文化大数据充分实现价值提升、促进知识发现的重要业务环节，是保证文化大数据真正走向应用与服务的关键步骤。数据分析与挖掘是一项十分复杂的技术工程，涉及的学科、技术、专业很广，实施难度较大。目前的分析应用模式主要有：资源关联、资源整合、数据挖掘、数据检索、知识发现等。涉及的文化大数据类型涵盖文化资源内容、服务运行数据、网络日志数据等。每一类数据、每一种应用都可能用到人工智能、专家系统、文本分析、多媒体分析等诸多技术，并且有可能需要多种技术的综合应用才能实现应用目的。

鉴于该技术的高度复杂性，需要政府给出具体的技术发展规划和战略目标。要结合公共文化特点，制定完善的技术扶持政策，鼓励文化事业单位根据业务情况提出具体的技术需求；加强跨界合作，引入社会企业、科研力量进行关键技术的研发与突破；积极培育人才队伍，发掘新的服务模式，充分发掘和利用文化大数据的价值，实现“数据驱动”和“知识化”的文化应用与服务。

（5）数据应用与服务

数据应用与服务是文化大数据的最终目的，也是满足社会各界用户需求的最终途径。文化大数据的应用与服务不同于传统公共文化服务模式，其服务具有数据复杂化、业务综合化、用户自主化、应用集成化、结果智能化等特点。因此需要改革现有服务模式，综合应用新技术手段提供具有更高价值含量、更有针对性的文化内容服务。

制定政策时，政府需要围绕国家、社会、民众的发展需求，站位高远，在互联网和大数据环境下充分利用各种先进技术来变革原有工作模式，建立新的更有效益的应用和服务方式。文化大数据的应用与服务离不开社会各界的通力合作，需要加大资金、技术、人员等方面的投入力度，突破关键技术，加强应用集成，广泛借助现代通讯和传播网络进行文化内容推送。构建全方位、精准化、知识化、智能化的文化大数据服务体系，为推动文化发展和社会进步提供数据与资源支持。

（6）支持并推进技术标准化工作

政府要加强标准的研发与制定，参考其他行业大数据标准及公共文化领域标准，研究文化大数据技术的相关标准体系架构和组成部分。推进标准的宣传与推广，随着标准的发布和试验验证工作进展，充分发挥政府的引导和促进作用，加大宣传，鼓励更多相关机构和专家个人参与标准制定与论证应用。此外，需加强标准的落地与示范以及修订和完善工作。

3. 文化大数据技术扶持政策重点

大数据是数字经济的基础，近年来在国家部委和地方政府的支持和推动下，数字经济和数字中国建设蓬勃发展，在数据的共享、存储、分析和应用方面取得了重大突破，为实现基于数据驱动的发展提供了可行方案。在公共文化领域，大数据已开始被文化部门和文化机构所重视，然而由于文化大数据存在"异主""异地""异构"的固有问题，资源数据的共享和使用成为文化大数据统筹发展的瓶颈。由于公共文化行业在技术和产业方面的弱势，数据的分析和挖掘水平较低，因此其文化价值开发潜力巨大。结合文化大数据关键技术构成和不同行业主体的需求分析，文化大数据技术扶持政策主要有以下重点工作：

（1）文化大数据的构成分析与模型构建

互联网和物联网的普及与发展、智能移动终端设备的广泛使用和信息化技术的广泛应用催生了海量的数据，大数据已深入渗透至社会、经济、科研、管理等各个方面。数据分析技术的进步使得大数据的潜在价值得以被发现，为科学管理和决策提供重要依据。目前，金融、医疗、商业、政府、科研、交通等领域的大数据已得到较为成功的应用，相比以上领域，文化大数据尚处于研究与起步阶段，理论分析现状偏重服务模式，技术细节亟待突破。文化大数据技术发展的基础是要厘清文化大数据的范围和边界，工作重点是围绕我国公共文化服务机构，梳理文化大数据的类型、构成。从行业领域来看，文化大数据涵盖图书馆、博物馆、文化馆、美术馆、艺术馆、文物、物质和非物质文化遗产、演艺团体等领域。从数据分类来看，有资源数据、管理数据、业务数据、用户数据、服务数据、运营数据、系统数据等。要建立覆盖范围全、领域划分细的数据目录，研究不同类型数据的数学模型、元数据标准体系，为开展针对性的数据共享和技术研发提供科学依据，保障文化大数据技术发展的统一化、规范化和标准化。

（2）文化大数据的开放与共享机制研究

传统的公共文化服务行业由主管文化的政府部门进行负责，各文化机构各司其职，开展自身文化内容建设与服务。由于平台、技术、标准不统一，这种模式容易造成领域分割和资源孤岛，不利于文化大数据的整合与规模化分析。互联网时代，开放与共享成为行业发展主流，各文化部门要积极开展数据交换，共享事业发展成果。建设由中央、省部级、地市级、县级及以下的分层分级式管理平台，有助于实现覆盖全国的文化大数据整合应用，对于促进数据的规范化和规模化加工、深度提炼内在文化价值具有重要作用。各文化机构要重点对文化大数据的开放和共享机制问题开展广泛深入研究，充分借鉴国内外文化行业、其他领域的发展成果，制定统一的数据建设与加工标准，建立合理有效的发展规划，依托数字文化工程，充分实现文化大数据的统一收集、管理、保存、整合与发布平台，促进数据融合，加快文化大数据事业发展。

（3）文化大数据的技术特征与技术路线

牢牢把握大数据发展机遇，充分利用技术发展成果，合理规划文化大数据发展，分阶段分目标实现技术突破。要对文化领域的各参与方进行广泛调研，在明确需求的基础上，了解并掌握各方技术研发意愿及技术现期可行性，从而制订近期发展目标和路线并制定政策着重支持。对于高投入、高资金、高难度技术研发要进行重点支持，广泛联合高新技术企业、科研院所，吸引各方专家学者进行合作攻关，同时要大力培育人才队伍，为技术的发展提供必要的人力保障和智力支持。要明确文化大数据技术发展短板，制定相关政策鼓励技术多元化发展，研发多种技术工具为技术的应用提供依据。对于普遍性的技术，需要联合各界共同制定标准规范体系，保证文化大数据的资源建设、业务流程、服务模式相互衔接和持续发展。总之，要充分依据文化大数据技术特点和各方需求，制定灵活、可行、多元、分阶段的技术路线，并采取措施保证能够按照既定目标完成任务，实现文化大数据技术的全面发展。

（4）文化大数据组织规划与合作共建

文化大数据技术的发展是一项系统工程，体量大、难度高、关系杂，离不开国家和政府的统一规划和组织协调。要从顶层设计出发，成立相关负责机构，牵头部署和监督技术研发，鼓励和引导社会力量广泛参与合作，积极给予人员、资本、场所、设备、技术、舆论等要素的支持。建立产业扶持和奖励制度，对文化大数据技术研发单位和人员进行多元化奖励。积极进行业务宣传和推广，使之在全社会引起重视，建立良好的产业发展氛围。联合地方政府和机构成立产业基地、示范区域、实验室、演示平台、云服务平台等，通过多种试点促进技术的研究与发展。同时，要加强与国际同行和国内其他行业的交流与沟通，吸取已有的成果和经验并加以改造，实现文化数据与其他行业数据的共享与互通、平台的互联、服务的整合。通过以上措施，构建覆盖全国和全行业的文化大数据技术体系，形成良性发展循环，保障技术革新持续可行。

（5）文化大数据与文化产业的融合发展

文化大数据技术的发展离不开良好的文化产业环境。文化产业是我国互联网环境下的新兴产业，以生产和提供精神产品为主要活动，以满足人们的文化需要作为目标，具有高投入、高回报、社会效益良好的特点。近年来，我国文化产业发展势头良好，据对全国规模以上文化及相关产业的 6.0 万家企业的调查，2018 年，上述企业实现营业收入 89 257 亿元，比上年增长 8.2%。分产业类型看，文化制造业营业收入 38 074 亿元，比上年增长 4.0%；文化批发和零售业 16 728 亿元，增长 4.5%；文化服务业 34 454 亿元，增长 15.4%。分行业类别看，文化及相关产业 9 个行业中，有 7 个行业的营业收入实现增长。其中，增速超过 10% 的行业有 3 个，分别是：新闻信息服务营业收入 8099 亿元，比上年增长 24.0%；创意设计服务 11 069 亿元，增长 16.5%；文化传播渠道 10 193 亿元，增长 12.0%[①]。文化产业的繁荣发展为公共文化大数据的发展提供了经验范本、推广渠道和技术方案。应当充分依托文化产业环境，实现多元化运营，与高新企业开展合作，促进文化大数据技术的发展进步和传统文化资源的信息化改造及价值提炼，使技术发展成果更好地服务于文化的保护、传承与推广。

（6）文化大数据服务对文化传承和社会公共文化发展的推动

公共文化的发展要坚持以政府为主导，按照公益性、基本性、均等性、便利性的要

① 2018年全国规模以上文化及相关产业营业收入增长8. 2%[EB/OL]. [2019-07-07]. http://finance. sina. com. cn/china/gncj/2019-01-31/doc-ihqfskcp1979313. shtml.

求，深入实施重点文化惠民工程，加快构建覆盖城乡的公共文化服务体系，更好地保障人民群众的基本文化权益。公益性，就是立足公益性质，以免费服务为主，或者是低于成本、收费很少的服务；基本性，是指政府提供的是满足民众基本文化需求的服务，而不是所有档次的文化服务；均等性，就是不分地区、不分民族、不分教育程度、不分职业、不分阶层，人民都可以平等地享受服务；便利性，就是要广布局、多设点，做到一定范围内必须有公共文化活动场所，方便群众就近参加。文化大数据技术发展过程中，要时刻秉持这四个原则，坚持公共导向，以基础设施建设为基础，充分利用互联网和现代信息技术，将文化资源进行普及和推广，使不同发展程度的地区和民众能够全面享受技术进步带来的好处，随时随地分享文化内容。同时加强用户和服务数据的收集和分析，了解并掌握不同群体、年龄、民族、职业等用户的文化倾向和喜好，有针对性地开展文化内容建设和推送，以人为本、各取所需，满足广大民众和社会机构的个性化文化需求。

4. 文化大数据技术扶持政策难点

与其他行业不同，公共文化领域的大数据有其自身特点，关键技术较多，突破难度较大，在制定政策时需要围绕文化大数据技术特征，对重要技术进行研发突破，开发适用于公共文化领域的技术体系，推动行业发展。综合来看，文化大数据技术扶持政策的难点主要有以下内容：

（1）文化大数据的“异主”“异地”“异构”问题

与其他大数据相比，文化大数据除了大数据固有的特点之外，还具有自身的难点，在技术研发过程中需紧密结合文化大数据自身特点，进行针对性的攻坚克难，突破关键技术环节，为进一步的应用提供支持。“异主”指的是文化大数据存在于不同的文化机构中，不同分类和职能的机构如图书馆、博物馆、文化馆、艺术馆、演艺团体等在其发展过程中均建设和保存有大量的文化资源和业务数据，不同机构的文化数据作为重要的基础性资源，具有珍贵的保存和应用价值。由于各机构职能相对独立，且可能存在机构涉密和版权信息等问题，因此受到不同机构的严格管理，这从产业发展全局看一定程度上会影响数据的共享和交换，造成信息不对等、资源难以整合、信息孤岛等一系列问题。在具体工作中要统筹规划，明确哪类资源或数据可以共享，版权如何解决，应用和服务范围如何界定等问题，只有明确了数据的使用范围和权限，文化大数据的发展才能有据可依、良性发展。“异地”指的是不同地区、不同机构的数据存储在当地，由于保存系统相对独立、标准不相统一，客观上造成文化数据难以实现共享。未来要通过现代信息技术对系统进行统一规划和改进，建设相关标准、协议对数据和技术进行归一化处理，利用互联网搭建分布式存储平台，实现全国范围“分层分级”式的资源管理架构以及“逻辑集中、对象分散”的资源保存体系，从根本上消除异地障碍。“异构”与文化数据源相关，指的是由于数据产生的机构和来源不同，数据的组成、结构、格式不相一致，导致文化大数据异构问题突出，对资源的统一描述与管理造成障碍。对此，一方面要建立标准规范体系，对对象数据的构成与格式进行限定；另一方面要加强元数据建设，研究关联数据、语义网、本体、知识库在异构数据中的应用，实现资源的整合与知识化组织，为后续的进一步分析奠定良好基础。

（2）文化大数据的共享与整合问题

文化大数据的优势在于规模，只有具备大范围、多种类、多类型的文化数据，才能够实现知识的关联与提炼。文化大数据的共享与整合历来是文化行业发展的重点和难点领域。首先是数据的共享，要围绕国家相关法律和行业规定，明确文化数据的产权归属、使用权限和应用范围，在此基础上通过研发系统平台架构、数据交换协议、数据传输与分发等技术实现文化数据的开放和共享。其次是数据的整合，要依据相关标准规范统一资源建设模式，研究资源整合技术，从理论和实践上实现技术突破，可以利用关联数据、智能分析、语义网等相关技术从数据层、资源层、应用层等不同层面实现文化资源的组织与整合。构建专业化、知识化、特色化的文化资源库群，对不同机构和类型的资源进行合理组织与呈现。利用数据可视化技术对数据进行分析，改善用户体验，使数据发挥更大价值，提升服务效果。

（3）文化大数据关键技术难点和发展短板

文化大数据的发展从技术角度讲存在较大的难度。特别是数据的理解与界定、海量数据的存储、异构数据的管理、数据分析与发掘、数据关联与整合、数据的可视化应用、数据服务模式等关键技术亟待解决和突破。下一步可以围绕以下几方面对难点技术和发展中的短板进行解决：一是全面了解文化大数据技术体系和关键构成，对难点技术进行梳理和掌握，扶持具有普遍共性的理论研究和技术应用，为整体行业提供宏观指导。二是从图书馆、档案馆、博物馆等具有丰富文化资源的机构入手，研究具有针对性的技术解决方案，对涉及资源模型、整合、分析、应用等的关键技术进行细化分解，鼓励高科技企业和专家学者对难点技术进行重点研究，推出小范围、小规模的文化应用工具。三是在文化大数据技术取得一定成果后，将相关理论和技术进行推广普及，建立更大范围和更为全面的文化数据应用技术体系，实现文化大数据的全面发展。四是要鼓励政府或重要文化部门牵头推动文化大数据技术标准体系建设，并用于指导实际业务。五是针对技术发展短板和难点，从财政、人才、场地等方面进行倾斜，鼓励社会力量参与共建，利用其他行业技术为文化大数据发展提供支持。

（4）文化大数据应用方案和服务模式

推动产业进步和取得良好的社会效益是文化大数据发展的根本目标和驱动力。发展文化大数据要以满足社会各种文化需要为主，为推动国家文化保护和传播、弘扬社会主义先进文明、增强民族文化自信和国家软实力做出参考决策和智力支持。文化大数据应用方案和服务模式与传统的文化服务模式有着本质区别，是革新和开创性事业，没有现成的经验可供参考，只能从大局入手，分阶段、分批次进行摸索和建设，并逐渐扩大发展成果，最终形成较为完善和成熟的文化大数据技术体系。总的来看，文化大数据应用方案和服务模式主要有以下几种：一是传统优秀文化的传承与发展。传统文化的载体大多是实物资源、实物相应的数字化资源，以及数字资源的分类组织与检索。这种模式缺乏与先进技术的结合，移动服务、智能化服务、交互功能较为薄弱，相对文化素材本身的新颖性和多样性来说，难以吸引大多数年轻民众和普通民众的兴趣，传播方式较为单一，服务效益难以有较大改观。应用技术手段对传统文化进行包装和改进，大力发展文创事业，努力提升文化与新媒体融合发展，并通过多种终端和渠道进行推广，是文化大数据技术上需要解决的重大问题。二是基于个性化的知识型服务模式。我国地大物博，各地发展情况不相一致，不同群体、地域、民族、年龄的用户需求各不相同，传统单一模式的填鸭式和推送式文化服务模式难以适应当代的社会需求。这就要求通过大数据分析技术对各种用户类型进行精准分析，掌握不同类型的用户的文化喜好和使用习惯，有针对性地开展文化内容建设与服务推送，这样就可以从根本上提高文化服务效益。三是探索并实践多种服务模式。文化大数据的服务有政府决策、科学研究和文化服务三个层面。政府决策需要依据舆情分析对网络文化资源进行研究，为国家的立法、行政管理和事业规划提供科学客观的指导。科学研究需要对文化大数据进行归类，研发资源共享与数据交换机制，在合法合规框架内为科研机构和专家学者提供一手研究资料。文化服务可以采用云计算模式对各地文化场馆的文化信息、资源等提供一站式检索，实现O2O式的文化服务模式，提升民众生活质量，满足民众精神文化需求。

（5）文化大数据技术发展与成本效率的关系问题

公共文化场馆以保存、利用、传播优质文化资源和弘扬优秀传统文化为职能。公共文化服务的产出主要体现在社会效益和经济效益上。大数据环境下的资源聚合服务需要公共文化机构加大投入力度，为促进社会和经济发展提供支持。投入的整个过程主要体现在资源建设、资金来源、人员培养等方面。资源是服务的基础和根本，资金是工作持续进行的保证，人员则是提升服务的能动性因素。在资源建设方面，需要明确采集范围，协调各方提供数据资源，并对数据进行分类和质量评估，保证获取资源的质量。数据存储需要分布式文件系统和非结构化数据库，聚合不同来源的异构数据。数据分析需要采用高效的并行运算技术和智能化技术对数据进行关联分析和知识挖掘，实现大数据环境下资源的聚合。在资金来源方面，首先要加强工作和服务升级，提高公共文化机构在大数据产业链中的作用和地位，引起政府和业界的关注和重视，引入政策性资助和企业赞助。其次，通过适当的有偿服务来扩展资金来源，补充所需经费。最后，需要对资金合理分配，使有限的资金得到高效利用。在人员培养方面，大数据环境下的资源聚合对技术要求很高，迫切需要拥有专业技能的人才队伍。在具体工作中要拓展公共文化服务从业人员的知识面，增强业务能力，提高技术水平，能够及时跟踪国际业界和技术发展的最新动态，培养并建设一批能满足公共文化大数据聚合需求的高素质人员。

（6）与其他行业或领域大数据的融合与关联

大数据自产生之日起从来就是开放性的和广泛联系的，文化大数据也是如此。互联互通环境下，各机构、各平台、各业务都相互关联、相互依存，各领域大数据相互发生作用，共同推进产业进步和社会发展。文化大数据技术研究应当突破机构和地域限制，广泛借用当前其他大数据技术，与其他行业大数据进行互联互通，构建开放性的数据整合平台、数据共享平台、数据分析平台和内容服务平台。在文化大数据建设、管理、组织、应用方面尽量采用各行业通用性原理和技术，尽量减少人为错误和技术障碍，打通行业壁垒，突破类型限制。只有将文化大数据充分融入当前大数据环境中，事业发展才能有充分的保障。通过互通有无、广泛联合才能使文化大数据呈规模化发展，而文化大数据的发展也会为其他行业提供必要的数据知识，从而促进各产业全面协同发展。

5. 文化大数据技术扶持政策构建规划

“十三五”时期是我国全面建成小康社会决胜阶段，是实施国家大数据战略的起步期，文化主管部门和文化机构要充分提高认识，抓住机遇，加快发展，实现文化大数据助推社会各方面全面发展。在文化大数据技术支持上，要以应用为导向，突破大数据关键技术，推动产品和解决方案研发及产业化，创新技术服务模式，形成技术先进、生态完备的技术产品体系。根据实施目标和技术特征，文化大数据技术扶持政策要从以下几方面进行规划并加以落实：

（1）突破关键技术，创新数据应用

围绕数据科学理论体系、文化数据应用模型、数据计算与分析等领域进行前瞻布局，加强文化大数据基础研究。发挥国家公共文化机构的主体作用，整合产学研用资源优势联合攻关，研发文化大数据采集、传输、存储、管理、处理、分析、应用、可视化和安全等关键技术。突破大规模文化异构数据融合、集群资源调度、分布式文件系统等大数据基础技术。支持深度学习、类脑计算、认知计算、区块链、专家库、图像识别、语义理解、语义网、关联数据、虚拟现实等前沿技术创新，提升文化大数据分析和知识发现能力。结合文化行业应用，研发大数据分析、理解、预测、决策支持和知识服务等智能化数据应用技术。部署面向大数据的新型计算、存储、传感、通信的基础设施，加快面向智能场馆、现代显示、物联网应用的建设与服务能力。加快大数据服务模式创新，培养数据驱动型服务新模式和新业态，降低大数据应用门槛和成本。围绕文化大数据生命周期各阶段需求，推进大数据与云计算服务模式结合，提升第三方大数据技术服务能力，推动大数据技术与文化行业深度融合。

（2）加快文化大数据产业主体培育

完善地区文化大数据发展布局，鼓励基于文化大数据的科技创新与大众创业，培育并建立一批文化大数据龙头企业和中小规模企业，形成主体明确、优势互补、相互协调合作的产业发展模式，营造文化大数据产业生态链。鼓励规模较大、资源丰富、技术领先的国内公益性文化机构研发文化大数据平台，开放平台数据、技术能力、设施环境等基础资源，降低业界发展成本。支持政府部门、事业单位、科研教育机构和高新企业深度合作，合理协调权益关系，形成良好的产学研产业模式。指导地方结合自身条件，充分利用区域特色优势，明确重点发展方向，评估定位，合理谋划，深化文化大数据应用，初步建立可持续的产业发展格局。在全国建立若干国家级、省部级的文化大数据重点实验室和发展基地，在文化大数据制度创新、开放共享、应用服务、交流合作等方面开展系统性的探索试验，为全国文化大数据技术发展积累经验。在文化大数据产业特色优势明显的地区建设一批产业集聚区，创建文化大数据新型工业化产业示范基地，发挥产业集聚和协同作用，以点带面，引领全国文化大数据发展。统筹规划文化大数据跨区域布局，利用大数据推动信息共享、信息消费、资源对接、优势互补，促进区域经济社会协调发展。

（3）推进文化大数据标准和评估体系建设

加强文化大数据标准化顶层设计，加快文化大数据重点标准研制与推广，逐步建立和完善标准规范体系，发挥标准化对业务协同和有序发展的重要支撑作用。结合文化大数据产业发展需求，建立并不断完善涵盖基础设施建设、数据加工、技术平台、数据接口、业务管理、安全保障、应用服务等全流程的文化大数据标准体系。加强我国文化大数据标准化组织与相关国际组织的交流合作，推动相关标准的国际化工作。研究并建立文化大数据的发展评估体系，对我国整体及各地文化大数据资源建设状况、开放共享程度、产业发展能力、应用水平等进行监测、分析和评估，编制发布文化大数据产业发展指数，引导和评估全国文化大数据发展。

（4）提升文化大数据安全保障能力

针对文化大数据特点，加强文化大数据安全技术的研发，构建完善和坚实的安全保障体系，为文化大数据发展提供支撑。在文化大数据的用户认证、授权、隐私等方面重点研究防泄露、防窃取、匿名化等大数据保护技术，建立大数据安全保护措施和解决方案。加强文化内容的审核、舆论监控、不良信息筛查，增强网络信息安全风险感知、预警和处置能力。提升大数据对网络信息安全的支撑能力，加强文化大数据挖掘分析，推动数据分析在保障重要信息系统安全方面的作用。建立统一高效、协同联动的网络安全风险报告、情报共享和研判处置体系。

6. 文化大数据技术扶持政策的构成和分类

政府机构应当立足文化大数据技术构成与各方业务需求，围绕核心技术和应用，充分发挥政府决策和领导职责，制定完善的政策体系，调动各方力量和资源，对关键技术进行研究与突破，为促进文化大数据的发展提供技术支持和解决方案。

（1）整体性公共政策

由于文化产业属于新兴产业，而文化大数据则是文化产业在互联网和信息环境下的新兴产物，国内外尚未有相关成熟的经验可供参考。文化大数据发展需要克服的困难较多，技术要求高、体系复杂，因此我国的文化大数据产业需要依靠政策的扶持与引导，与之配套的政策也需要根据大数据和文化行业的发展而与时俱进，促使扶持政策更加合理。

首先，要创造良好的法律环境。世界文化产业强国的发展离不开政府对于文化产业的扶持，这些国家尤为关注对于市场法制环境的建设。政府制定各种政策法律对于文化产业进行引导和规范，确保文化大数据行业发展管理有序。改变我国现有文化产业政策的严重滞后情况，建立良好的文化事业发展的法律政策环境，确保文化大数据的发展有法可依，尽快制定文化大数据发展相关缺失的法律法规，对行业进行引导和规范。文化大数据包含众多的行业内容，其中既包括了传统的公共文化机构，如图书馆、美术馆、博物馆，也涵盖新闻广电、出版、新兴文化创意产业、动漫游戏等行业，文化大数据的发展有赖于所有从事文化事业的单位和机构通力合作，协调配合，共克技术难关。各行业之间存在着不同的特性，应当根据各行业发展需求及发展中遇到的问题尽快制定具有针对性的文化大数据技术扶持政策。

其次，要提供多种形式的扶持。目前我国的文化产业扶持方式较为单一，主要是以税收减免以及房屋租金减免，同时配合部分行业鼓励政策、专项基金等方式进行扶持，模式单一，效果不够明显。文化大数据技术发展具有高投入和高风险的特征，仅依靠单一的扶持模式是不够的，可以学习借鉴发达国家经验，按照行业需求，制定多种扶持方式，这其中不但包括对财政、税收、房屋使用等方面的扶持，还可以提供包括政府服务、产业发展指导等多种扶持方式。对于文化大数据发展的重点行业和机构加大扶持力度，建立行业奖励措施。

最后，将文化大数据发展提高到国家发展战略高度。文化产业对于弘扬我国优秀文化、推动社会进步、壮大国家综合实力有着重要的意义。而文化大数据的发展为我国文化产业的快速发展提供了重要的技术手段和机遇。政府机构应当看到文化大数据对于经济的推动作用和对于本国文化的重要传承作用。在发展新型文化产业的同时，也要积极探索大数据在文化内容建设和传播中的应用。将文化大数据发展提高到国家和地区发展战略高度的做法，不但有助于政府部门主动增加对于文化产业的研究，更深入了解文化产业，从而制定出合理、高效的扶持政策，而且可以引起全民对文化的广泛关注，奠定文化产业发展的大众基础。

（2）财政金融政策

首先，由于文化大数据的公益属性，必须依靠国家行政权力加强财政支持力度。具体来说，政府要对文化大数据行业施行税收优惠，加大对文化专项基金的发放力度。在融资方面，政府可以通过金融贷款、担保合作的方式，为文化产业注资，鼓励文化大数据产业的风险投资，促进文化大数据技术的研发与应用。此外，为参与文化大数据技术研发的中小企业提供就业补贴政策，一方面促进人员就业，鼓励优秀人才的引入，另一方面还可以提供一定的技能培训补贴，帮助解决中小文化企业人员素质不足的问题。

其次，要健全信贷担保政策。完善文化中小企业信用评价机制，加强对高新中小企业融资中涉及的担保机构的改善，对于不同实力、技术和盈利能力的企业实施多元化的信保方案，降低信保机构的信用风险。政府应当加大财政扶持的力度，充分考虑中小微企业在资金、税收等面临的困难，积极减轻企业负担，加大资源补偿力度。鼓励建立以政府资金为保障，银行与信保机构按比例风险分担的机制。要完善政策性担保机制，以政府信用为保障，履行政府的担保职责。在市场经济运行正常的前提下，将政府的担保作为一种政策工具使用，加强对市场作用的导向力度。

再次，要完善金融扶持政策。综合运用多样化的货币政策工具，保证金融机构具有充足的流动性资金，提高其风险应对能力。加强对不良因素的检测监控，针对文化大数据技术发展产业中存在的不良贷款、逃废债的行为，在实施相关政策的过程中，有效防范和化解金融风险，牢牢守住金融风险的底线，确保文化大数据技术扶持政策或者金融政策的有效运行。

最后，要完善政策配套服务措施。应加强对银行等各类金融机构的监督，以保证其严格根据相关规定进行信贷活动和数据监控。此外，充分利用现代信息技术提高数据统计和分析的真实性和科学性。通过定期座谈、网络沟通等形式，及时做好政策法规宣传、担保监督、金融检测分析等工作。深入了解资金的使用效果和产业效益，及时反馈并分析问题，改进工作模式，使政策效果得到更好的发挥。

（3）宣传培训政策

首先，要利用各种媒体进行政策宣传。由于政策宣传不够，文化行业相关机构对政府扶持政策缺乏了解，导致一些有意愿发展文化大数据的单位缺少技术研发动力。应侧重宣传最新的、最重要的技术扶持政策，发挥新媒体，特别是微博、微信等的互动交流作用。

其次，要搭建交流平台。良好的产业发展氛围，不仅仅来自于媒体的高效宣传，还来自于文化机构、文化企业、科研院所等相关利益群体的广泛交流。建议构建交流平台，促进各类人才、企业、文化机构、投融资者之间的广泛交流，各取所需、人尽其才；并举办各种形式的产业和技术发展论坛，形成良好的业态文化。

（4）产学研技术合作政策

文化大数据涉及诸多关键技术难题，依靠自主研发面临成本过高和市场不确定的风险，而合作研发基于各合作伙伴的共同利益，可以充分发挥各主体的资源优势，降低各方的风险，更有利于技术创新等共同目标的实现。因此，产学研合作这一研发模式较适合文化大数据技术的发展需求，应当给予充分关注和重视。

首先，产学研合作政策的制定和实施要目的明确、统筹规划、稳步推进。政策的制定和执行涉及参与的多个主体和单位，利益错综复杂，若要取得较好结果，必须注重系统内部的协调和配合，随时纠正技术创新中的问题，促进各单位协同创新能力和效益的提升。

其次，政策制定的目的在于实施并取得较好的效果。我国在制定文化大数据技术发展政策时要充分借鉴国外的经验，在技术采购、技术标准和项目推进方面加强调控力度，扩大效益，以带动产业快速增长，提高核心竞争力。

最后，建设并营造良好的政策生态环境。政策环境对机构充分发挥自身优势与合作共进起到了保障和促进作用。要继续加强基础设施等硬件建设，建立健全法律法规服务体系，做好知识产权保护的法制教育和宣传工作，完善知识产权保护的法律体系，形成良好风尚。

5.3　文化大数据技术扶持政策实施对策

文化大数据，将是信息时代文化深入发展的趋势和最重要的技术变革。当前，在国家文化产业政策的大力扶持和推动下，文化产业得到了长足发展，但是仍然存在文化内容创作水平不高、文化服务质量不好、文化产品供需脱节等一系列问题。因此，我国文化产业正处于亟待升级转型的重要时期，大数据作为一种革命性的新技术发展趋势，正在引领我国各个产业及人类社会的新变革。2015 年 1 月，中共中央办公厅、国务院办公厅印发的《关于加快构建现代公共文化服务体系的意见》指出，要加快推进公共文化服务数字化建设，加强公共文化大数据采集、存储和分析处理。同年 8 月，国务院印发《促进大数据发展行动纲要》指出，要在公用事业、文化教育和社区服务等领域全面推广大数据应用以及优先推动文化和教育等民生保障服务相关领域的政府数据集向社会开放。文化领域要加快促进文化大数据的发展，充分利用文化大数据的资源与技术优势，使文化大数据成为振兴中华文化、增强中华文化软实力的重要推动力量。但与医疗、科技、互联网商务和舆情、通信、金融、生态环境、国土资源、交通等领域相比，文化领域具有数据类型多、数据来源复杂、数据量大、结构不统一等独特性和复杂性，大数据技术在文化领域的应用推广仍存在诸多难题，诸如政策层面的可操作性问题、扶持力度问题、责任归属问题、监督引导问题、反馈机制问题等，执行层面的数据安全问题、信息共享问题、数据规范问题等，上述种种问题都直接影响了文化大数据在文化领域应用推广的进程和成效，甚至会导致大数据技术难以在一定时期内发挥实质性的作用。因此，为推动文化大数据变革的良性发展，亟须制定相关文化大数据技术扶持政策以及相应的引导监督等对应策略。

5.3.1 提高政策的科学化和民主化

政策的科学化指政策制定者和其他参与者充分利用科学技术知识和方法进行政策的制定和决策，并增强调研程序、制定程序、执行程序、评估程序的制度性和法律性。政策的民主化指首先要保障人民群众、社会团体和政策研究组织充分参与政策制定的过程，反映广大人民群众的根本利益和需求，并在政策制定及政策执行中逐步形成深知民意、反映民意、集中民智的政策制定机制，营造良好的决策社会环境。

结合文化大数据技术发展现状，文化大数据政策应提升政策高度，把文化大数据政策纳入文化强国战略规划并配以完善的政策支持，这将指导、引领和扶持大数据技术在文化领域的发展；同时，文化领域应提高宏观调控的科学性和民主性，这也是文化大数据技术良性发展的客观要求。以往我国的经济发展实践表明，新兴产业发展的起步和上升阶段，在强大的政策红利和巨大的发展空间的驱动下，会形成产业发展的巨大机会窗口，但如果缺乏科学的理论和政策引导，势必会导致产业发展趋向盲目、进行重复建设、非良性竞争等诸多问题。由于文化领域涵盖的边界过于广泛，其所涉及的业务种类和资源数据极其丰富和复杂，且文化领域的数据具有类型多、数据量大、来源复杂、结构不统一等特点，加之当前公共文化数字资源和服务的需求日渐增长和繁复等现状，因此，应尽快提升文化大数据政策的战略高度，整体部署文化大数据发展格局，明确文化领域大数据发展方向和侧重点，科学制定文化大数据的长期、中期和短期发展目标。同时，要增强文化大数据政策制定的调研力度，优化政策制定，包括完善文化大数据发展的资本政策、税收政策、知识产权政策、信息安全政策、法律法规等方面，为文化领域提供良好的发展保障。结合我国文化领域特点、资源优势、产业和公众需求等，细化对文化领域内不同行业、不同性质的公共文化服务机构的指导，以推进文化大数据产业的科学发展。

5.3.2 建立和完善及时有效的政策传播推广机制

公共政策传播推广机制，是指公共政策传播推广过程中传播主体、传播媒介、传播受众等要素之间传递、交流和共享政策信息的互动方式及其行为过程[①]。在政策的传播和实行推广中，有效的传播机制会促使公共政策的传播收效显著，推进公共政策实施的进程。

衡量我国文化大数据政策传播推广机制是否健全的重要标准是政策信息能否得到迅速且恰当的传送。然而，由于传播渠道的限制，政策传播推广效果并不理想。传统的传播方式过于单一，依托层级推进，一般是以文件、会议形式自上而下地逐级传播推广，传播方式定格在纵向、垂直的单一途径，这种传播方式会导致政策的解读偏差，层级越多，对政策信息的过滤越多，导致偏差越大。传统的政策传播方式缺乏政策反馈渠道，使文化产业受众对文化大数据政策提出的评价与意见很难被传达到政府政策研究组以及进入政策的决策和执行层面，这不仅不利于文化大数据政策的有效执行，而且不利于政策的及时调整和修正，无法保证政策的科学性和民主性。政策传播效果直接取决于受众群体对政策的解读意愿和解读能力，要想得到受众理解、认可、支持，是需要时间磨合的。传统的政策传播缺乏对目标群体的分析，容易导致传播推广带有盲目性，效果不理想。因此，文化大数据政策传播推广需要根据文化领域的各类受众的实际情况来选择适当的传播方式、策略、工具等。

建立文化大数据政策的传播推广机制，如果仅仅参照传统政策传播机制会产生很多负面问题，阻碍文化大数据产业发展，因此要建立并完善文化大数据政策的传播推广机制。首先要建立纵横交错的完整的传播推广网络。传统的政策传播无法满足受众日趋强烈的知情要求，也无法适应当今高速的信息获取要求，因此优化政策传播推广媒介，是建立传播推广网络的关键。文化大数据政策的传播推广应充分利用印刷媒介（文件、报

① 刘雪明，沈志军．公共政策的传播机制[J]．南通大学学报：社会科学版，2011（2）：136-140.

纸、书籍）、电子媒介（电视、广播）、新媒体（互联网、社交媒体）等，以增强政策传播推广的时效性和深入性，同时，也可以减少单一渠道的政策解读偏差性。其次，要建立互动平台，这是文化大数据政策传播的核心。文化大数据的政策与产业受众的关联度直接影响政策传播的推广行为和传播效率。相关机构应尝试在互动平台进行积极的政策解读，从而引领文化产业的发展；同时，文化产业受众可以直接高效地反馈对于政策的理解和认可度，反馈自身发展和利益诉求。因此，可以尝试打造一个具有时效性和规范化的文化大数据政策信息互动平台，以提供一个良性的沟通环境，及时调整政策的偏差，科学地调整和修订政策。

5.3.3 明确各方职责，完善监控追责机制

文化大数据产业发展和应用是一项长期、繁复且系统性的工程，需要在科学、民主、有效的长期战略指导下，在各项政策的扶持下，在专门的领导机构的部署带领下，有计划地逐步开展实施。不仅需要明确各机构职责，做好统筹协调，形成职责明晰、协同推进的工作格局，推进文化产业发展；还需要充分满足文化产业发展需求、提高公共文化行业服务质量、平衡文化领域各方利益。要想完成文化大数据发展目标，达到政策扶持的理想效果，必须通过建立完善的政策监控机制对政策的各个环节实时监控并追责，有效减少政策制定和执行等环节中的失误和偏差，使政策最终落到实处，完成推动文化大数据在产业应用中的目标。

首先，杜绝监控追责机制中的形式主义[①]。文化大数据政策制定和执行机构需坚持实事求是的思想，一切从实际出发，努力克服政策监控中的形式主义作风，不做面子工程，不搞形式主义。

其次，要完善政策监控中的追责问责机制。完善政策监控中追责问责的相关法律法规，严格按照法律法规来监控政策的制定和执行，出现问题依法追究，不仅有理由规范监控追责机构和公众的行为，也能保障政策的依法有效的执行。

最后，政策的落实和顺利执行与否，由政策目标群体的接受与否决定。由于文化领域业务的多样性及文化服务受众的广泛性，文化大数据政策受众在其利益诉求、发展方向等方面存在很大差异，对政策的接受程度也各不相同，显示出多样化的态势。因此，

---

① 刘建川，周健华．形式主义的表现及其克服对策[J]．山西师大学报（社会科学版），2013（S2）：38-40.

针对这种差异，政策监控机构需要不断地向政策制定和执行机构反馈受众对于政策的接受程度、诉求、满意度等情况，并分析政策执行中可能出现的漏洞或偏差，依此来决定政策的修订调整，甚至暂停政策执行。

5.3.4 整合各方利益，加强社会参与和各方互动

在我国，文化大数据目前仍是一个全新的领域，处于发展的起步阶段，政府部门、文化行业、公共文化机构、学者和企业之间的信息共享的基础设施和技术相对滞后，缺乏信息共享互动环境，缺乏数据共享交换意识，缺乏必要的法律规范体系来保障共享互动环境的安全，缺乏整合协调各方权利人利益的机制等，种种因素制约了文化领域内大数据的流通和文化产业的发展，加强文化领域跨部门、跨行业的交流合作，建立广泛参与的共享互动平台，完善相应的政策措施和保障体系是当务之急。2015 年 3 月 31 日，腾讯正式上线广点通 DMP（数据管理平台），京东、搜狗、58 同城、易车网、美丽说、珍爱网等 9 家合作伙伴在北京共同见证。腾讯此次开放其大数据以求共建优质数据生态，连通数据孤岛，通过分享数据红利使整个系统更强大。可见实现数据资源的互联互通对于发掘数据的价值是非常重要的。我国文化领域涉猎宽泛、数据量大，首先需要通过技术手段来实现不同政府部门、文化行业、高校、研究机构、公共文化机构、企业，甚至个人的网站和数据库的互联互通；其次，从政治法律层面构建文化大数据共享互动的保障体系、产权利益划分体系等。增强数据的共建共享，加强跨部门、跨行业的交流，鼓励文化领域内的全民参与，为文化大数据产业发展构建优良的共享互动环境。

5.3.5 建立相关服务和配套政策

推进文化大数据技术发展是一项复杂艰巨的工程，需要建立多方面的相关服务、出台配套政策，从多个维度为文化大数据技术扶持政策的有效执行、为文化大数据产业发展提供保障。

文化大数据产业发展，需要在科学有效的长期战略指导下、在专门领导机构的决策部署下有步骤、有计划地开展，要形成统筹协调、协同推进的工作格局。对于文化大数据技术扶持政策的有效执行，首先要成立领导小组，下设专门机构统筹协调政策的落实和全国文化大数据的发展应用，指导文化大数据技术扶持政策的研究工作，规划经费投入，鼓励创新，统筹地方政府、公共文化机构结合自身特点及优势，开展文化大数据建

设和服务，形成个性化、差异化的文化大数据资源布局。其次，要建立协调管理机制，针对不同的公共文化机构，加强协调文化领域内不同机构的合作和创新，鼓励文化产业与其他领域产业（如金融、传媒等）的紧密合作，打破行业和技术壁垒，激发创新活力。

文化大数据产业发展的关键在于文化数字资源的开放共享。建立完善的文化大数据数字开放共享服务，建立合理的知识产权分配制度和利益分配制度等是促进产业发展的助力。文化大数据开放共享的基础条件是数字资源的整合，整合的关键在于标准化，公共文化机构必须按照统一的标准组织、加工、存储、传递、提交数字资源。文化大数据资源整合涉及的知识产权问题和后续提供服务涉及的知识产权等相关问题，需要建立知识产权分配机制、知识产权保护机制、知识产权防范机制等以实现合理解决。

我国文化大数据的研究尚处于起步阶段，产业应用存在着大量空白。要实现文化大数据在文化领域的全面发展和实践应用，有必要成立文化大数据技术研究和创新中心，由政府主导，联合公共文化机构、高校、研究所、企业等机构，承担文化大数据技术不同领域的研究，提升文化大数据的创新应用能力，丰富产业实践经验。

文化大数据技术发展的进程中，如何保障数据安全、信息安全也是面临的巨大挑战之一。完善文化大数据安全保障体系，建立安全制度、保护个人信息安全，是推动文化大数据产业应用的根本保障。首先，建立数据安全管理责任制度，明确责任主体和具体要求，制定信息安全等级保护制度。其次，加强个人信息安全保护。用户信息是文化大数据的重要来源，用户在互联网上的各类行为会透露出诸如兴趣爱好、地理位置、财产情况等许多个人信息。在充分挖掘、利用这些行为数据的同时，需要明确界定哪些信息是可以公开使用的，哪些是用户的个人隐私，禁止使用和传播，同时明确制定文化大数据在收集、公开、应用和交换等诸多环节相对应的法律法规和行业自律机制，严格尊重和保护公民隐私权。

5.3.6 加强政策执行中的风险规避

在文化大数据的政策执行中，可能存在信息化的风险因素，相关部门应制定相应的防范措施有效规避风险，强化政策执行中的风险意识，降低政策执行的风险，提高政策执行的效率。

首先，确保文化大数据政策制定的合规合法化。在文化大数据的政策制定中需确保其合法性，避免政策制定的盲目性和不规范性。政策制定过程公开化，建立有效的约束和监督机制。政策制定符合民主化原则，提升文化领域受众参与度和公正度。而更重要的是，政策制定的过程中要充分协调文化大数据产业各参与方的利益，着力解决文化大数据产业发展中可能出现的问题，制定文化大数据产业法律法规，规范、引导、制约文化大数据产业发展中的关系，保障文化大数据的产业发展。文化大数据产业的法律法规的制定要注重文化数据安全、隐私保护等问题的解决。对于我国文化大数据而言，数据开放是其重点之一，为减少文化领域对大数据共享开放的后顾之忧，盘活文化大数据资源，应该明确文化大数据的数据权属划分，明确大数据的收集、保管、利用等权益，同时，还要明确数据开放共享的免责条例。

其次，强化文化大数据政策执行的监督机制。文化大数据政策的合法化和对文化大数据产业法律法规的约束，为政策的有效执行奠定基础。然而，政策执行的监督机制的缺失也会使合法合理化的政策在执行中存在偏差。由于目前政策传播途径的单一性和垂直化，可能会出现政策歪曲、截留等现象。因此，在政策执行的过程中，行之有效的监督机制和责任归属机制是不可或缺的。相关部门应及时跟踪和评估政策执行情况，强化监督控制。完善追责机制，追究政策执行失败并造成损失的执行机构或执行个体，以提高政策执行的效率和执行力度。

再次，掌握文化大数据政策执行过程的弹性程度。公共政策具有原则性与灵活性相统一的特点，导致了公共政策目标执行的弹性特性。但是，公共政策同时又具有强制性，也就是说，公共政策的弹性是有一定限度的[①]。由于文化领域涉猎范围广泛，因此在文化大数据政策的执行过程中，应该对于文化领域内的不同行业、不同性质的公共文化机构，在不偏离政策规范和政策目标的大前提下，结合具体情况有针对性地执行文化大数据政策，促进文化产业的特色发展。

最后，完善文化大数据政策机构管理，强化政策信息沟通。文化大数据政策机构首先要做到统一指挥、统一调度，防止多机构领导等混乱现象，职能机构设置完整配套，功能齐全，执行机构内部要权责分明。其次，保证政策信息的交流畅通，打破信息的不对称性。一方面建立政策信息沟通机制，加强内外政策沟通，完善上下、平行之间多方面、多层次的政策传播流通网络，提高政策透明度；另一方面建立专门的反馈渠道，加强对政策执行的监督，以防政策执行过程中执行人员的意志与原政策精神相背离，损害

① 钱再见.公共政策执行的风险因素分析[J].江苏社会科学,2011(6):64.

行业利益，保证政策反馈的经常化、制度化，保障政策反馈的广度、深度和真实度。要认真对待反馈信息，并及时做出调整，在政策内容、政策执行手段和政策进度等方面不断改进。

5.3.7 建立评估反馈机制，提升执行效果

建立文化大数据政策评估反馈机制是推进政策执行、促进文化产业发展、优化公共文化服务的关键。

首先，政府要加强政策执行评估的法制化建设。为促进文化大数据政策评估反馈机制的建立，相关部门要尽早制定法律法规条例，对政策执行评估的价值理念、标准体系、评估反馈方式和组织体系等做出明确规定，通过法律法规对评估宗旨、评估原则、评估主体、评估标准、评估方法、评估结果使用和反馈等做出制度化规定，只有这样，在政策执行效果的评判中才有可靠依据。同时，政策执行评估的立法还应从法律上树立评估的权威性，保障评估反馈机制在文化领域内的各个行业和公共文化机构中具有权威依据性，使反馈信息能够得到有效的传递和分析，更好地促进政策执行，充分发挥评估反馈机制应有的功能。

其次，政府应构建以政府为主导，文化领域内不同行业、公共文化机构、专家学者、企业等广泛参与的多元化主体评估反馈体系。政策执行的成功依赖于强有力的政策支持和引导，西方发达国家的政策执行评估之所以能走向系统化和规范化，原因在于设立评估反馈领导的机构能够有序组织实施；反之，评估反馈机制就会流于形式，达不到预期的效果。建立健全的参与机制，本着促进文化大数据产业发展、优化公共文化服务目标、强化政策评估反馈机制的“公众本位”理念导向，将政策执行的满意度作为评估的重要指标，从而进一步拓宽反馈渠道，加大对政策执行效果监督的力度。

最后，政府应建立和完善评估反馈网络平台。利用计算机网络技术实现政策执行评估反馈管理，是监督反馈政策执行效果的重要条件之一。依托计算机网络技术，加快建立文化领域内各级政府之间，行业之间，公共文化机构、政策执行评估反馈领导机构和政策执行单位（机构）之间纵横交错的网络化系统，为政策执行评估反馈的高效传递提供技术平台。结合目前文化大数据政策的推行工作，对政策执行的效果和进度实行电子监察，对政策内容、流程规范、扶持力度、政策优惠、执行效果、满意度等各个方面进行实时、全程和自动监控，强化对政策执行的事前、事中、事后的监察。

5.4 小结

技术创新是实现文化大数据应用和发展的关键，文化数据的整合、挖掘与推送高度依赖现代信息技术、智能化技术、数据分析技术的研发与实践。由于文化大数据固有的“异主”“异地”“异构”问题，数据的收集、整理、加工与分析等过程存在诸多难点。由于公共文化行业和机构彼此独立，数据分割严重，异源异构情况普遍存在，对构建统一的数据目录和建立普适性数据模型带来严重挑战。

文化大数据属于大数据范畴，海量异构数据的存储与管理是一项难点，对现有数字图书馆的技术架构和业务体系提出了极高的要求，不但需要做好顶层规划设计，还需要从底层做好基础设施建设与技术铺垫，为进一步的数据利用与服务提供技术基础。

文化行业对资源的利用方式也亟待创新。目前文化行业主要是以对传统文化载体的数字化加工和发布为主，对资源本身的揭示力度不够，资源关联程度较弱，难以发挥资源的内在价值和规模化优势。如何将业务大数据、资源大数据、服务大数据、用户大数据统一整合处理，通过数据的融合分析客观掌握现有工作的进展，实现自我修正，完善工作流程，对于开展针对性的文化内容服务，满足社会各行业和用户群体的需求具有重要意义。

基于“数据驱动”的文化服务不光要围绕数据对象进行技术的研发，还要根据用户不同需求，创新数据提供与服务方式，加强新媒体与传统文化的融合发展，通过多平台、多渠道、多终端推广传统优秀文化，以此改善用户体验，迎合社会需求，增进服务效益。

文化大数据技术扶持政策要充分以参与各方的利益需求为主，以政策制定者、政策参与和实践者、数据消费者等为对象，综合考虑场地、设施、人才、财政等因素，制定全方位优惠政策，吸引社会力量合作开发，广泛利用其他行业现有的大数据技术成果，促进文化大数据产业的协调快速发展。同时，需要建立合理的实施与反馈机制和政策保障机制，确保政策落地过程中能够一以贯之，使政策的执行能够不偏离预定目标，按计划有序完成既定任务，实现文化大数据事业的持续稳步发展。

6　文化大数据法律保护机制研究

6.1　文化大数据法律保护机制研究背景

6.1.1　必要性分析

法规制度建设研究作为近十年来我国社会科学领域的重要学术领域之一，不仅在促进国家文化发展、提升法治文化建设方面起到重要作用，也在促进行业发展、约束行业行为方面发挥了一定的作用。文化大数据法律保护机制研究的必要性如下：

由文化大数据的特征决定。目前大数据本身的定义并不明确，根据研究需要，本书对于文化大数据的研究做出了相关限定：本书所研究的文化大数据特指我国公共文化领域中涉及文化资源的创建、传播、服务、消费等方面的数据。主要研究范围包括：我国文化馆、美术馆、图书馆、博物馆等公共文化机构，演艺团体，非物质文化遗产等民族民间艺术文化素材的收集，文化资源的创建、加工、整合、服务和消费等过程中涉及的公共文化资源，产业运营数据、服务数据、业务数据、用户数据、行为数据以及上述数据融合、分析中所产生的关联数据、语义数据、知识数据等。与传统文化大数据的容量大、种类多、高速度、价值密度低的特点相符，文化大数据也具有上述四个特征。但是由于文化大数据的数据来源非常广泛，且收集而来的大量数据多带有显著的“文化”色彩，内容与其他领域大数据存在明显的不同，因此文化大数据有其自身独特的特点，即文化资源数据的双重属性和文化行为数据的隐私属性。文化资源数据的双重属性，是指文化资源数据来自诸如学位论文、期刊及文献资料、视频音频光盘等知识产权确权对象，重要美术作品、重大美术展览获奖作品和民间美术作品等所有权权属明确的馆内收藏，以及凝结劳动成果、具有一定知识产权属性的藏品信息。由于这些内容的兼具文化特性与法律特性这双重属性，因此基于此类数据的文化大数据具有文化特征与法律属性同时存在的特有现象。文化行为数据包括来自于资源访问量数据、应用访问量数据、用户信息数据等内容。资源访问与应用访问数据不仅能够反映出读者的阅读习惯与个人研究方向，也能够体现资源的受欢迎程度与资源利用率，而用户个人信息数据保护则与其他领域的个人信息保护相同，主要指涉及个人隐私的各项数据，其中包括个人身份信息、个人证件信息等。文化行为数据具有一定的隐私保护属性，在个人隐私保护立法领域应当重点进行研究。

由文化大数据的发展方向决定。文化大数据作为大数据在各领域当中应用的重要一环，在文化发展、文化交流、文化创新等方面具有重要意义。上文指出，当前我国文化大数据发展现状较为滞后，理论研究有待加强，政策法律尚待完善，文化大数据的发展政策与法治规划研究十分必要。与英美法系以判例为主的法律架构形式、以分散立法为主的权利保护方式不同，我国法系具有从上至下、从高到低的法律体系化建构特征，从顶层设计进行法律制度设计，不仅对于文化大数据的发展有一定的促进作用，也对大数据的法律体系架构提供一定的辅助研究。

由于文化大数据的研究不足。从上面的分析可以看出，由于文化大数据是我国特有的大数据下位概念，因此在国外研究对比分析、国外案例研讨、国内理论架构等方面都存在一定的难度。但是，文化大数据的这种独特性，也为本书的研究与理论开展提供了无限可能。作为文化大数据的提供者与服务者，国家图书馆作为文化政策与实务研究的交汇平台，有必要对于当前文化大数据发展状况进行研究与汇报，从而助益政策发展。从文化大数据的发展前景来看，在前期应用规划研究的基础上，结合法律政策研究，我们能更好地对文化大数据体系架构进行宏观把控，从而发挥大数据在文化领域的重要作用。

6.1.2　可行性分析

1.“问题—对策”意识与“框架—方法”意识的双重进路应用

任何领域的法律制度架构都需要从研究方式上进行规范。文化大数据的法律规制研究采取上述双重进路具备一定的可行性：“问题—对策”方式的应用不仅能够反映出文化大数据领域的基础技术架构及前期规划设计，也能够体现针对不同具体问题的点对点规制方式。而“框架—方法”方式的运用则体现了对于文化大数据法律规制领域整体运行模式的思考，框架的架构能够为相关条例的出台提供可能性，而在框架中的具体方法研究，则为单一、群组法条的出现提供了实践基础。实际上，无论是这两种方式中的哪一种，都不能够单一地运用在文化大数据的法律规制研究过程中，将二者结合是大数据法律体系构建过程中较为合理的选择。

2. 政府在文化大数据应用中的主导作用

政府在文化大数据应用实践中应当起到主导作用。与美国等西方国家不同，我国实行的是从上而下的制度规制体系，大多数的政策都是由政府层面进行发布，再由地方层级进行分解、根据地方特色进行适用，最后由个人进行权利申领和义务承担。文化大数据的特殊性也要求政府在推动其发展过程中主动发挥主导作用。政府发挥主导作用主要体现在以下几方面：第一，应出台相应政策，积极引导文化大数据发展。针对我国目前文化大数据发展较为缓慢的情况，可以从政策引导层面加以影响，通过制度设计、激励机制、行业约束与市场刺激等多种手段，促进文化大数据的发展与应用。在这一过程中，政策的制定不仅要及时有效，也要充分挖掘大数据主体的积极性。第二，应出台相关法规，及时约束文化大数据发展。美国个人信息保护领域的立法混乱状况，一方面体现了美国对个人信息保护较为充分，另一方面也反映出联邦层面没有及时立法，导致当前各自为政现象的窘境。我国法系的法律规范性在一定限度可以很好地避免此类问题出现，在问题发生的前端就及时介入并有效约束，可以有效保障文化大数据的健康、快速发展。当前我国文化领域大数据发展较为滞后，制定鼓励、支持、引导、保护的法律政策更为紧迫与必要。第三，应加强行业约束，不断规范文化大数据发展。文化大数据的共享与开放问题，是目前制约文化大数据发展的重要一环，究其根本，在于各个机构对于文化大数据的开放与共享仍持观望态度，对充满敏感性与风险性的文化大数据共享依然持谨慎态度。对于行业内的同一现象与行业发展瓶颈，由政府制定行业发展政策、约束违规者行为，是解决当前困境的有效方法之一。第四，应惩治违法行为，适时进行文化大数据止损。大数据的应用带来的个人信息保护与隐私维权问题日益凸显。文化大数据的双重属性也为大数据应用过程中违法现象的出现带来了一定隐患。由于提供文化大数据的数据主体多为我国公益文化事业单位，并不具备行政处罚或刑事处罚的主体功能，因此，政府需要再次承担管理“理性人”的角色，积极维护行业发展态势与发展环境，对违法文化大数据相关法律法规的行为现象与主体人员进行惩戒，以保证该行业的有序发展。从上述分析中可以看出，文化大数据的实践应用对于政府在行业发展中的引领作用具有内在需求，政府作为文化大数据引导发展的主体的作用呼之欲出。

3. 文化大数据中的风险防范原则应用

风险防范原则是法学领域中的新兴词汇，是指对根据当前的科技水平无法合理预测结果的危害，提前采取规制措施的保护原则。该原则强调侵权因果关系的“不确定性”，并且强调在不确定性前提下的审慎举措与“防患于未然”。文化大数据领域的法律规制原则探讨，是我们进行文化大数据法律构建的前提条件与基本观点，保护原则不仅体现了我们对于该领域的行业发展态度，也可以通过法律原则的具体应用，对实践当中可能出现的开放性问题进行保留式回应。在文化大数据领域适用风险防范原则有如下几点原因：第一，文化大数据领域的风险不确定性。实际上，不仅是文化大数据领域，大数据带来的侵权行为不确定性以及因果关系的不确定性，使得风险防范原则有一定的应用空间。大数据本身便是一个经济发展与科学技术大爆炸的时代产物，2013 年被定义为“大数据元年”，在此之前，我们虽然经常利用网络检索信息，但从未想过自己的检索词频有一天会变成某一地区流感预测的重要依据。因此，大数据本身具有变化和不确定性，对大数据进行法律研究和法律规制，从原则上采取不确定因果关系的风险防范原则具有体系适配性。第二，文化大数据领域的因果关系不确定性。对于大数据所有权和个人信息保护两个领域，可以依据现有的所有权归属分析与个人信息保护立法情况进行分析并进行违法研究，从这两个角度出发的侵权行为适用“预防原则”，因其因果关系明显确定。但大数据采集、加工、分析过程随着技术的发展而发展，可能造成的结果与大数据本身之间的因果关系无法确定推论。因此本书保留对风险防范原则适用空间的预留设想。

从上述分析可以看出，文化大数据领域的法律研究不仅具有必要性，也存在研究的可行性。对于文化大数据领域法律法规进行研究，可以在一定程度上解决当下文化大数据发展中的问题。

6.2 文化大数据所有权保护问题研究

6.2.1 文化大数据所有权保护研究背景

整合文化大数据的目的是为了更好地为公众服务。为了实现这一目标，对大数据进行开放共享具有极其重要的意义。在文化大数据共享与开放领域中，各国实施的政策不尽相同：美国采用的是文化大数据应用和开放数据双管齐下的政策，其中包括了诸如“地球立方”，利用专业图书馆数据的集成生物和床边信息化项目等。欧洲国家采用的是利用大数据提高民众数字文化素养。亚洲发达国家尚未明确提出文化大数据发展政策，但日本、韩国等国也在积极推动大数据渗透至文化领域。文化大数据的开放共享需要遵循一定的机制，包括协调机制、决策机制、激励机制、资金投入机制、标准规范机制、法律法规机制等。通过文化部 2015 年统计数据可以看出，文化大数据除了自藏文化资源如图书文献、文物藏品相关数据外，由于其公共服务性质，还蕴含着海量的机构和个人行为所产生的动态数据。如果这些文化资源和公众的数据能够被广泛整合并开放共享，必将凸显公共文化大数据价值，进一步提升公共文化服务效能。

大数据共享包括政府部门之间的数据共享、跨行政区域政府间的信息共享、政府与企业间数据的合作与共享、企事业单位之间的数据共享等，是“数据池”建设的一部分，共享程度、深度均在一定限度上影响大数据的技术开发与实施状况。以政府数据开放为例，我国普遍存在开放平台分布不均衡、开放地区不统一等问题。当前，我国政府数据开放平台分布较不均衡，沿海经济发达地区占总数的 70%，中西部地区较少。虽然我们开放了教育、医疗、文体、环境等方面的数据，但开放数据总量偏低、结构化程度低、数据质量不高、民众参与反馈不准等问题依然存在[①]。文化大数据领域的开放与共享研究也存在与政府信息公开类似的问题，法律规制的介入主要面临两方面掣肘因素：第一，大数据产生主体在数据开放方面依然持审慎态度；第二，对可开放的数据界限规定较为模糊。

当前对于文化大数据共享的法律问题的研究，多是从公共文化数字资源整合过程中可能出现的问题分析视角进行解读。开放共享的前提是进行数字资源整合，整合过程中不可避免地要对数据进行加工。从原始数据到最终用户获得数据，这一过程中可能出现的有关权属划分情形较多，整合前、整合后的作品知识产权归属也需要进一步明确。建立应对上述问题的法律机制十分必要。本章研究的重点，将集中在文化大数据的所有权归属分析与文化大数据可开放数据界限研究当中，通过分析建立对文化大数据所有权确权体系的初步架构，并通过文化大数据的财产权属性进路分析，明确文化大数据自身的

① 郇贺铨. 现阶段我国大数据共享面临的问题[EB/OL]. [2018-11-04]. http://ex. cssn. cn/ddzg/ddzg_ldjs/ddzg_sh/201707/t20170731_3596218. shtml.

发展方向与发展需要。

计算机技术的发展，使得数据采集更趋向于普遍化、常态化。文化大数据采集过程中涉及各个文化机构（如图书馆、博物馆、美术馆）的各种文化数据，这些文化数据本身具有较强的知识保护属性，因此文化资源的应用不可避免地涉及知识产权保护等问题。从应用层面建立文化大数据知识产权保护和数据交易、流通的数据财产保护衔接，从政策、法律层面实现鼓励开放、合理流通的目标，是本书研究的重要内容之一。

如果我们只生产、应用文化大数据，而不对其本身的知识产权加以保护的话，就会对数据权利造成一定程度上的忽视。文化大数据本身具有很强的创造性和实用性，这些特点与专利等知识产权有共通之处。大数据不仅仅是海量数据的集合，更重要的是要对数据集合进行采集、存储、关联分析。文化大数据实际上具有典型的无形财产的特征，形成文化大数据需要付出大量劳动，其结果具有很高价值，属于典型的知识产权，应当依法受到保护。然而，文化大数据本身不同于专利、商标、版权等知识产权的特点，其究竟应当以何种形式受到保护，仍是学界争议的问题。同样是文化大数据，却有抓取采集的数据汇集、机器分析的数据处理、以报告形式表达的分析结果等形成的不同阶段，由于各阶段采取的手段不同，其知识产权的权利特点也不尽相同，不能以著作权一概而论。

实际上，我国数据权利有没有可能像欧盟一样作为一种特殊权利被保护起来这一问题，已经开始进入相关学者的视阈中，是立法者、法官、律师以及全社会成员都必须参与的重要问题。通过对多件大数据以商标、版权、商业秘密等知识产权“身份”作为诉讼标的的案例的分析，可以看出在当前的权利保护模式下，大数据法律保护方面还是存在一定的漏洞和不适应。通过立法保护文化大数据独立的权利束，是更为符合我国国情的一种选择。

文化大数据的开放共享环节主要涉及的是文化大数据所有权问题研究。当前实践中，一些公共文化机构无法提供自身的大数据的重要原因之一便是对于数据提供的界限与数据所有权归属存在疑问。各个公共文化机构提供的文化大数据到底归谁所有，所有者拥有哪些具体的用益物权，所有者需要承担哪些义务，都是当前法律建设当中尚未明确的重要内容。文化大数据的所有权决定了责任主体，也侧面反映了各个公共文化机构在建设文化大数据“池”的过程中所具备的数据提供义务。正是由于对文化大数据所有权进行了确权，才在文化大数据建设的过程中产生了所有权规制的可能性。文化大数据是大数据的下分，大数据难以划分所有权，但并不代表文化大数据不具备开放所有权的可能。

除了上述问题外，流通环节作为大数据开放共享的末端环节，也对整个开放共享政策起到一定影响。清晰的所有权归属是流通的前提和基础。文化大数据的所有权归属是理论界和实务界分歧较多的一个领域，数据本身可以再生更多的数据，而通过算法得出的新的数据结论是否具有相应的民法权利，也直接影响到文化大数据的制度保护。因此根据文化行为数据的分析形成的新的数据应当归谁所有，也对大数据的流通产生一定影响。

大数据产业的发展正在给相关法律制度提出诸多挑战，我们必须从传统的数据观念快速过渡到规范的法律意识。对大数据，特别是海量的跨国流动的大数据进行产权界定非常困难，在传统民法中难以找到准确的对应法条，需要对民法中的基本概念进行调整。但是，在公共文化大数据领域进行小范围的试点性研究以及理论赋权依然存在一定的可能性与必要性。让文化大数据进入规范化的法律框架不只是法律的任务，政策、行政管控等应当共同作用，才能够完成好这个课题。

6.2.2 文化大数据的人格权属性与财产权属性分析

根据不同的分类标准，可以对文化大数据进行分类。从文化数据来源来看，可以将文化大数据分为文化采集数据、文化衍生数据、文化关联数据。从文化数据属性来看，可以将文化大数据分为文化资源数据、文化用户数据（文化行为数据）、文化服务数据、文化业务数据、文化系统数据等。从文化数据领域来看，则可以将文化大数据分为文化创建数据、文化传播数据、文化服务数据、文化消费数据等。此外，根据文化数据是否与个人信息相关，可以将其简单划分为包含有个人信息的文化大数据与不包含有个人信息的文化大数据。依据数据是否可以公开，可分为可公开数据、限制性公开数据与非公开数据。《文化大数据应用规划》一书将文化大数据分为文化资源数据、资源访问量数据、应用访问量数据与用户信息数据四类[①]。从不同的分类角度，可以对文化大数据进行多维的法学分析，但无论何种分析，都涉及对于“数据权利”这一新兴概念的讨论。

在计算机技术尚不发达的时期，云计算、人工智能、大数据等词汇还未进入我们的视野，这是由于数据并没有积累到足以引发质变的程度，数据自身的能量和价值也很

---

① 孙一钢. 文化大数据应用规划[M]. 北京：国家图书馆出版社，2018：2.

难为人类发现。但是随着新兴技术的兴起，大数据时代带来了生活、工作方式与思维的巨大变革，海量的数据引起了质的变化，数据的价值越发凸显出来。海量数据融汇在一起，在一定的技术条件下不断组合，进行更准确、更快且更不易受到偏见影响的预测分析。因此，数据自身价值的显现，是数据权利的概念产生的前提。在理论界，关于数据权利的讨论一直是近年来的热点。程啸主张，应当明确规定数据企业的数据权利，即数据企业对合法收集的包括个人数据在内的全部数据享有支配的权利，性质上属于独立于人格权、物权、债权、知识产权的新型财产权①。龙卫球认为，在数据资产化的背景下，基于数据经营和利益驱动的机制需求，应当承认数据企业的数据经营权和数据资产权。其中，数据经营权具有某种专营权的性质，具有特定事项的专向性和排他性，是依据法律授权或行政特许方式设立的，而数据资产权是法律对数据经营者的数据资产化经营利益的一种绝对化赋权②。王融认为，在确立用户对个人信息的权利属于一种数据财产权后，可以打破按照传统思维，依据单纯的隐私权，或者因信息绝对化过度保护用户而限制、阻碍数据的收集、流通等活动的僵化格局。个人对其个人数据享有的是财产权或有限的所有权，因此，如果数据企业决定收集的目的，并经过用户同意授权后，在用户数据的基础上进行匿名化处理而产生了数据集，那么对于该数据集企业享有的是财产权或有限制的所有权③。争论的焦点主要集中于数据权利是否通过"原始取得"，而非政府或相关法律授权取得相应利益，但学者都在一定程度上对数据权利进行肯定。一些研究已经越过"数据"能否作为民法上"物"的范畴进行纳阔，而直接讨论了数据所有权的相关问题④。实践中，"数权"问题一直是数据流通的一个障碍，数据交易权属如何划分、出现纠纷后以侵犯何种权利为由进行起诉，都是现实存在的大数据相关问题。

本书认为，文化大数据与大数据具有相类似的权属划分问题，但也存在需要强制开放的公共数字资源。文化大数据的分类宜采取包含个人信息的文化大数据、内含知识产权的文化大数据以及强制公开的公共文化大数据三类，对于三类不同数据进行法律分析，构建文化大数据保护的法律生态体系。

1. 文化大数据主体财产权的赋权分析

近年来，有关数据主体财产权赋权的理论讨论逐渐兴起。姬蕾蕾指出，数据产业者

① 程啸．论大数据时代的个人权利[J]. 中国社会科学，2018(3)：119.

② 龙卫球．数据新型财产权构建及其体系研究[J]. 政法论坛，2017(4)：63-77.

③④ 王融．关于大数据交易核心法律问题——数据所有权的探讨[J]. 大数据，2015(18)：49-55.

的重心驱动功能和劳动正当性视角，是数据财产权赋权的正当性起因。数据的法律属性是数据作为客体被予以财产权赋权的逻辑起点，数据与个人信息的区别以及国内外大数据交易的现状都在诠释数据的财产属性。数据权属问题是数据利用与流通的起点[①]。梅夏英指出，既有的网络民事纠纷裁判及理论研究倾向于单独将数据进行客体化和财产化处理。数据没有特定性、独立性，亦不属于无形物，不能归入表彰民事权利的客体；数据也无独立经济价值，其交易性受制于信息的内容，且其价值实现依赖于数据安全和自我控制保护，因此也不宜将其独立视作财产。基于数据的非客体性，大数据交易的合同性质宜界定为数据服务合同；基于主体不确定性、外部性的问题和垄断性的缺乏，数据权利化也难以实现。数据具有中立性工具的本质特征，法律能够对其实现的规制功能有限。网络民事纠纷可以区分为工具性和虚拟性两类，分别适用一般侵权救济和违反保护他人法律的侵权救济[②]。通过对我国“脉脉非法抓取使用新浪微博用户信息案”等大数据纠纷案件的实证分析可以发现，“大数据”在运作机制、权益分配以及责任追究等方面极大地冲击了现行“数据”法律法规。大数据具有大量、低价值密度和不特定人群等特征。鉴于此，我国立法机关应当肯定大数据的强财产权属性和弱人格权属性。

可以看出，对于数据、大数据能否作为确权对象予以赋权，进而纳入私法保护的领域范围内等问题，学界仍然存在争论，其焦点主要集中在大数据能否作为物存在、大数据主体是否拥有财产权、大数据的所有权归属、大数据是否具有知识产权四方面，下面将逐一进行分析。

2. 文化大数据的财产价值

在研究大数据能否进行财产赋权之前，我们首先应聚焦于数据的财产赋权问题。

从《网络安全法》和《民法总则》中关于“个人信息”和“网络数据”“数据”等规范用语的差别可以看出，数据财产权的客体应当是“数据”，而非“信息”。这种思考方式是整个财产权构建的概念基础。因此本书并未将由大量数据进行人工加工后得出的信息作为规制对象，而是仅将研究限缩在数据自身的问题上，这将也是文化大数据的研究出发点。

数据具有财产价值，大数据时代的数据更是如此。2014 年 4 月，荷兰学生肖恩・巴

① 姬蕾蕾. 大数据时代数据权属研究进展与评析[J]. 图书馆,2019(2):27-32.

② 梅夏英. 数据的法律属性及其民法定位[J]. 中国社会科学,2016(9):164-183.

克尔斯建立一个拍卖网站来专门出售自己的个人信息，信息内容包括他的住址、医疗记录、个人日程安排、电子邮件内容和所有社交网络上交流的信息，其中网上交流信息包括他的在线聊天记录、消费偏好和浏览器历史记录，拍卖网站吸引了超过 40 个买家前来竞拍，最终肖恩・巴克尔斯以350欧元的价格出卖了自己的个人信息①。数据的财产价值在当前的法学应用中也显现出来，在知识产权领域，数据价值成为实务研究的重要方面。数据只有具有财产价值，才有可能作为商业标的出现在法律视野当中，数据的财产价值是财产赋权的前提。

数据具有财产属性。有学者提出，数据的财产属性理论基础是劳伦斯・可莱丝的信息财产化理论。劳伦斯认为，信息财产化可以挣脱传统以隐私保护为重点的框架束缚，强化信息作为财产的重心驱动功能②。这个理论产生于大数据时代之前，因此从保护个人信息权益角度出发，进行信息的财产化赋权是有必要的。但是大数据时代到来后这一理论则显得捉襟见肘。人们发现数据作为财产真正应当享有赋权保障，构建数据财产权的理论要求开始进入人们的视野。此外，数据交易实践也要求数据具有财产属性。国内外数据机构都将“数据”作为对象进行交易。大部分持数据并不具备财产权属性观点的人认为，数据不同于一般民法所称的物，它的生成物是以具备个人信息为基础的数据，因此也具备一定的人格属性，这种人格属性需要从人格权角度或公法领域进行规制，而非进入到私法财产权的视野。这种理解强调了对数据个人信息的保护，但在一定程度上忽视了数据自身带来的财产价值。

大数据的本质是数据，其财产价值和利用价值要比一般性数据更高。随着数据产生规模的爆炸性、持续性的增长，收集及处理数据的新技术的不断成熟完善，数据的存在价值渐渐得以验证和彰显。大数据本身可以被作为一种独立的客观存在来看待，难以被人忽略。大数据所具有的财产价值已经在实践中逐渐体现出来，大数据具备财产属性，并且其所有权人应当享有相应的财产权利。首先，抛开大数据的权利属性而言，无论我们将其视为物权还是知识产权，都不能否认其自身所具有的巨大经济价值，大数据也正因为具有这样的财产价值属性，才会进入我们的应用与研究视野。与大多数国家不同的是，我国将大数据的应用上升为国家战略的层面，从大数据的财产价值和财产属性出发对其进行规制，这样有利于整个大数据战略的发展。其次，大数据主体的财产赋权具有

① 徐洁. 浅析大数据时代数据所有权归属问题[J]. 法制博览，2016(10):184-185.

② 姬蕾蕾. 数据产业者财产赋权保护研究[J]. 图书馆建设，2018(1):54-59.

很重要的实践意义。在保证法律体系的稳定性和一贯性的前提下，对大数据主体进行财产赋权具有一定的实践意义。在当前大数据交易与流通过程中，明确所有权问题是各方正常进行市场交易的前提。大数据作为网络信息极端发达的产物，在其自身巨大财产价值的诱导下，很难始终保持独立于市场外的中立角色，或单纯通过人格权保护的进路进行规制，财产权的介入成为一种必然趋势。而文化领域虽然很少出现大数据交易的情况，但对文化大数据的流通来讲，确定所有权归属也是保证开放共享的重要理论支撑。最后，应当从财产权与人格权双重进路对文化大数据进行保护。龙卫球教授提出了从财产权和人格权双重进路对大数据进行规制的理论构想。这一构想同样适用于文化大数据领域。对于文化大数据而言，从何种视角和何种研究视阈观察文化领域中的大数据应用，是我们应当重点明确的内容。对文化大数据的观察与认识，应当更多地从宏观领域出发，探讨文化大数据的特性和突出之处，对于上位概念，即大数据中仍存疑之处，以不过多触及的态度进行研究。大数据的法律研究仍处于起步阶段，其中对于大数据的法律属性和规制进路的探讨依然处于发展阶段。在这样的前提下，我们更多是从文化大数据应用实践中已经出现以及可能出现的问题出发进行研究。从财产权和人格权规制的双重进路出发进行政策研究，是从文化大数据自身特点出发所需要的研究进路。文化大数据的底层数据来源于各公共文化机构，这些数据自身所具有的文化价值属性，是文化大数据最为突出的特色，也正是由于这些数据自身携带了大量的文化元素与文化属性，因此在规制中需要有别于其他领域的大数据规制。文化大数据的这种特性决定了它需要从政策发展研究角度进行明确与保护，并需要通过政策引导与保护、法律规制和惩戒，保证文化大数据的健康发展。

3. 文化大数据的所有权归属

作为财产权的客体，数据应当满足机器可读性和合法性两种需求①。机器可读性在大数据时代已经不难实现，而合法性是指作为法律确认和保护的客体，要求数据承载的信息合法、来源途径合法与功能合法（指数据不存在其他非法用途）。文化大数据的所有权归属颇具争议，主要矛盾集中于文化大数据所有权归个人所有还是其他主体所有。鉴于数据和信息主体人格的密切联系，将数据的权利主体归于个人的理论思路一度处于主导地位，但是随着大数据时代的到来，这种研究思路难以穷尽当前的状况，面对海量

---

① 孙一钢. 文化大数据应用规划[M]. 北京：国家图书馆出版社，2018：2.

数据进行分析处理后的结果，我们很难溯源到其单个数据的权利人身上进行赋权，更难以在发生纠纷时以原始数据的庞大所有权者集合作为原告或被告进行保护及诉求利益。大数据时代的数据所有权研究，将数据所有权赋予数据合法采集者似乎更为合理。文化大数据所有权制度构建的核心，是完善以对数据的支配和控制为核心的权能体系的塑造。

文化大数据的所有权界定涉及三个重要问题，即权利边界的确定、侵权责任的追究以及流通中的大数据所有权问题。当前我们对文化大数据的认识仍处于起步阶段，建立统一的“一刀切”所有权划分制度并不具备可行性。实际上由于大数据的特点，我们很难在初始阶段就提出完全合理化的所有权划分模型。但是根据文化大数据的特点，进行有限度的所有权赋权研究依然存在可能性。通过调研，笔者发现，文化大数据的所有权问题可以划分为三大类场景：

第一类场景是以包含个人信息的文化大数据为流通对象的场景。这种类型主要指以文化行为数据、文化服务数据为分析根据的场景。文化行为数据与文化服务数据，都体现了较强的个人信息属性。随着大数据时代的到来，我们很难区分出完全不含有个人隐私的个人信息数据，换言之，由于技术分析手段和海量数据的出现，个人信息数据所包含的内容更为丰富，而其携带有个人隐私数据的可能性也逐步增强。因此，本书认为，包含个人信息的文化大数据为流通对象时，其所有权应当分情况讨论。

首先，用户不许可个人信息再次使用的情景。隐私条款、隐私协议是用户原始数据能够再次使用的前提，公共文化服务机构作为文化服务的一线场所，对用户个人信息进行采集时，需要获得用户认可与同意。在用户不同意相关隐私条款的情形下，原始文化行为数据的所有权人应为用户本人，个人拥有对文化行为数据的绝对权力。从物权法的角度出发，如果我们承认数据是一种“物”，则个人拥有所有权；从新兴数据财产权的角度出发，个人拥有对于带有个人信息色彩数据的绝对支配权。

其次，用户许可个人信息再次使用的情景。通过公共文化服务机构对数据的匿名化处理，数据已经成为不带有个人身份色彩的独立数据，此类数据所有权应通过“原始取得”归于相关公共文化服务机构，但在使用中，应当做出限制性处理。具体包括：

第一，公共文化服务机构享有占有权利。这些数据经过公共文化服务机构的清洗、加工、建模等，已经与原来的底层数据产生了很大差别，成为通过公共文化机构等主体的二次创作而产生的新数据，其占有、使用以及收益的权利归公共文化服务机构所有。

占有是所有权形成的前提，在物理上表现为有体物在所有权人能够物理支配的范围之内。数据本身并不在“有体物”的概念当中，但无论是实践还是理论研究，都不能回避“数据归谁所有”这样一个问题，文化大数据也不例外。公共文化服务机构对文化大数据的占有则表现在对相关数据的物理空间存储上。占有形态是数据使用、收益、处分的前提，在此前提下，才能够对其他三项权利进行充分讨论。

第二，公共文化服务机构享有有限度的使用、收益、处分权。由于包含有个人信息的文化大数据始终脱离不开人格权保护的话题，因此对于该类数据的使用，应采用有限度的使用、收益与处分的权利。再次使用应当在隐私条款中加以说明，而处分行为则需要用户直接授权，以此保护个人信息的安全与自由流通。

第三，文化大数据底层数据的所有权问题研究。从上文的分析中可以总结出：文化大数据合理发展的前提是公共文化服务机构对于各自数据的开放与共享，但由于对当前文化数据的开放、共享现状研究程度不够，造成很多公共文化机构不愿意开放、不知怎样共享的现象。不愿共享大多是由于其对所提供的数据所有权归属不明确的疑虑。对于一些文化机构来说，他们所提供的文化数据往往具有极高的文化价值，例如故宫针对文化藏品的数据研究，不仅是故宫内部工作人员长期工作与研究的重要研究成果，也是文物档案库的重要信息来源，这些信息能否对公众开放、是否适合对公众开放以及开放到何种程度，不仅直接关系到文物保护等重要问题，还有对现有研究成果的知识产权产生破坏的风险。实际上，文化大数据的开放与共享对各个公共文化机构的特色资源数据开放提出了新的挑战，这些资源数据的开放需要政府作为牵头人进行统筹规划，对于文化大数据能够开放到何种程度以及开放后所形成的“大数据池”的规模都进行预先布局，以合理推动文化大数据发展。

第二类场景是以内含知识产权的文化大数据为流通对象的场景。这一类文化大数据主要指的是针对公共文化机构所特有的善本古籍、名人手稿、地方志、美术作品等文学作品与艺术品等的文化数据流通中可能产生的权属问题。内容含有知识产权的文化数据是文化大数据底层数据所具有的重要特点。与其他领域大数据相比，文化大数据的底层数据不可避免会抓取到含有著作权、专利权、商标权等权利的数据，这些数据的使用遵循以下原则：在遵循相关知识产权法律的基础上，对原知识产权提供者采取付费使用，同时对于新产生的数据，其所有权归公共文化大数据服务机构所有。

第三类场景是以强制公开的公共文化大数据为流通对象的场景。这一类数据主要包括公共文化服务机构所必须公开、共享的相关数据，如博物馆拥有的藏品信息，其中含有藏品名称、时代、地点、质地、外形尺寸、流传经过、所属关系、用途、保存情况、评价等信息。对于该类数据应采取尽量完全公开的方式，向社会公众开放，其所有权归公共文化服务机构所有，但由于不具有独创性的表达，其并不能够被赋予知识产权等财产性权利。社会公众对于此类数据的二次利用所产生的新数据、作品、成果等，知识产权与所有权归个人所有。

4. 文化大数据的知识产权归属

实际上，文化大数据的知识产权保护路径研究与所有权路径研究并不冲突。文化大数据始终处于变化发展当中，在文化大数据形成、发展、应用过程中，也会出现不同的财产形式和保护利益诉求。针对不同阶段采用不同的保护措施，区别不同阶段文化大数据保护的规则原则，对文化大数据的发展应用更能起到推动作用。文化大数据的所有权归属研究，主要针对文化大数据的开放、共享、流通环节；而文化大数据的知识产权问题研究，则主要针对文化大数据的整合、形成环节。具体包括文化大数据产生过程中的知识产权保护、文化大数据使用过程中的知识产权保护两种类型。第一，大数据产生过程中，公共机构应当及时向公共机构服务人员提供法律知识，在算法设计与数据抓取过程中，就应当遵循我国知识产权（著作权、专利权、商标权）的相关法律规定，对文化数据开发、共享过程中可能出现的法律问题、知识产权侵权等问题进行法律风险评估；充分利用知识产权法律条款的中的赋权条款，充分挖掘文化大数据的服务潜力。第二，文化大数据使用过程中，文化管理部门可以充分利用计算机技术，对可能造成的文化知识泄露、文化知识产权侵权等风险进行防范，确保文化大数据的数据安全；在文化大数据整合过程中，还可能对整合作品的知识产权问题产生纠纷，与前述所有权问题探讨相类似，此时的整合作品已经在一定程度上脱离原始数据存在，形成民法上新的“物”、作品，因此整合作品的知识产权应当归数据整合方所有。整合环节的知识产权问题主要是对整合后的作品的知识产权归属纠纷问题，一定程度上并非对文化大数据本身知识产权问题的研究，针对这一情况，本书认为应当重点从知识产权现有的法律条款出发进行规制，将具体情况链接至知识产权保护相关条例即可。但是，在文化大数据整合过程中，由于参与主体较多，文化数据本身所带有的知识产权属性较强，整合后形成的新的智力劳动成果是否具有知识产权，知识产权应当归谁所有，这些问题依然存在讨论的空间。具体来讲，本书提出如下理论架构：

（1）原始数据的知识产权归数据所有权人所有。如上文所述，原始数据所有权应当归提供数据的公共文化机构所有（外购资源库中的资源及已有知识产权客体数字化后的数据除外），如果这些原始数据上凝结有智力劳动成果，则其相应的知识产权应当视具体情况而定。大多数情况下，公共文化机构提供的数据中所享有的知识产权应当归公共文化机构所有，但在特殊约定情况下，如数据开发前即约定个人所有的情况，知识产权则归个人所有。

（2）加工数据的知识产权归加工人所有。数据的整合、采集、清洗各个过程中形成的大数据，其知识产权都应当归加工人所有。大数据不是简单地将数据进行数量叠加，而是在这一过程中着重对数据之间的关联做出分析，依据电脑技术软件进行分析得出的结论只是一方面，而对选择哪些数据、如何清洗、如何去噪等问题做出评判，则依然需要人工智慧的应用。那么在这种情况下形成的大数据，应当从知识产权赋权角度出发进行保护，应当赋予采集者等数据加工者以新的知识产权保护。

通过上面对于文化大数据物权属性、知识产权属性的赋权保护理论的分析，下面以采集数据为例，进行研讨。

采集数据是指文化大数据的基层数据收集后所产生的新数据，采集数据是否以一定的载体出现，是采集数据所有权归属问题探讨的前提。作为物的形式出现的大数据，只有具备一定的载体形式，才能够成为所有权的赋权对象。针对这一问题，我们可以参照民法中的虚拟财产进行研究。2017 年 10 月 1 日起正式实施的《民法总则》首次将网络虚拟财产保护写进法律，第 127 条规定：法律对数据、网络虚拟财产的保护有规定的，依照其规定。这体现了“与时俱进的审慎修订立法”的理念。总则从整体层面上宣示性地规定了《民法总则》承认虚拟财产的民法价值，并且开放性地规定通过其他下位法具体规制措施进行保护的条款，为后续虚拟财产的立法留足了空间①。广义来讲，采集数据也可以算作虚拟财产一类，它们都是由数据构成，形成一定虚拟表现形式的无体物。虚拟财产的法律属性目前尚无明确的界定，有物权说、知识产权说与债权说等。在物权说与知识产权说之间，本课题组倾向于依据动态的视角观察大数据，以在大数据的不同阶段具体解读不同虚拟财产的法律属性的方式进行分析观察，从而得出结论的研究方式进行探讨，具体如下：

① 程啸. 论大数据时代的个人权利[J]. 中国社会科学，2018（3）：119.

首先，采集数据是否形成了具体客体。形成客体是对文化大数据进行所有权保护的前提。在形成物权客体的情形下，采集数据的所有权应当归数据采集人；在未形成一定客体的情况下，该采集数据不具备所有权赋权的可能。所有权赋权的前提之一，是形成了民法上所称的“物”。传统罗马法认为作为所有权客体的“物”必须是有体物，但是经过发展，现在已经不必将有体物作为所有权的客体。采集数据只要形成了一定的客体，就有可能成为所有权的客体。笔者认为，采集数据的所有权规制不仅有必要性，而且存在一定的可行性。虽然文化大数据本身不存在交易问题，但文化大数据的开放与共享问题仍然存在所有权规制的可能性。

其次，采集数据是否带有人类智力劳动成果。采集数据具备人类智力劳动成果，不光是采集数据，在大数据从原始数据中提取后的各个阶段，我们都可以从知识产权的角度出发进行保护。采集、清洗等环节中形成的文化大数据具备智力劳动成果，具备知识产权保护的必要性。

6.2.3 文化大数据的分级开放政策

通过前期研究，笔者发现，制约当前文化大数据发展的重要问题，是各个公共文化机构不愿开放数据、不知怎样开放数据以及开放何种数据不明确的问题。大数据的前提是数据量的汇集和整合，对于当前文化领域数据开放量不够的现象，应当着力推行政府引导、统一标准、支持发展等措施，推动文化大数据领域的数据开放与共享。

针对上述状况，根据文化大数据的分类，本书提出针对文化大数据开放共享的各项政策建议：

1. 分层级开放业务数据、网络数据，有限度地开放管理数据

公共文化机构的业务数据特指公共文化机构内部与业务相关的各类信息所产生的数据。业务数据多是机构数据，具体包括以下两类：①业务操作与业务流程数据。如博物馆馆藏品管理系统、图书馆信息自动化系统等产生的数据。这些数据主要产生于工作管理过程中，所含个人身份信息、知识产权信息较少，对于这类信息的公开，要着重注意所设机构的商业秘密等问题。文化大数据业务数据的共享开放与政府信息开放有类似之处，其公开的数据内容基本不负担有知识产权属性，因此业务流程与业务操作数据主要考虑是否涉及公共服务机构的非公开、涉密数据等问题。针对这种情况，一方面需要公共文化服务机构自身注意，提升数据开放前的评估水平，加强数据处理、数据加工过程

中的技术水平，防止涉密信息不当公开；另一方面，用户也应当在一定程度上遵守相关法律规定，不对涉密信息进行过度传播、盈利化使用。②馆藏信息、类目信息。例如博物馆有关馆藏文物各类信息的数据、图书馆关于图书、馆藏的类目信息等，这些信息有可能涉及重要馆藏的保护问题，其公开到何种程度，需要由公共文化服务机构进行自主调整。

网络数据主要指来源于电脑、手机、数字机顶盒、阅读器、触摸大屏等终端设备的数据，包括了如官方网站、共享工程网站、数字图书馆（博物馆、文化馆）、移动图书馆（博物馆、文化馆）、官方微博微信平台、馆际互借平台、参考咨询平台、政府公开信息服务平台、公共电子阅览室平台等公共文化网络服务平台产生的所有数据。其中，共享工程、数字图书馆（博物馆、文化馆）数据量庞大，包含了各类商业数据库、自建数据库的使用数据，数据形式也比较复杂[①]。

管理数据指维护文化服务机构正常运营的各种管理信息系统所产生的数据。财务系统、自动化办公系统产生的数据由于是孤岛信息，难以与其他数据发生关联，因此较难进行大数据应用。人流量分析系统能记录文化服务场所庞大的客流量信息，并能够利用视频分析技术、红外技术、门禁刷卡等技术分析场所内具体位置（如阅览室、展厅）的人流量甚至人群停留时间，是十分具有价值的数据源。此外，如博物馆商店系统、设备租借管理系统等记录了用户文化消费行为，也可用作大数据分析[②]。

对业务数据、网络数据在分层级、确定所有权归属的前提下进行开放，对管理数据在确定所有权归属的前提下，开放除财务系统、自动化办公系统以外的数据，是文化大数据共享开放的必要阶段。下面详细论述具体开放标准：

对于各个公共文化机构的业务数据，其共享开放是文化大数据发展的题中之意，对于原有不愿开放、不想开放的状况，必须打破并积极主动引导公共文化机构数据共享。在开放共享的前提下，业务数据由于涉及公共文化机构的服务核心与服务特色，需要在有限度的条件下分层级公开业务数据。对于网络数据，公共文化服务机构应当公开电脑、手机、数字机顶盒、阅读器、触摸大屏等终端设备，包括各种公共文化网络服务平台产生的所有非涉密数据。

---

①② 嵇婷，吴政．公共文化服务大数据的来源、采集与分析研究[J]．图书馆建设，2015（11）：21-24.

2. 谨慎开放涉及个人信息的文化大数据

文化大数据中含有大量涉及个人信息的文化行为数据，这类数据含有一定的公民个人隐私信息，需要分情况讨论：对于原始底层的个人数据，由于其带有较强的个人隐私色彩，且涉及真实、有效的个人数据，应当在用户授权情况下进行使用。换言之，针对这类数据，公共文化服务机构仅具有授权许可使用权，使用权限有限且需支付相应对价。对于经过加工的个人数据，由于已经经过匿名化处理，公共文化服务机构可以享有有限度的所有权与针对新型数据作品的知识产权。

3. 全面开放不涉密的、含有知识产权的公共文化大数据

这里所指的是不涉及公共利益、商业秘密的、具有知识产权属性的公共文化大数据，主要指数据库、资源库中的结构化数据。这些数据本身的开放已经通过机构库、数据库进行了知识产权保护，文化大数据对该类数据的应用在遵循相关数据规则的基础上进行数据提取即可。

6.2.4 文化大数据所有权保护立法建议

一是尽快制定数据权属相关法律，明确文化大数据所有权边界。文化大数据流通行为的法律规制的法益平衡应是在“充分利用数据”和“防止滥用数据”间的平衡，也是“充分保障个人信息安全”和“降低交易成本”间的平衡。根据法经济学理论中的霍布斯定理，法律权利在主体间的分配应遵循“建立法律以使私人协议失败造成的损害达到最小”的原则。财产权或所有权的分配应该是符合效率的，私法上的权利应该赋予能够以最大效率执行这些权利的主体。因此文化大数据权利边界的划分应主要遵循效率原则，兼顾公平原则。从隐私权和财产权结合的保护视角，一个折中也较为平衡的做法是，对于不同性质的文化数据、不同的所有权主体、不同的流通程序等，给予不同的保护方法和保护范围。对个体文化行为数据中的身份数据，应加强保护，规定严格的匿名化程序和追责措施；对已经去个性化的个体信息，则应采取较弱的保护，赋予数据控制者较多的权利。

二是对侵犯个体隐私的文化大数据流通提供司法和行政上可行的救济手段，以充分保障所有权的实现。现实中，垃圾邮件、广告、数据非法交易屡禁不止的重要原因在于对违法者的溯源、举证等存在不小困难，而文化大数据中违法数据流通的进行却非常容易。现有的保护方式主要是从个体权利的角度施行的，但大规模数据处理过程的实际客

体往往是对个体数据的整合，即群体层面的数据。所以交易中对数据源的保护应该从群体层面着手，这也能减轻数据搜集者和利用者需要承担的告知成本，有利于文化产业的发展。

6.3 文化大数据个人信息保护法律问题研究

6.3.1 文化大数据个人信息保护法律问题研究背景

本书研究的文化大数据是指我国文化馆、美术馆、图书馆、博物馆等公共文化机构以及演艺团体、非物质文化遗产等民族民间艺术文化素材的收集、文化资源的创建、加工、整合、服务和消费等过程中涉及的公共文化资源、产业运营数据、服务数据、业务数据、用户数据、行为数据，以及上述数据融合、分析中所产生的关联数据、语义数据、知识数据等。行为数据是文化大数据的一部分内容，文化行为数据是指个人在公共文化服务机构进行的一切可记录活动的数据。文化行为数据主要分为两类：一类是涉及个人身份信息的数据，比如国家图书馆读者卡办理过程中，读者个人提供的姓名、身份证号、毕业学校、家庭住址、工作单位等内容，这些数据均涉及个人身份信息，我们可以称其为身份行为数据；另一类是与文化活动相关的行为数据，例如读者到馆时间、到馆阅读哪些图书、借阅历史、参加讲座、购买文创产品等情况，我们可以称其为取向行为数据。这两种行为数据有不同的特征：

第一，使用方式。身份行为信息多数不能够直接拿来使用，例如身份证信息等，多以模糊化的信息提取方式加以处理和使用。而取向行为数据则可以直接使用，例如读者近期的阅读数据与访问了哪些网站等，则可以直接使用。

第二，保护价值。理论上来讲，二者所具有的保护价值是相同的，但实践中，对于身份行为信息的保护更为重要，且使用方式更为谨慎。

美国剑桥分析公司利用不正常手段窃取 Facebook 个人信息的案件，是美国迄今为止最大规模与范围内的个人数据泄露案件。这些数据可以用于构建大量美国人的资料库，从而预测他们的投票倾向，影响下一年度的美国总统大选。与这类数据不同的是，文化新闻数据更多的是描述个人的文化选择取向或文化偏好，这些数据的泄露依然会对个人隐私产生影响。由于国内当前还未出现文化数据侵权的现象，本书在此假设几种案例。

案例一：A公司从公开文化数据的相关网站合法获取了大量合法信息，通过大数据分析，生成完整的研究结论。但这些研究结论中包含了个人行为数据的内容。例如该公司认为，某一时间段内，某一单位的到访者在查阅某一本书籍过程中人员众多、频次巨大，推论出该单位在进行某项研究的可能性。恰巧这项研究涉密程度较高，单位认为侵犯了其安全利益，要求企业删除数据并销毁研究成果。

案例二：B公司以非法手段获得了大量文化行为数据信息进行披露，造成众多读者阅读书籍信息公开，被侵权人认为该公司行为侵犯了自己的人格权、隐私权，起诉B公司承担侵权损害赔偿责任。

案例三：C公司以非法手段获取大量文化行为数据信息，进行加工（或二次大数据分析）后，销售至图书出版商D。D根据特定区域读者阅读习惯或个人阅读习惯有针对性地上门推销图书。某小区居民不堪其扰，将D诉至法庭，D以合法手段购买C公司数据结果为由进行推诿。居民能否将C与D作为联合被告进行起诉?

上述几种案例展现了文化行为数据泄露可能面临的法律风险。总体来讲，主要涉及个人隐私权问题，即个人信息保护问题。在此，笔者提出一个理论设想：大数据虽然在本质上是数据，但由于其不同于传统数据的特征，我们提出文化大数据具有人格权益属性。该理论构想为文化大数据保护提供理论依据。

文化大数据人格权益属性，具有如下几个特征：

第一，文化大数据人格权益属性，要求在数据的初始阶段为其配置人格权。所谓配置人格权，是指将大数据作为独立的法律客体，考虑到其携带的个人信息，因而对大数据进行人格权属性配置。实践证明，这种配置是必要和有效的。在当前的研究领域，一些法学研究学者认为，对大数据不应当配置相应的属性，他们还是用固有的眼光看待数据，认为其只是由“0”和“1”组成的数据，并且提出大数据不能够配置财产属性、人格权属性等问题。严格来讲，大数据权利作为一种新型权利，在其发展过程中采取审慎的态度有其必要性。但随着近些年来大数据的飞速发展，笔者发现按照原有的规制思路进行保护，并不能够完全适应大数据保护当中的各种问题，并且还会脱离大数据的发展环境，使得相关措施过于理论性和框架化。因此，在此处引入大数据人格权益属性实际是非常有必要的，这不仅可以为大数据法律研究提供便捷途径，也可以为文化大数据提供合理的保护方式。本书认为，文化大数据的人格权益属性赋权，是文化大数据的突出特征之一。

第二，文化大数据人格权益属性，要求开放共享的文化大数据不具备交易属性。文化大数据不应当用作交易用途。前述文化大数据的财产权属性，注重强调文化大数据的财产价值以及在此财产价值基础上产生的所有权归属问题。但文化大数据本身不易用作交易，非法的窃取资源并用作公开交易等行为都将会是被法律明令禁止的，文化大数据的开放共享重在文化利用、社会价值，其经济效益应居最末。因此，文化大数据并不具备交易属性，文化大数据的法律研究也应着重于其所有权研究与人格权研究。

文化行为数据具有法律保护的可能性：

理论基础。现有的有关人格权保护、个人信息保护等的相关法律，已经有完善的人格权侵权后救济措施，而《个人信息保护法（草案）》中，也对个人信息的保护做了一个相对完善的规定。这些有效链接的法律，都对文化行为数据侵权奠定了良好的理论基础。

实践需要。行为数据的保护主要针对个人隐私问题，而在实践中，个人信息保护的重要性无须多述，文化行为数据具备法律保护的现实需求。

6.3.2 文化大数据个人信息保护的用户权利

数据披露请求权。数据披露请求权是欧盟保护个人信息数据的一种基本方式，其意义在于用户可以随时向公共文化机构提出将收集的个人信息进行公开与披露。公共文化机构应当通过隐私授权条款获取个人信息数据的使用权限，并在隐私条款中声明对用户个人信息的使用方式和使用目的，否则就是对个人人格权的侵犯。收集文化行为数据者个人信息的公共文化服务机构应当依据规定披露已收集的有关文化行为数据者的个人信息的种类；收集个人信息的来源的种类；收集或出售个人信息的公共文化服务机构或商业目的；同公共文化服务机构分享个人信息的第三方的种类；以及已收集的有关文化行为数据者的个人信息的具体内容。

数据删除请求权。文化行为数据者有权要求公共文化服务机构删除有关公共文化服务机构从文化行为数据者处收集的文化行为数据者个人信息，公共文化服务机构收到可验证的文化行为数据者要求对侵犯人格权数据进行删除的请求后，应当不拖延地及时将相关数据进行删除，并且指示所有依据此数据提供相关服务的机构对该数据进行删除，以达到保护个人信息的目的。删除权的行使存在例外情况，例如，完成收集个人信息的交易，提供文化行为数据者要求的商品或服务，或公共文化服务机构和文化行为数据者持续业务关系背景下的合理预期，或履行公共文化服务机构与文化行为数据者之间的合同；检测安全事件，防止恶意、欺骗、欺诈或非法的活动；行使言论自由，确保其他文化行为数据者行使言论自由的权利，或行使法律规定的另外的权利；以及为遵守法律规定履行法律义务等①。

退出选择权。任何时候，文化行为数据者均有权向第三方出售该文化行为数据者个人信息的公共文化服务机构提出要求，令他们不得再出售该文化行为数据者的个人信息。向第三方出售文化行为数据者个人信息的公共文化服务机构应当根据相关部门的规定，告知文化行为数据者此种信息可能被出售，文化行为数据者有免于个人信息被出售的选择退出权。公共文化服务机构在收到文化行为数据者不出售其个人信息的指示后，依据相关部门的规定，自收到文化行为数据者指示时起即不得再出售相关信息，除非随后得到文化行为数据者就相关信息出售的明确授权。

诉讼权。如果个人信息受到未经授权的访问、泄露、盗窃或披露，且是由于公共文化服务机构违反保护个人信息的义务造成的，该义务是实施和维护合理的安全程序和与信息的本质相适应的实践，文化行为数据者可以提起民事诉讼。

6.3.3 文化大数据个人信息保护的政策建议

对文化大数据个人信息的保护，要求我们建立国家层面与地方层面相一致的文化行为数据保护法律，保证上下保护政策的一致性；建立国家立法、行政层面相一致的保护法律，保证法律与行政政策呼应，形成文化个人数据保护的循环立体结构。具体来讲包括以下几方面：

（1）出台文化大数据发展条例，对个人信息保护以专章形式加以规定，保证个人隐私和信息安全，保证数据安全与数据流通的稳定性，实行责任制，保证责任主体权责明确。

（2）建立与刑法、行政法、治安管理处罚法、文化大数据保护条例相一致的保护条款，通过刑罚、治安管理处罚、行政处罚的合理配置，建立不同部门法对责任竞合的共

① CAICT互联网法律研究中心.《2018加州消费者隐私法》简介与评析[EB/OL].[2019-07-19]. https://www.secrss.com/articles/5001.

同规制体系，加强对侵犯公民个人信息数据现象的打击力度。

（3）借鉴欧盟和日本等国家和地区的“放松收集环节，加强使用监管”的数据处理规则立法趋势，在使用、监管方面出台更严厉的保护措施与政策，设立专门的数据保护监管机构，明确规定数据资产所有权的归属，明确数据主体责任和数据处理规则。

与上述理论分析相对应，对于即将出台的文化大数据相关保护政策，我们可以采用在总则部分进行宣示性说明、在分则部分做出具体规定的方式来规范。

6.4 文化大数据监管中的法律问题研究

6.4.1 主要监管方式

法与社会秩序有着天然的联系，并把秩序作为社会意义上的、最基本的价值追求。也就是说，保护程度越高的法律，越容易实现社会秩序。我们在制定文化大数据监管政策和法律法规时，应注意充分保障文化基本权利、充分考虑文化大数据产业链的各个环节和数据收集、应用、流转、交易的各个流程。

在文化管理层面，应更多地以主动引导和帮扶的方式促进文化的发展。

文化与政府行政管理的关系是辩证的，国家有服务文化的义务，也有文化的形成权，这种文化形成权多是通过行政行为中给付的方式来引导和促进文化的发展的，例如对文化事业进行投资、减免税费等，而不是通过强制、命令、审查的方式。

当前我国文化事务仍以维护市场秩序为主要思路，表现在法律规范上就是以自上而下的监管视角为主，而立足文化产业、文化事业促进的立法较为少见。例如，电影、电视、广播、出版物、音像制品、营业演出等领域都有较为细致的管理规范，这些管理规范中规定的监管措施基本以维护市场秩序为主要思路，监管手段基本都是传统的行政许可、行政处罚等，对文化事业发展的特有规律及文化自主性较为忽视，文化产品、文化服务不同于其他商品的思想性、精神性、传播性等特质没有体现出来，将文化产业、文化事业、文化市场简单等同于一般的规范对象进行监管，反而突出了传统监管模式和规制手段不利于文化的自由发展与繁荣的一面。

《中华人民共和国行政许可法》第 13 条规定的立法精神，在文化大数据领域立法时应该得到遵守，即“凡公民、法人或者其他组织能够自主决定的”“市场竞争机制能够有效调节的”“行业组织或者中介机构能够自律管理的”“行政机关采用事后监督等其他行政管理方式能够解决的”事项，政府都要退出。凡可以采用事后监管和间接管理方式的事项，一律不设前置审批。”

大数据作为新的经济增长点，也是一项近年才发展起来的新兴事物，具有科技含量高、附加值高、资源消耗少、环境污染小等优秀特质，更加符合我国经济转型升级的历史背景，因此，应多运用补助、补贴、资助等给付行政的方式进行引导，少一些管制的色彩。

由于大数据监管的高度技术化，应该保证专业化的队伍从事监管政策的制定及执行。监管规则应偏向模型化、具体化，在完善基本原则的前提下，尽可能地制定详细的操作规则。根据文化大数据监管具有的客观性、模型化、电子化等特点，可以设定一系列数据处理模型，实现监管智能化。

6.4.2 监管的主体

近年来，我国文化数据产业发展迅速，资源日趋丰富，具备可持续发展的巨大潜力，文化大数据已进入繁荣发展的关键时期。在这样的发展态势下，为更好推动各地文化大数据工作的开展，仅依靠国家层面的文化主管部门是远远不够的，必须明确和强化地方人民政府文化主管部门的职责。

在协同监管机制上，文化大数据工作不仅涉及文化行业主管部门，也关联其他相关职能部门。为此，立法应明确县级以上人民政府其他有关部门在各自职责范围内，协助负责有关文化大数据工作。例如发展改革委、工信部、网信办、市场监管局、文物局、民委、宗教局等相关部门，都应当在职责范围内配合文化主管部门，建立联动或协作执法机制，共同促进和规范文化大数据的发展。

当然，上述行政机关既是监管者也是信息掌握者，亦是监管规则制定者，实际上是一种“既当裁判员又当运动员”的状况。因此，立法上应尽力明确其监管职责，限定其监管权的行使范围、行使目的、行使方式、行使程序及监管权限分配。建立行政责任追查问责机制。特别是对于由于行政机关本身原因导致的个人信息泄露等事件，应当给予通过司法途径获得救济及赔偿的权利和便利。

6.4.3 数据质量

在文化产业和文化事业领域，数据是连接文化产业事业发展实践和数据分析模型的基础，是对文化产业和文化事业各环节、各参与主体的描述，也是做出决策和预测的依据。文化数据质量不仅影响着文化数据的利用，也是科研工作中和流通中容易发生争议和纠纷的地方，因此确保数据质量意义重大。数据质量主要有四个方面的表现：完整性、准确性、一致性和冗余性，这四个方面都有可能在数据生成、采集、传递、存储、分析等过程中受到影响，因此成为数据质量控制的重点，也应成为监管的重要关注点。大数据在国内刚刚兴起，在文化事业领域的应用范围较小，应用水平不高，因而在文化大数据监管立法中可以针对文化数据的清洗、整合、相似检测、质量评估、质量过程控制和管理等对数据质量控制有意义的各个环节，建立相应的监管程序，并确定各个环节中的监管重点。

数据收集环节是文化大数据生产和应用的起始阶段，此后的数据存储、数据流通、数据分析、数据应用都以这一环节的源数据作为根基。在数据收集环节保证数据一致、实体统一以及数据的及时性，非常关键。

数据存储环节，非结构化数据数量庞大，难以运用关系型数据库中的二维表来进行存储，模糊失真和嘈杂混乱的特征比较突出。在存储阶段，非结构化数据增长迅速，几乎是成几何级数增长，目前较为常见的对策是将非结构化数据先转化整理为有序的结构化数据，再将这些数据合并存储后进行处理及分析。因而，非结构化数据的转换准确度十分重要，数据的完整性、有效性等都直接取决于此。而当大量非结构化数据与结构化数据合并时，问题将变得更加突出，数据的矛盾、失真等状况将频繁发生。随着文化大数据中非结构化数据的增加，这种数据的存储方式越来越难以应对现实的需要。为了保证文化数据质量，实现数据的完整有效存储，并为后期工作中数据挖掘、数据分析和应用提供坚实基础，文化大数据的数据存储方式应由传统的结构化数据存储转变为兼顾结构化与非结构化数据存储处理。

在数据的分析和应用环节，当前大数据存分析工具和分析方法尚处在起步阶段，数据质量检测和数据清洗工具十分稀缺。大数据背景下，传统的数据清洗技术和挖掘技术无法适应大数据的巨大规模和复杂类型，其应用的效果和速度难以胜任大数据环境下的数据质量监测和识别，对前期数据收集和存储阶段产生的质量问题无法有效解决。

针对上述几个环节中提到的现状和问题，笔者认为数据质量评估是文化大数据实现大规模应用的必要步骤。数据质量评估应能达到两个目标：一是能对整体或者部分文化数据的状况做出评估；二是能够使文化大数据用户能够了解其所使用的数据的质量。因而，文化大数据监管立法中应对数据质量评估机构做出具体规定，包括机构的设立、职责、地位等，并规定数据质量评估的法律效力。

在明确了文化数据质量评估主体之后，还应明确数据质量评估的要素，解决“怎样进行评估”的问题。数据质量评估要素应包括评估方法、评估对象、评估指标、评估结果等。要进行数据质量评估，相应的标准亦是关键参照系。数据质量标准主要针对各类文化大数据的质量提出具体的管理要求和相应的指标要求，确保数据在产生、存储、交换、使用和发布等各个环节中的质量，为文化大数据的广泛应用打下良好的基础，并对文化大数据全部生命周期的数据进行规范化的管理。主要包括数据质量评价、质量控制、元数据及数据模型规范和数据技术规范四方面标准①。

6.4.4 文化大数据交易监管

大数据交易是指以大数据为交易标的的商事交换行为，属于大数据产业链的关键环节，能够提升大数据的流通率，增加大数据价值。在大数据的发展浪潮中，数据交易已经成为现实。现阶段，我国大数据交易的交易对象基本以原始数据和粗数据为主，数据最终产品和数据分析结果流通在市场上较为少见。当前总体而言，数据聚合已经在不少产业里初具规模，但依然缺乏跨行业、跨领域流动，呈现“数据孤岛”效应；实现大数据的规模效应和战略价值，需要冲破“数据孤岛”，促进数据的自由流通。数据流通是数据生产和应用的关键环节，促进数据流通，一方面需要开放共享政府数据和公共事业大数据；另一方面需要通过数据交易充分发挥个人、企事业机构的数据价值。

文化大数据由于其特有的所有者属性及内容属性，在交易和流转上有必要进行一定程度的规制。由于文化大数据主要产生于公共文化机构和演艺团体，因此在进行法律规制时主要应从供给侧着眼，兼顾交易过程及需求侧。大数据交易行为的法律规制的着眼点应是在充分利用数据和防止滥用数据间的平衡，也是充分保障个人信息安全和降低交

---

① 吴素舫，柯平．我国文化大数据标准规范体系构建[J]．现代情报，2018，38(1)：25-30.

易成本间的平衡[1]。

从上位法对大数据交易的认可角度来说，《中华人民共和国网络安全法》确立了个人信息搜集的原则义务和责任，同时也明确规定，若数据经过处理，无法识别作为数据源的个人，则可以进行交易。《民法总则》将数据信息纳入知识产权保护的范围之内，规定经营者对消费者信息的收集必须明示其目的、方式和范围，并经消费者同意。

从文化大数据的内容构成上看，文化大数据主要包括[2]：

（1）文化机构的文化资源数据。藏品信息是文化机构最基础的数据。同时，在历次陈列展览和各种研究成果中所形成的文本、图片、音频和视频等数据也是文化机构基础数据的重要组成部分。文化机构的这些基础数据数量庞大，而且随着藏品和展览数量的增加以及新研究成果的产生，数据量也将不断增长。包括图书馆馆藏，即学位论文、期刊论文、报纸等文献资料，视频、音频等数字格式资料，善本古籍、名人手稿、地方志等各种类型的珍品特藏；博物馆拥有的藏品信息，包括藏品名称、时代、地点、质地、外形尺寸、流传经过、所属关系、用途、保存情况、评价、征集者和征集时间等文字类描述，图片、视频、平面扫描、三维立体扫描等影像类信息；美术馆收藏的各类美术作品，包括近现代美术精品、著名美术家的代表作品、重大美术展览获奖作品，以及年画、剪纸、皮影、刺绣等民间美术作品。

（2）资源访问量数据。用户对图书馆、博物馆、文化馆和美术馆等公共文化机构的各类文化资源的访问行为主要包括点击和下载。资源点击量和资源下载量这两类数据可以说明用户对某类资源的感兴趣程度，也说明了该类资源的可推广趋势。此外，对于某类资源，随着时间的变化，用户对其的感兴趣程度可能会发生变化，资源访问量变化趋势也可以作为评价资源的重要指标。

（3）应用访问量数据。图书馆、博物馆、文化馆和美术馆等公共文化机构在信息化过程中，形成了多种多样的应用系统。各类应用系统在运行过程中接受用户的访问量会各有区别，这些访问量反映了用户对各类应用的兴趣所在，从而也体现了各类应用的服务工作效能情况。此外，针对同一类应用系统，不同时间的访问量变化情况，也可以体现该服务的发展势头。

---

① 杨张博，王新雷. 大数据交易中的数据所有权研究[J]. 情报理论与实践，2018，41（6）：52-57.

② 孙一钢. 文化大数据应用规划[M]. 北京：国家图书馆出版社，2018：71.

（4）用户信息数据。包括：用户个人特征，即用户年龄、性别、职业、文化层次、地理位置、消费情况等；用户活动情况，即用户参与了什么活动，在什么展品前停留了多长时间，购买了什么纪念品，浏览了什么页面，在应用系统上浏览时间长短，用户的留言或评论等；用户数量信息，如某文化机构的年用户数量，每个展览的用户数量，参与活动的用户数量，不同时间段的用户数量等。用户信息数据既可以来源于文化机构的应用系统，又可以来源于博客、微博、微信、论坛等网络社交平台。这些数据的作用终端包括电脑、手机、数字机顶盒、阅读器、触摸屏等。

当前大数据交易模式可被划分为两种：一种是基于中介加处理的大数据交易平台的大数据交易，即以大数据分析后所获取的某种未知关系与信息为交易对象，其交易对象不涉及原始数据；另一种是基于纯粹中介的大数据交易平台的大数据交易，即交易平台本身不存储数据、不分析数据，而仅作为买卖渠道的一种交易模式。这分别对应国内的贵阳大数据交易所和中关村数海大数据交易平台①。

文化大数据内涵丰富，具有较高的经济和社会价值，亦对国家安全有一定影响，合法高效的文化大数据流通，对加强数据的利用、促进我国文化繁荣具有十分重要的意义，因此对文化大数据交易的监管势在必行。

就具体的文化大数据监管立法来说：

对各公共文化机构进行的大数据交易，应实行备案制度。图书馆、博物馆、美术馆等公共文化机构，在进行大数据交易之前，应向所在地文化行政机关进行详细备案。备案内容包括交易主体、资源内容和交易方式。需要特别说明的是，相较于审查制度，备案本身并不是非常强力的监管方式，其目的是为了促进大数据资源的交流和利用。财产权或所有权的分配应该是符合效率的，私法上的权利应该赋予能够以最大效率执行这些权利的主体。因此大数据权利边界的划分应主要遵循效率原则，兼顾公平原则。

6.4.5 推动行业自律

规则要成为秩序，需要相关部门对法律规范的有效执行，更需要社会认同和自觉遵守。要使文化大数据行业规范有序，来自法律、行政的监管是一方面，行业组织、从业人员的自律也十分重要。特别是文化领域具有的思想性、精神性、传播性等特点，使得

① 张敏，朱雪燕．我国大数据交易的立法思考[J]．学习与实践，2018（7）：60-70.

政府更应对介入文化领域事务保持一定程度的内敛和克制。将大量日常性的监督管理工作交由行业组织自己实施，更有利于政府保持一种超然的地位，不仅能更有效率地实现监管目的、回避政府直接“下场”导致的各种副作用，也使政府更有精力关注核心价值观和重大公共利益这样更高位阶的事务。

文化行业组织是由文化行业的专业人士和从业主体组成的自我约束、自我管理的非营利性社会团体组织，一般通过组织章程、自律公约、行为准则等方式开展行业自律，在政府主管部门和文化从业主体间发挥沟通和协调作用，是行业主体利益主张和权利要求的代言人，也是繁荣和规范文化大数据的重要力量。文化大数据产业的发展，可以借助行业组织的作用。文化行业组织应按照大数据产业发展的规律和要求，不断完善调整行业组织的职责和运作机制，在反映诉求、提供服务、规范行为等方面发挥积极作用，成为联结政府和文化数据产业的桥梁。

目前我国比较知名的文化行业组织有中国图书馆学会、中国博物馆协会等。在文化和旅游部的指导下，各行业组织为推动中国文化事业繁荣发展发挥着重要作用。文化行业组织应根据有关文化、数据方面的法律规范，以及其他一般性法律法规，制定相应的文化大数据行业自律规范，对会员的行为进行约束和指导，对会员的职业道德进行教育和引导。立法也应加快制定建议性的行业指导、网络隐私认证、责任界定等的有关标准，加强对相关行业使用个人信息的规范管理，加快完善相关岗位工作人员的规范管理和有效监督机制。

6.4.6 个人信息的保护

总结现有的涉及个人信息权利产生的法律规范，个人信息在立法中进行明确定义，始于2012年《全国人大常委会关于加强网络信息保护的决定》第一条“国家保护能够识别公民个人身份和涉及公民个人隐私的电子信息”。从中可见，个人信息的保护被分成了个人信息权和隐私权两部分，个人信息权主要是对个人身份信息的保护，隐私权主要是对个人隐私信息的保护。根据本书的立意，文化大数据一般较少涉及个人隐私信息，而必然会涉及个人身份信息，因此，本书关于个人信息保护的内容，主要是针对身份信息而言的。

2016年《网络安全法》，首次从立法层面定义“个人信息”，对“个人信息”进行了不完全列举。

2017年发布的《民法总则》第111条首先明确了自然人的个人信息受法律保护，

明确要求需要获取他人信息的组织和个人需要履行“依法取得”和“确保信息安全”的双重义务，虽然没有明确提出要以信息主体“同意”为前提，但由于在《网络安全法》第41条、《全国人大常委会关于加强网络信息保护的决定》第2条等专门法律均要求在得到被收集者“同意”的情况下，才可以采集、利用其资料，因此“依法取得”暗含了“个人知情和同意”的前提。

作为《民法总则》第五章《民事权利》的一部分，个人信息权作为一项法定权利，也必然有其相对应的义务及义务主体。首先说一般主体，个人信息权是一项绝对权利，则特定的人享有这项权利的时候，其他任何人都负有不侵害他人信息的义务，即一般主体的一般义务。比一般主体更为重要的是特殊主体。《民法总则》对特殊主体的特别义务做出了规定：“任何组织和个人需要获取他人个人信息的，应当依法取得并确保信息安全，不得非法收集、使用、加工、传输他人个人信息，不得非法买卖、提供或者公开他人个人信息。”从文意可见，特殊主体即有权获得他人个人信息的人，包括自然人、法人、非法人组织，放到文化大数据的领域来看，就是能够接触到个人信息的公共文化机构（包括图书馆、博物馆、美术馆等）。其特殊义务，就是法条中所说的原意，包括应依法收集、不得非法收集、使用、加工、传输他人个人信息，不得非法买卖、提供或者公开他人个人信息等①。

因此，从监管角度，文化大数据领域内“保护个人信息”这一主题，重点应放在对获取个人信息的特殊主体，也就是公共文化机构的监管上。

表6–1　个人信息保护相关立法

法律规范	具体内容	位阶	制定主体	年份
《民法总则》	第一百一十一条　自然人的个人信息受法律保护。任何组织和个人需要获取他人个人信息的，应当依法取得并确保信息安全，不得非法收集、使用、加工、传输他人个人信息，不得非法买卖、提供或者公开他人个人信息。	基本法律	全国人大	2017
《全国人民代表大会常务委员会关于加强网络信息保护的决定》	第二条　网络服务提供者和其他企业事业单位在业务活动中收集、使用公民个人电子信息，应当遵循合法、正当、必要的原则，明示收集、使用信息的目的、方式和范围，并经被收集者同意，不得违反法律、法规的规定和双方的约定收集、使用信息。 网络服务提供者和其他企业事业单位收集、使用公民个人电子信息，应当公开其收集、使用规则。	一般法律	全国人大常委会	2012

① 杨立新.民法总则精要10讲[M].北京：中国法制出版社，2018：154-156.

续表

法律规范	具体内容	位阶	制定主体	年份
《网络安全法》	第四十一条　网络运营者收集、使用个人信息，应当遵循合法、正当、必要的原则，公开收集、使用规则，明示收集、使用信息的目的、方式和范围，并经被收集者同意。 网络运营者不得收集与其提供的服务无关的个人信息，不得违反法律、行政法规的规定和双方的约定收集、使用个人信息，并应当依照法律、行政法规的规定和与用户的约定，处理其保存的个人信息。 第七十六条　本法下列用语的含义： （五）个人信息，是指以电子或者其他方式记录的能够单独或者与其他信息结合识别自然人个人身份的各种信息，包括但不限于自然人的姓名、出生日期、身份证件号码、个人生物识别信息、住址、电话号码等。	一般法律	全国人大常委会	2016
《电信和互联网用户个人信息保护规定》	第四条　本规定所称用户个人信息，是指电信业务经营者和互联网信息服务提供者在提供服务的过程中收集的用户姓名、出生日期、身份证件号码、住址、电话号码、账号和密码等能够单独或者与其他信息结合识别用户的信息以及用户使用服务的时间、地点等信息。 第八条　电信业务经营者、互联网信息服务提供者应当制定用户个人信息收集、使用规则，并在其经营或者服务场所、网站等予以公布。 第九条　未经用户同意，电信业务经营者、互联网信息服务提供者不得收集、使用用户个人信息。 电信业务经营者、互联网信息服务提供者收集、使用用户个人信息的，应当明确告知用户收集、使用信息的目的、方式和范围，查询、更正信息的渠道以及拒绝提供信息的后果等事项。 电信业务经营者、互联网信息服务提供者不得收集其提供服务所必需以外的用户个人信息或者将信息用于提供服务之外的目的，不得以欺骗、误导或者强迫等方式或者违反法律、行政法规以及双方的约定收集、使用信息。 电信业务经营者、互联网信息服务提供者在用户终止使用电信服务或者互联网信息服务后，应当停止对用户个人信息的收集和使用，并为用户提供注销号码或者账号的服务。	部门规章	工业和信息化部	2013

6.5　文化大数据安全保障法规制度建设

大数据技术具有大量、多样、高价值和高速等特点，其更加注重事物整体性和事物之间的关联性。大数据技术在提升数据价值的同时，数据安全问题也伴随而来。目前，传统的数据安全保护技术和政策已无法满足大数据环境下的数据安全问题。大数据时代实时在线计算、海量数据访问、实时的数据流动、频繁的数据流转和交换利用等业务和技术需要新的安全防护方案给予支撑。

6.5.1 文化大数据安全特征

（1）风险聚合性。图书馆、档案馆、文化馆、博物馆等公共文化服务机构具有大数据的规模优势，容易形成风险聚合效应。大数据时代，越是数据化、网络化，数据安全面临的风险就越高。各类公共文化服务机构拥有的资源数据在数字化场馆或共享平台整合利用，如果有黑客发动袭击，可以很快控制多台计算机，这会引起巨大的损失。

（2）动态泛在性。首先，安全问题广泛存在于文化大数据整个生命周期。主要表现在：规模大，难以及时采集和有效分析；类型多，难以合理存储和规模管理；生成流转速度快，难以有效捕捉和快速传输；价值密度高，敏感数据汇集，难以有效管理并提供安全利用。其次，数据的实时性和流动性使存在安全隐患的信息易向不同领域、不同部门和不同阶段快速扩散转移，安全问题呈现出移动性，安全风险边界拓展，监测和管控难度增加。

（3）隐蔽关联性。一方面，文化大数据的价值具有隐蔽关联性。数据的指数级增长可能会造成信息泛滥和冗余，一些碎片化信息只有在聚集和被挖掘之后才能呈现其隐含价值。因此，如何甄别价值信息并进行安全等级分级保护成为公共文化服务机构面临的难题。另一方面，文化大数据的利用安全具有隐蔽关联性。大数据环境下，用户在线利用资源信息改变了传统信息的传递方式，同一信息可以被多人访问，同一用户可以访问多种信息，访问需求复杂且动态变化，使资源数据安全问题难以被及时发现和预测①。

6.5.2 文化大数据安全风险

我国不断注重加强信息网络安全相关的技术创新发展，但仍然和发达国家的信息安全技术有明显的差距，这种差距可能会带来国家层面的数据安全风险。同时，我国关于数据风险安全的法律政策仍处于不断探索前进阶段，没有形成完善的相关政策法律体系，这直接影响着我国各层级、各地区对网络数据安全的监控和管理。

从风险损害对象来看，如果单纯考虑开放共享数据政策，不仅可能会造成数据本身的安全问题，同时也会给国家和个人带来安全风险。

（1）国家层面的信息数据安全风险。数据作为大数据时代的重要战略性资源被各个国家予以重视，而在互联网极其开放的今天，数据主权却难以界定，因此造成了关于跨

---

① 肖秋会，李珍．大数据环境下档案信息安全保障体系研究[J]．中国档案，2018（4）：76-79.

境数据的归属、使用权利、管理权限等内容的纠纷。常见的现象是西方发达国家利用技术优势获取发展中国家的数据，加之开放数据运动的推行更促进了其他国家对国外开放数据的获取和分析，对国家及社会层面造成直接或间接的影响和威胁。如，美国利用其先进的 IT 产业可以通过本国诸如《对外情报监控法案》等法律规定合理合法地获取其他国家 IT 用户的数据。对美国而言，这种行为有利于情报的搜集分析和战略决策，但对于其他国家就造成了不同等级的数据安全威胁甚至是国家层面的危险①。

（2）个人层面的信息数据安全风险。大数据时代，个人信息保护面临前所未有的新挑战。首先，随着移动互联网的普及，个人信息的收集日益密集和隐蔽，人们在享受移动互联网提供的便捷生活的同时，也面临着个人信息在不知情的情况下被过度采集的风险；第二，利用大数据技术对匿名数据进行挖掘和追踪，最终形成完整的个人画像，使人无处遁形，比如图书馆虽然可采取预防措施，如隐私数据匿名处理、去除敏感信息、弱化数据相关性等，但是数据分析师仍可对大数据进行二次挖掘以及相关性分析，从而发现读者的隐私信息；第三，大数据技术能通过特定算法从既有信息中挖掘出新结论，这些结论可能用于影响个人权益的决策，如根据个人在图书馆借书逾期情况评估个人信用状况等②。总之，大数据时代，个人隐私及数据安全面临严峻威胁。如 2018 年，Facebook 被曝出隐形收集用户数据，并把这些数据分享给了一些企业。其中剑桥分析公司在未经授权的情况下，获取了 Facebook 上 5000 万用户的信息，分析辨别这些用户的性格特点和行为偏好，完成用户自画像，然后通过相应的算法模型，向他们推送相应信息，影响这些美国选民的选举行为。

从风险产生来源来看，文化大数据的安全风险可包括网络安全风险、数据安全风险和服务安全风险。

（1）网络安全风险。网络是文化大数据活动的基础，也是风险源头和传播媒介。首先，文化大数据安全的风险聚合性为黑客提供了更多的攻击入口，基于单一边界、控制点的传统网络安全技术难以应对骤增的安全威胁。互联网提供了数十亿的安全漏洞，黑客不需要高超的技术就能轻易实施攻击。其次，黑客可以利用大数据技术发起长期隐蔽的新型网络攻击，如僵尸网络、分布式拒绝服务攻击、高级持续性威胁等，使传统安全

---

① 闫倩，马海群．我国开放数据政策与数据安全政策的协同探究[J]．图书馆理论与实践，2018（5）：2.

② 范为．大数据时代个人信息保护的新思路[EB/OL]．[2018-11-09]．http://www. xinhuanet. com//info/2016-01/29/c_135057434. htm.

防御系统失去作用。再次，各公共文化场馆提供的免费无线网络、图书馆提供的电子阅览室使机构内网直接暴露在黑客攻击下，这往往比外网攻击更难防范。2016 年我国某西部区县图书馆就遭到了比特币勒索病毒的攻击，所有数据文件均被加密，数据全部丢失，使图书馆业务陷入瘫痪①。

（2）数据安全风险。数据安全涉及公共文化服务机构用户数据的保密性、真实性、完整性、可用性等方面，其中尤以数据保密性最为重要。从数据传输来看，网络是安全防护最为薄弱的环节，数据面临篡改、丢失和泄露等风险；从数据存储来看，随着数据类型复杂度越来越高，数据更多存储于“私有云”或“公有云”空间，这会带来新的安全风险。

（3）服务安全风险。信息共享和服务是大势所趋，但风险也应运而生。首先，大数据技术应用于公共文化服务机构用户数据，可以挖掘出数据中隐含的深层信息，这可能使原本可供利用的安全信息变成敏感信息，管理者若没有及时发现就对外开放利用会带来泄密风险。其次，公共文化服务平台上产生大量的用户数据，既包括账号密码、年龄性别、家庭住址等基本信息，也包括查询浏览活动产生的利用偏好、行为轨迹等衍生信息。目前，大数据时代，个人信息成为一种商业资源，一旦被不法分子利用就很可能使用户个人隐私被侵犯②。

6.5.3 国外关于大数据安全保障的立法与政策

1. 国家数据安全保障制度

建立国家的数据信息安全保障制度是保障国家数据主权的要求。各国对网络数据安全领域的立法也不断增多，网络数据安全的立法边界逐步扩大，从传统的集中于提高网络安全技术水平、信息系统安全、标准、组织机构等内容，逐步开始与其他法律融合，如与网络安全、反恐密切相关。

美国一向很重视网络安全立法。2015 年 12 月，《美国网络安全法》获得美国国会通过。该法的颁布，进一步推动了美国网络安全法律的发展进程，意味着美国政府在网络空间防控的优化升级与信息资源整合上迈出了重要一步。2017 年 5 月，美国总统特朗普签署了一项网络安全行政令，旨在改善美国网络安全，提高网络安全水平，使美国

① 吴蛟鹏. 大数据时代图书馆信息安全问题探讨[J]. 图书馆研究与工作，2017(8):45.

② 肖秋会，李珍. 大数据环境下档案信息安全保障体系研究[J]. 中国档案，2018(4):77.

摆脱长期处于网络攻击的阴影状态。美国政府之所以容易受到网络攻击，是因为各机构独立掌控网络服务系统，导致过度依赖的情况发生，因此难以抵御网络侵袭。而新行政令将各部门和机构视为整体，为不同机构提供共享网络服务，制定更为强大的网络威慑策略，以提升网络空间抵御风险的能力。此项行政令主要聚焦三方面：保护联邦网络、保护重要基础设施、保护公共网络。2018 年 8 月，美国参议院通过了《小企业网络安全法案》，该法案将依托美国国家标准与技术研究院（NIST）制定的标准和技术优势提升小型企业应对网络攻击的能力，保护小型企业免受网络攻击。由于小型企业缺少足够的资金和人力资源，应对网络攻击的能力与大公司存在巨大的差距，该法案将大型和小型企业的个人数据一视同仁，将其敏感程度放在同一位置，同时为小型企业提供技术和资金支持，以此缩小两者之间的差距①。

在网络信息安全方面，欧盟则先后通过了《部长理事会信息安全领域决定（92/242/EEC）》《部长理事会攻击信息系统的框架决定（2005/222/JHA）》《欧盟议会与部长理事会建立欧盟网络与信息安全局的规章（460/2004）》《部长理事会关于确定与认定欧盟关键基础设施以及加强保护必要性评估的指令（2008/114/EC）》。

日本是亚洲对网络安全最为重视的国家之一。早在 21 世纪初，日本政府就开始定期发布信息安全战略。2013 年，日本政府发布了首个《网络安全战略》。2014 年日本通过了《网络安全基本法》。该法从网络安全的定义、基本理念、相关者的责任、法律促使、行政机构、战略、基本政策措施等方面进行了规定，是日本网络安全的基本法律。根据该法，日本政府于 2015 年设立了由阁员组成的“网络安全战略本部”，并于同年制定了新的《网络安全战略》。随着物联网技术不断发展，网络攻击对稳定安全的日本国民生活造成威胁，甚至出现个别国家参与网络攻击的事例，有鉴于此，2018 年日本发布了此后三年的《网络安全战略》，日本政府将采用新的网络攻击评估和公布标准，把针对水电、机场等重要基础设施的网络攻击按照严重程度分成 0 到 4 共五个级别，以便于各相关部门等准确掌握事态的严重程度，妥善采取应对措施。

2. 个人数据安全保障制度

当前，欧盟与美国的信息化发展程度较高，相应的立法也走在世界前沿。从针对大数据环境下个人数据保护的法律制度来看，目前欧盟模式和美国模式是全球最有影响的

① 蔡婧璇，黄如花. 美国政府数据开放的政策法规保障及对我国的启示[J]. 图书与情报，2017（1）：10–17.

两种模式。

欧盟一直是数据保护领域的立法先驱。欧盟模式是统一的立法，通过综合确定个人数据保护各项基本原则，并设立专门的机构来监督法律实施。欧盟的数据保护法相对严格，欧盟及其成员国的法律基本将与特定的个人有关的所有信息都归属于个人数据的范围，对个人数据尽可能给予最大限度的保护。其中最基本的一些数据保护规则是：在数据采集发生前获得通知的权利、获取数据的权利、数据变更或删除的权利、反对采取某些数据处理方式的权利、不让种族和宗教信仰等信息予以记录的权利。其中最基本的原则是，个人应获得有关数据采集的通知，以及不能有任何秘密采集数据的行为。早在1981年，欧盟理事会就通过了《有关个人信息自动化处保护公约》；1995年欧盟通过了《关于个人数据处理保护与自由流动指令》，很快就成为世界各国个人信息隐私保护以及数据领域法律文件和国际协议制定中的范例，该指令后被2016年5月通过的《一般数据保护条例》（简称GDPR）替代；2002年通过了《电子信领域个人数据处理和隐私保护的指令》（简称ePD指令），并于2017年1月10日进行了最新的修订。针对性隐私保护指令ePD指令与一般性的综合数据指令GDPR共同构成了欧盟数据保护法两大支柱，为欧盟公民个人数据权利和隐私保护提供坚实保障基础，赋予数据主体包括访问权、纠错权、被遗忘权、限制处理权、反对权和自决权等权利，对数据控制者处理构建了相应的义务体系，并通过相关的监督机构设置、域外效力条款和高昂罚则充分保障了数据护法律制度实施，具有极强的法律震慑力和适用性。

美国则是行业自律模式的倡导者，采用分散式立法模式，成文立法散见于联邦、各州规定之中，辅以行业内部的行为规则、规范、标准和协会监督，在充分保证个人数据自由流动的基础上保护个人数据，实现行业内个人数据保护自律和利益保护的平衡。当大数据技术及其应用的环境在世界各地成熟以来，美国对于大数据技术一直是支持与鼓励的积极态度，美国政府主张利用大数据提供公民福利。美国隐私权法案没有综合性的、覆盖公共部门和私营部门的《数据保护法》，对隐私权问题的监管在联邦和州两个层面进行。在公共部门范畴下，通过制定《信息自由法》和《隐私法案》限制公权力侵犯个人信息权利；在私人部门范畴下，在金融、电信、医疗等行业领域的市场管理规则中针对不同情况嵌入信息保护条款。同时，作为高度重视新技术发展和创新的国家，美国在信息保护方面推行行业自律，包括通过网络隐私权保护的自律组织制定行业指引或提供隐私认证。2014年5月，美国总统办公室发布了白皮书《大数据：把握时机，守护价值》，从政策调整、法律制定、法律解释和技术革新几个方面对大数据时代下完善公民数据保护提出了建议。2015 年 10 月，美国通过了《网络安全信息共享法》，明确规定了个人隐私、自由等权利的保护。此外，针对教育、娱乐、文化消费等行业，美国立法也遵循公平信息实践原则，采取“告知与同意”框架，按照行业领域进细分。而针对大数据安全方面的复杂性，2014 年美国国家标准与技术研究院（NIST）发布《提升关键基础设施网络安全的框架》1.0 版本。该框架提供了保护个人隐私的方法，以及一般注意事项和流程，描述了风险管理活动中涉及个人隐私的一般类别①。

韩国的个人信息保护法制曾采用“二元化立法体系”，即公共部门与民间部门分别制定个人信息保护的相关法律，同时公共部门和民间部门也适用不同的个人信息保护法律。这种模式因其立法体系不均衡，逐渐显露出不足。2011 年韩国颁布了《个人信息保护法》，这一保护法扩大了个人信息保护的范围，消除了以往个人信息保护的灰色地带；对个人信息的含义做出了明确规定；确立了个人信息保护的原则；构建了全方位的个人信息保护体系；明确了“个人信息自决权”，即“每个人都有权决定是否将个人数据信息交付并提供给他人、社会和国家利用的权力”。由此，该法使韩国的个人信息保护立法从二元化走向了一元化，实现了个人信息保护的统一立法②。

6.5.4　我国文化大数据安全保障立法与政策

在我国，国家及政府部门为推动大数据产业经济的发展，尤为关注大数据安全，逐步制定了一系列相关的法律与政策。关于文化大数据安全保障的措施也体现在这些法律与政策中。

1. 我国的国家数据安全保障立法

我国有关网络安全的立法虽然起步较晚，但取得了较大进展。2000 年全国人大常委会颁布《关于维护互联网安全的决定》。2015 年颁布的《国家安全法》第二十五条规定：“国家建设网络与信息安全保障体系，提升网络与信息安全保护能力，加强网络和信息技术的创新研究和开发应用，实现网络和信息核心技术、关键基础设施和重要领域信息系统及数据的安全可控；加强网络管理，防范、制止和依法惩治网络攻击、网络入

① 汪坤. 从各国数据保护法律法规看数据保护要点[J]. 现代电信科技，2017，47（3）：61-64.

② 康贞花. 韩国《个人信息保护法》的主要特色及对中国的立法启示[J]. 延边大学学报（社会科学版），2012，45（4）：67.

侵、网络窃密、散布违法有害信息等网络违法犯罪行为，维护国家网络空间主权、安全和发展利益。”2015 年 8 月，国务院印发《促进大数据发展行动纲要》，提出网络空间数据主权保护是国家安全的重要组成部分，要求不断完善安全密保管理规范措施，提高管理水平，切实保障数据安全。2016 年 3 月，十二届全国人大四次会议表决通过了《关于国民经济和社会发展第十三个五年规划纲要》，提出加强数据资源安全保护，具体表现为要建立大数据安全管理制度、实行数据资源分类分级管理和保障安全高效可信应用。2016 年 12 月，国家互联网信息办公室发布《国家网络空间安全战略》，提出要实施国家大数据战略，建立大数据安全管理制度，支持大数据、云计算等新一代信息技术创新和应用，为保障国家网络安全夯实产业基础。2017 年 9 月，中国信息通信院发布的《互联网法律白皮书》中提到我国现行网络数据安全的相关立法现状和将来需要关注的重点建议，提出我国未来将在《网络安全法》的法律框架下通过完善网络安全领域配套规定形成网络安全法律体系。

2. 我国的个人信息数据保护立法

2012 年 12 月，全国人大常委会发布的《全国人大常委会关于加强网络信息保护的决定》中表示，国家将对涉及公民个人身份信息、隐私信息的电子信息进行保护，并要求网络服务提供商、相关企事业单位有责任确保在业务活动中收集的公民电子信息不被泄露、损毁、丢失，保障公民个人信息安全。2013 年 7 月，工业和信息化部发布了《电信和互联网用户个人信息保护规定》，该规定是对全国人大常委会《关于加强网络信息保护的决定》的贯彻落实，进一步强调了互联网信息服务提供商、电信服务商等收集使用公民个人信息等行为的规范和要求。2016 年 11 月，全国人民代表大会常务委员会发布了《中华人民共和国网络安全法》，要求网络运营者采取数据分类、重要数据备份和加密等措施，防止网络数据被窃取或者篡改，加强对公民个人信息的保护，防止公民个人信息被非法获取、泄露或者非法使用；要求关键信息基础设施的运营者须在境内存储公民个人信息等重要数据，当网络数据确实需要跨境传输时，需要经过安全评估和审批。2017 年 3 月 15 日起通过的《中华人民共和国民法总则》第一百一十一条规定：自然人的个人信息受法律保护。任何组织和个人需要获取他人个人信息的，应当依法取得并确保信息安全，不得非法收集、使用、加工、传输他人个人信息，不得非法买卖、提供或者公开他人个人信息。此次为首次从民事基本法层面提出个人信息权，并明确了个人信息保护的基本行为规范，不仅意味着组织或个人对个人信息的获取应当通过合法途径，同时还规定了获取个人信息的组织或个人还负有确保信息安全的义务，获取信息后必须做好安全保障措施，防止因管理不当、处置不当导致个人信息泄露、毁损、篡改或者丢失等。2017 年 5 月 8 日，最高人民法院、最高人民检察院发布《关于办理侵犯公民个人信息刑事案件适用法律若干问题的解释》，进一步明确了侵犯公民个人信息罪行的适用条件。基于全面保护公民个人信息的现实需要，司法解释还明确了“公民个人信息”的范围，分为身份识别信息和活动情况信息。具体而言，是指以电子或者其他方式记录的，能够单独或者与其他信息结合识别特定自然人身份，或者反映特定自然人活动情况的各种信息，包括姓名、身份证件号码、通信通讯联系方式、住址、账号密码、财产状况、行踪轨迹等。除了上述原则性、宣示性的法律法规以外，我国还出台了规范性文件，在实操方面予以指导。国家标准化管理委员会于 2017 年 12 月 29 日正式发布了《信息安全技术个人信息安全规范》，在个人信息的收集、保存、使用、分享等多个方面制定了具体落实措施①。

总之，我国关于数据安全已有现行的法律，这意味着在解决数据安全问题上，有强制效力的法律约束；但仍需紧跟网络信息发展脚步，不断修正与完善。

6.5.5 文化大数据安全保障政策体系

文化大数据安全保障是对大数据在采集、存储、挖掘、开放、应用、传输等多个环节中的安全进行管理与维护。文化大数据安全保障不可能通过单一政策实现。只有建立内部系统互相配合、补充、协调的政策体系，厘清政策思路，确定基本原则，才能科学有效地实现政策目标。

1. 基本原则

基于保障对象，保障策略应将制度、管理、技术整合为有机整体，从治理着眼，从管理出发，用技术落实，实现覆盖生命周期的安全防护。

2. 总体框架

组织架构措施：构建自上而下的组织结构体系，包括国家层面的治理组织、机构层面的管理组织和具体的执行组织。治理组织可由文化与旅游部成立专门的安全保障机构，制定大数据环境下的安全战略规划、政策并推动法规标准的建立及完善，进行宏观监督指导；深入开展数据安全规范和技术规范的研究工作，不断丰富和升级网络安全标

① 李海英. 大数据的法律挑战和建议[J]. 大数据，2016(2)：100-107.

准规范体系。管理组织负责制定具体措施，实现上层目标，确保业务活动严格遵循法规标准要求。执行组织则综合运用技术等手段开展系列活动，落实安全保障措施。通过构建组织结构体系，进行权责划分并制定相应的问责制度，有助于提高安全意识，规范参与者行为。

人才培养措施：建立健全文化大数据安全管理人才培养机制。人才培养中要针对大数据带来的技术风险及当前技术应用的不足，优化公共文化服务人才结构及人才知识结构，强化自律机制。

财政金融措施：发放财政预算、补贴、奖励等对大数据安全保障工作给予支持，明确具体额度及支持办法；对文化大数据安全平台建设，制定支持办法或机制。

伦理引导措施：倡导和宣传文化大数据伦理，引导公共文化服务机构以文化大数据伦理规范作为安全保障工作的基本底线。文化大数据伦理规范应建立在以下四个基础之上。一是以人为本，主要包含两层含义：其一，文化大数据信息属于个人资产，其所有者的存放行为并不会改变其对个人信息的所有权；其二，始终坚持“人”为文化大数据信息技术研究、发展、应用和加工的目标主体，要把人的发展作为促进技术进步的标准。二是无害，即利用计算机以及信息技术给其他网络空间和主体造成间接或者直接的伤害是不被允许的。在进行文化大数据信息搜集、发掘的过程中，行为者负有避免影响社会和侵犯他人隐私的责任和义务。三是同意。公共文化服务机构为用户提供信息服务的同时获取了用户的数据，这本质上是价值平等的交换，因此在提取个人信息或者将个人信息用于其他目的时，行为者有义务使利害关系人充分知晓其数据的存储内容、使用情况以及潜在风险，由用户自主决定是否给出授权。四是安全责任。在文化大数据储存、传输和使用过程中，公共文化服务机构应该有安全责任意识，为数据提供者履行安全义务①。

法律标准措施：国家应基于国内外信息安全法规标准、大数据安全标准，针对公共文化机构资源数据和用户数据的信息安全需求，结合未来发展趋势，对当前已经颁布实施的数据保护法律政策加以完善，同时针对大数据应用发布针对性的指引文件。法规层面应完善档案数据权属和个人隐私保护等法律法规，通过立法明确各利益相关者的权利与责任，特别要对哪些数据未经授权不得私自采集、哪些数据属于敏感数据、哪些非敏

① 闫倩，马海群. 我国开放数据政策与数据安全政策的协同探究[J]. 图书馆理论与实践，2018(5):2-3.

感数据通过二次或三次组合可能会成为敏感数据、泄露敏感数据应如何惩罚等问题加以明确。标准层面可基于安全风险，构建包括基础安全、数据安全、平台安全、服务安全和技术安全标准等在内的动态体系，并逐步完善更新；大力引导政府、公共文化服务机构乃至全社会注重数据安全问题，将数据开放目录、范围及标准的制定与保护网络文化大数据安全的范围边界、责任主体及具体要求的规定细化结合；重视文化大数据标准化工作，关注文化大数据生命周期的安全管理，尽可能为采集、传输、存储、发布、利用等环节提供具体标准指南，使数据脱敏、清洗规范化，防止数据泄露①。

行政监管措施：国家应妥善处理数据安全与数据开放的关系，审慎监管，在推动开放共享数据资源的同时探索完善保密的管理规范措施，加强国家利益、个人隐私等相关信息安全保护。建立数据安全与数据开放协调发展的保障体系和评估体系，文化大数据中心等应全面开展备案和测评等工作。公共文化服务机构对不同等级用户的数据接入和使用权限进行严格区分和规范，如任何单位和个人不可擅自利用和发布未经授权或超出授权范围的文化大数据，更不能使用非法手段获取数据。同时，要严格按照国家保密规定来管理涉及国家秘密的文化大数据。公共文化服务机构应健全大数据安全管理制度、操作规程和技术规范，强化统筹管理，协调监督，保障文化大数据安全。

技术防护措施：国家要大力推进数据安全防护技术研发，鼓励科研院所和企业协作开展大数据技术产学研转化，从技术方面提高信息安全管理级别。采用安全、信誉高的产品、服务、基础设施，建设国家文化大数据安全信息汇聚共享和关联分析平台；建立文化大数据安全监测和预警系统，建立网络安全通报和应急处置联动机制；切实加强信息资源开放平台监测管控中的防攻击、防泄露、防窃取、重隐私的应急处理能力。公共文化服务机构要加快研发数据安全保护技术，不断提高自身技术水平，提高自身对抗非法入侵的能力；加强数据加密技术，采用电子实名认证和数据访问控制等手段，规范数据接入、使用和销毁过程的痕迹管理；公共文化服务机构应建立数据容灾备份工作机制，定期对大数据进行备份和恢复检测，实现大数据的长期保存和归档管理②。

社会监督措施：社会监督有利于文化大数据使用者培养道德自觉。一方面，公共文化服务机构倡导行业自律，创建互联网行业自我约束制度。采用严格完善的利益奖罚制度规范缺乏社会责任感和自制力差的行业人员的行为。另一方面，重视媒体评价的舆论

① 田维琳．大数据伦理失范问题的成因与防范研究[J]．思想教育研究，2018（8）：107-111.

② 肖秋会，李珍．大数据环境下档案信息安全保障体系研究[J]．中国档案，2018（4）：76-79.

引导作用，利用各类网络技术对文化大数据道德行为进行积极评价，对网络道德悖论和大数据利用的不道德事件进行如实报道，从正反两方面引导网络道德①。

6.6 小结

文化大数据法律政策研究一章，旨在通过研究软性法律法规，对文化大数据的发展进行保护、引导、支持与鼓励。文化大数据依然处于兴起阶段，在这一阶段内，如果我们过多采取规制的法律手段，将不利于文化大数据的行业发展。但若不采取相应措施进行法律保护，也无法对行业内的一些问题、现象进行统一规范。因此，采取建设性更强、保护性更强的软性条文进行保护性规定，是本章研究的最终目的。本章的主要研究观点及研究成果如下：

第一，提出《文化大数据服务管理办法》（研究建议稿）。

《文化大数据服务管理办法》（研究建议稿）是法律研究部分的最重要成果。建议稿分为六章，包括总则、文化大数据收集与利用规则、标准管理、服务和监管、安全管理、法律责任六个部分，从定义到保护措施等方面，对文化大数据行业发展提出了建设性的保护方式。具体内容参见本书附录。

第二，对文化大数据当中的重点问题进行概念的厘清，包括：

（1）文化大数据所有权问题，提出的解决方案如表 6–2。

表 6–2 文化大数据所有权分类表

分类	一级分类	二级分类	利用规则
场景一	以包含个人信息的文化大数据为流通对象的场景	用户不许可个人信息再次使用的情景	对用户个人信息进行采集时，需要获得用户的认可与同意，在用户不同意相关隐私条款的情形下，我们认为原始文化行为数据的所有权人应为用户本人，个人拥有对文化行为数据的绝对权力。
		用户许可个人信息再次使用的情景	公共文化服务机构享有占有权利。
			公共文化服务机构享有有限度的使用、收益、处分权利。
			文化大数据底层数据所有权：归公共文化服务机构所有。

① 田维琳. 大数据伦理失范问题的成因与防范研究[J]. 思想教育研究，2018（8）：111.

续表

分类	一级分类	二级分类	利用规则
场景二	以内含知识产权的文化大数据为流通对象的场景		在遵循相关知识产权法律的基础上，对原知识产权提供者进行付费使用，同时对新产生的数据，其所有权归公共文化大数据服务机构所有。
场景三	以强制公开的公共文化大数据为流通对象的场景		尽量完全公开，向社会公众开放，所有权归公共文化服务机构所有，但由于表达不具有独创性，其上并不能够生发出知识产权等财产性权利。社会公众对于此类数据的二次利用所产生的新数据、作品、成果等，知识产权与所有权归个人所有。

（2）文化大数据的开放规则——分级开放，如表 6-3。

表 6-3　文化大数据开放规则

分级开放规则	分层级开放业务数据、网络数据，有限度地开放管理数据。
	谨慎开放涉及个人信息的文化大数据。
	全面开放不涉密的含有知识产权的公共文化大数据。

（3）文化大数据个人信息保护规则，如表 6-4。

表 6-4　文化大数据个人信息保护规则

文化大数据个人信息保护权利束	数据披露请求权
	数据删除请求权
	退出选择权
	诉讼权

7　文化大数据人才培养策略

大数据时代的到来，使社会生产生活模式发生了重大变革，各行各业对大数据人才的需求日益旺盛，使大数据人才的培养工作愈发重要。因此，文化领域需要建立科学、有效的文化大数据人才培养机制，培养一批既熟悉文化行业特点，又掌握大数据技术的复合型人才队伍①。

7.1　概述

7.1.1　文化大数据人才的含义和范围

文化大数据行业需要聚集大批专业人才。而作为文化大数据人才培养对象的“人”成为本部分研究的核心，主要包括直接从事文化大数据行业的人才，比如文化大数据采集人才、数据分析挖掘人才；还包括可以引进或开发的其他行业大数据人才，比如大数据分析师、大数据可视化工程师。

7.1.2　文化大数据人才类型

文化大数据的处理流程包括采集、标引、解析、关联、映射、挖掘、分析。按照处理流程，可以将公共文化服务大数据方法研究分为公共文化服务需求计算，公共文化服务大数据采集方法、清洗方法，图书文献、艺术作品、文物展览等多源异构数据的组织揭示与融合汇聚方法，馆藏资源、用户数据与过程数据的多维关联分析与深度挖掘，资源、用户、场景的可视化展示，分析结果的解读应用与分析评价等②。这些文化大数据的处理流程，每一个环节都需要人才的参与。结合大数据技术及大数据行业特点，从技

---

① 谢少锋,我国大数据产业现状及未来发展的思考[J]. 软件和集成电路,2016(8):18-21.

② 李广建,化柏林. 公共文化服务大数据研究的体系与内容[J]. 图书馆论坛,2018(7):62-71.

术角度区分[①]，本书认为，人才类型应包括以下几类：

（1）大数据系统分析师。他们负责面向实际行业领域，利用大数据技术进行数据生命周期管理、分析和应用，侧重对大数据产品或应用场景的需求进行分析、测试，最终实现目标。

（2）大数据系统架构师。他们负责大数据平台搭建、系统设计、基础设施，侧重从基础软、硬件环境搭建大数据系统。

（3）文化大数据需求分析人才。他们专门从事文化大数据搜集、整理、分析工作，并依据数据进行文化大数据研究、评估和预测[②]。

（4）文化大数据采集人才。他们深刻了解公共文化领域大数据的来源，以及大数据的结构，能够对数据进行采集和处理。

（5）文化大数据挖掘人才。他们具备较强的数学知识，负责从海量数据中发现规律。

（6）文化大数据可视化人才。他们负责将大数据进行可视化，增强对信息的展示方式。

此外，还有其他大数据相关技术及应用的人才，比如解决大数据存储问题的大数据存储专家等。

文化大数据人才结构主要包括人才的“质”和“量”，反映了人才构成和分布情况[③]。文化大数据人才结构最核心的就是专业结构的搭配，要拥有完成任务和发挥功能所必需的专业种类并协调专业的比例构成。文化大数据行业发展需要完成人才在专业上的合理搭配，实现知识上的相互补充。

7.2 人才培养原则及目标

《国家中长期人才发展规划纲要（2010—2020年）》作为我国第一个中长期人才发

① 程旭营. 大数据的人才分类[EB/OL].（2017-12-17）[2018-01-30]. http://www.sohu.com/a/210998491_10 0000703.

② 数据分析师[EB/OL]. [2018-01-30]. https://baike.baidu.com/item/%E6%95%B0%E6%8D%AE%E5%88%86%E6%9E%90%E5%B8%88/271078?fr=aladdin.

③ 程达刚. 人才战略理论与方法[M]. 北京：党建读物出版社，2017：137-142.

展规划，提出了人才发展指导方针。结合文化大数据行业特点，本书认为人才培养原则主要包括以下几个方面：

（1）服务事业发展。服务文化大数据行业发展是人才培养的首要原则。这就需要通过人才培养，从人才总量、人才质量、人才结构等方面入手，培养一批文化大数据专业技术人才、行业管理人才，有效推动文化大数据行业发展。

（2）人才优先原则。人才资源已经成为文化大数据最重要的资本要素，是行业发展的基础性资源。促进文化大数据行业发展，主要依靠技术进步、人才素质整体水平提高。应做到人力资源优先开发、人才投资优先保障、人才结构优先调整。

（3）以用为本原则。文化大数据人才的培养，要将培养目标和行业应用结合起来，衔接好人才培养与人才使用，不断在实践中优化人才培养的方向，充分发挥人才对文化大数据的支撑作用。

（4）高端引领原则。培养造就一批公共文化行业需求的人才，包括熟悉文化大数据采集、挖掘、分析的人才和了解大数据技术在文化行业应用的人才，充分发挥高层次人才在公共文化发展和文化大数据行业应用中的引领作用。

文化大数据人才培养的目标是：培养打造规模合理、结构优化、具备专业素质的文化大数据人才队伍，能够为文化大数据的应用提供坚实的人才支撑。

7.3 人才政策的引导与扶持功能

7.3.1 强化人才培养政策引领

一是将文化大数据人才培养纳入国家人才发展战略规划。逐步完善文化大数据发展政策群，形成文化大数据系列政策保障体系。近年来，我国相继出台了一系列推动大数据技术应用的政策文件，2015 年国务院印发《促进大数据发展行动纲要》，率先开展包含文化教育等领域的大数据应用示范，优先推动包括文化在内的公共数据和政府数据向社会开放。党的十九大报告中提到“推动互联网、大数据、人工智能和实体经济深度融合”。本书建议由文化和旅游部牵头，推动文化大数据人才培养纳入国家人才发展战略规划，探索文化领域大数据应用场景，完善人才培养的相应顶层设计，以政策制度保障文化大数据人才发展。

二是将文化大数据人才培养纳入各级政府文化大数据发展政策文件。围绕国家政策，我国各部委和相关行业也出台了一系列政策来促进推动大数据在各领域中的应用与发展。比如，环保部2016年出台《生态环境大数据建设总体方案》，国土资源部出台《关于印发促进国土资源大数据应用发展实施意见》，其中都有相关领域人才培养的任务。本书建议各级文化和旅游主管部门在制定本级文化大数据政策文件的过程中，开展文化大数据人才培养的调研和规划，将文化大数据人才培养作为政策文件的重要内容，加强人才储备，为事业发展提供动力。

7.3.2 加大人才培养经费投入

推动财政部门和文化主管部门对文化大数据人才培养的经费保障力度，建议将文化大数据人才培养工作作为财政预算项目，并支持文化数据人才培训基地建设，为重点项目提供资助保障①。向社会购买人才培养服务，制定和完善政府购买人才培养服务的相关政策，加大对政府部门和企业合作开展人才培养的支持力度。加强对科研项目的支持，吸引能力卓越、在文化大数据研究领域具有创造力的研究人员进行独立研究，对优秀人员的独立研究进行资助。

7.4 人才培养体系建设的构建

7.4.1 专家智库和领军人才

第一，尽快组建公共文化大数据智库。2017年，原国家新闻出版广电总局牵头组建了中国文化（出版广电）大数据专家智库，起到了聚集高端人才资源、促进出版广电大数据应用的重要作用，也为中国文化（出版广电）大数据产业项目提供了专业评审和

① 水利部印发《关于推进水利大数据发展的指导意见》[EB/OL].[2018-01-30].http://www.cbdio.com/BigData/2017-05/21/content_5523116.htm.

智力支持[①]。建议公共文化领域也尽快组建专家智库，遴选高校、研究机构、社会组织等方面的文化大数据专家，为公共文化大数据政策制定进行战略研究、提供决策支持，发挥思想库、智囊团的作用。

第二，加强国内高层次领军人才的培养。根据大数据产业发展总体思路，文化领域引进大数据产业人才，必须要充分发挥高校培养储备人才的基础作用，发挥企业集聚用好人才的主体作用并加大企业聚才支持力度，政府、高校、企业联动，订单式培养人才[②]。一方面，发挥高校、科研院所培养大数据人才的基础作用，通过重点支持科研工作平台建设、创新团队建设及落实人才关心关爱的有关措施，解决人才的后顾之忧，充分利用高校及科研院所的开阔战略视野、较强的前瞻和预见能力，敏锐把握文化领域大数据应用的战略需求和世界科技前沿发展态势，同时吸引和凝聚优秀人才到文化领域发挥专长，攻克难关。另一方面，实行“人才＋项目”的培养模式，依托国家重大人才计划以及重大科研、文化工程、文化产业攻关、国际科技合作等项目，重视发挥文化企业的作用，在实践中集聚和培养文化大数据人才[③]。另外，还要加强文化大数据人才的国际交流与合作，支持国内高校、科研院所与海外高水平教育、科研机构建立联合研发基地[④]。推动我国企业设立海外研发机构，制定更加开放和包容的人才政策，学习国外大数据技术研发和应用方面的先进经验，应用到我国文化事业发展各领域。

7.4.2 职业培训和继续教育

第一，推动文化大数据职业培训和资格认证[⑤]。鼓励开办专业的大数据人才职业培训机构，通过系统的培训安排，提升受训者的大数据知识结构和大数据专业技能。积极推动建立不同层次、不同类型的大数据人才资格认证制度，如数据分析师认证、数据架

---

① 国内首个国家级文化大数据专家智库在京成立[EB/OL].（2017-07-28）[2019-09-17]. http://www. sohu. com/a/160521037_594011.

② 关于加快大数据产业人才引进的若干政策意见（试行）[EB/OL].（2016-06-01）[2019-07-09]. http://ycbigdata. njupt. edu. cn/2016/0601/c7324a81644/page. htm.

③ 国家中长期人才发展规划纲要（2010 — 2020年）[EB/OL].（2010-06-06）[2019-07-09]. http://www. gov. cn/jrzg/2010-06/06/content_1621777. htm.

④ 国务院办公厅关于深化产教融合的若干意见[EB/OL].（2017-12-19）[2019-01-30]. http://www. gov. cn/zhengce/content/2017-12/19/content_5248564. htm.

⑤ 中国大数据人才培养体系（第一版）[EB/OL].（2017-11-27）[2018-01-30]. http://www. sohu. com/a/206883055_99961855.

构师认证、数据工程师认证[①]，等等。

第二，适时建设文化大数据人才培训基地。以政府为主导，策划建立文化领域大数据人才培训基地，在各省（区、市）内建立以培养文化大数据人才为主要目标的技工院校、职业培训机构、公共实训基地以及大中型企业技能培训中心。通过基地培训，加大培训力度，加强行业管理，鼓励、扶持社会力量对文化人才的培养。基地主要面向文化行业各级各类在职职工、在校后备技能人才开展培训活动，此外还承担文化大数据人才考核与评价、职业技能大赛或研修课程研发、大数据应用成果交流等任务。培训基地要构建完备的培训体系，围绕文化大数据的开发与应用主题，从培训模式、课程设置、教材开发、师资建设、培训装备与能力评价等多个方面，构建系统完备的人才培训体系[②]。通过实施基地培训，形成规模化培训示范效应，增强规模化、系统化、个性化培训文化大数据人才的能力。

第三，完善文化大数据继续教育制度。进一步完善文化人才的继续教育制度，尤其是大数据背景下，要求文化领域的专业技术人员应该适应岗位需求和职业发展的要求，适应新形势变化，积极参加继续教育，完善知识结构、增强创新能力、提高专业水平。规定专业技术人员每年完成规定学时的继续教育，通过参加培训班、研修班或者进修班，到教学、科研或者生产单位进行相关的继续教育实践活动，参加学术会议、学术讲座、学术访问，接受远程教育或者其他符合规定的继续教育方式，构建文化领域大数据从业人员和后备人才的终身教育体系。

加强经常性教育培训，使教育培训常态化，充分利用课件、视频、远程教育等，方便文化人才进行自学和交流，以点带面辐射带动文化人才学习热情。围绕大数据应用，结合文化领域的现实需求，力争每月举办一次大型的基层文化队伍知识更新讲座，提高基层文化队伍的大数据意识，进一步增强基层文化人才的实际工作能力，全面提高基层文化队伍整体素质。

---

① 关于加强我国大数据人才队伍建设的建议[EB/OL].（2017-07-09）[2019-07-09]. http://www.cq93. gov. cn/content. php?no=20170721074158.

② 唐山市高技能人才培训基地建设项目实施办法[EB/OL].（2018-05-23）[2019-07-09]. http://www. tangshan. gov. cn/zhuzhan/zhiyejinengpeixun/20180523/594998. html.

7.4.3 完善文化大数据人才培训体系

完善文化大数据人才培训体系，需要在培训体系的关键要素上逐步推进，主要有以下几点。

1. 完善培训内容

从理论和实践的辩证关系来看，文化大数据人才可分为理论研究人才和实践应用人才。两类人才互相配合，解决了数据科学的理解和论述问题，能够利用大数据原理和方法解决具体行业实际问题。对文化大数据人才应着重培养其数据认知能力、数据调用能力、数据综合处理能力、数据呈现能力、数据决策能力及数据分析信息技术。

针对文化行业领域对大数据人才的需求，培训内容的设置应包含三个方面的内容：一是文化领域的基本情况，包括图书馆、博物馆、文化馆、美术馆、艺术院团和艺术科研院所等机构的数据资源情况及文化产业发展情况等。二是大数据相关的基础理论知识与应用技能，既要包括底层架构的开发，包括数据获取、数据运算、数据存储及编程等各方面，也要在深度和广度上进行延伸，注重培养人才的“数据驱动”和“数据闭环”思维方式，提高其数据处理能力。三是结合文化领域大数据的现实需要，开发实践类课程，增加实训比例。

2. 丰富培训方式

按照分级分类、逐步实施的工作原则，采取线上与线下相结合的方式，创新人才培训方式，建立健全多层次、多类型的文化大数据人才培养体系。第一，开展线下专题和业务培训，针对普及类培训，以必需、够用的知识体系为主要内容，可依托社会化教育资源，开展文化大数据知识普及和教育培训，提高社会整体对文化大数据的认知和应用水平。对于提升类培训，要加强针对性和实用性，以搭建具体行业场景教学为主，强化实践教学，增加实训比例。培训过程中注重多学科融合，实施如电商大数据、交通大数据、医疗大数据等的跨领域教学。第二，开展网络远程培训。进一步发挥全国文化干部远程培训平台的作用，充分整合高校、企业、社会资源，建设文化大数据人才培训资源库，覆盖更广泛的人群。第三，进一步创新培训形式，开发微课程，实现公众个性化的学习需求。微课程区别于网络教学视频和传统课堂录像，注重互动性、信息传播性和学习的协作性，要通过文化大数据微课程开拓学员多渠道发展途径[①]，探索新的文化大数据人才培养模式。

3. 打造师资团队

师资队伍建设是人才培训体系的重要组成部分，大数据人才培训要打造一支专兼结合、素质过硬、教学水平高的师资队伍。首先要整合高校、科研院所、企业及其他社会力量中的优质师资，建立大数据培训师资库，注重大数据培训带头人的培养和挖掘，重视师资梯队建设，发挥其在培训中的引领作用；其次要培养青年骨干，应通过多种途径加大对青年骨干的培训力度，提供进修、访问等学习交流机会，督促青年骨干快速成长[②]；第三要专兼师资结合，如培训体系建设、教材建设、培训项目和核心课程的开发等必须依靠专职教师，此外也应该聘请相关专家作为专职教师的有益补充；第四要搭建交流平台，加强与高校、科研院所和相关行业部门的学习与合作，强化师资培养，加强人才交流[③]，促使培训师资深入把握文化大数据领域的发展方向和学术前沿，提高科研能力和业务水平，提高教学质量。

4. 强化培训质量管理

一是要改进和完善培训考核评价机制，制定完善的培训评估体系和标准，明确责任，落实工作。鼓励行业组织探索建立文化大数据人才能力评价体系。采用多样化的评估手段，如问卷调查、面谈调查等，也可对学员进行知识和实操考核、培训前后相关数据对比等。在安排培训内容的同时应根据实际情况确定评估方法，做好监督指导工作，以确保培训质量。同时对培训后的效果进行调查分析和信息反馈，以改进相应的项目设置，并指导今后培训工作的开展[④]。二是要建立工作激励机制，对表现突出的培训项目、培训机构和先进个人进行表彰和奖励，调动各实施单位在文化大数据人才培训方面的积极性。

---

① 中国大数据人才培养体系（第一版）[EB/OL].（2017-11-27）[2018-01-30]. http://www.sohu.com/a/20688 3055_99961855.

② 郑云霞. 我国公共数字文化建设人才培训现状分析及对策研究[J]. 图书馆学研究，2019（9）：32-36.

③ 黄娜. 关于教育培训机构师资队伍建设的思考[J]. 继续教育，2016，30（2）：21-23.

④ 当前企业培训中存在的问题及改进建议[EB/OL]. [2019-07-09]. https://wenku.baidu.com/view/d517b76f1 eb91a37f1115c5d.html.

7.5 引导社会力量参与

7.5.1 扩大人才引进与交流

首先要重视海外优秀人才的引进。第一，发挥政府的导向和扶持作用，继续实施国家“千人计划”文化艺术人才项目和海外高层次文化人才引进计划。以超常规的胆略、决心和魄力引进海外顶尖的大数据人才，参照国际惯例，从“情、礼、利”三个方面着力营造优越的工作环境，给予不低于甚至高于国际市场的报酬和生活待遇，同时形成综合配套系统，真正做到吸引、留住和用好顶尖人才，以起到带动和凝聚大批海外优秀人才回国服务的“滚雪球”效应①。第二，引进海外杰出的学术领军人物从事科学研究和学科建设，借助其国际先进的教育理念和管理机制，推进我国高校全方面教育改革和管理，积极探索多种方式聘任领军人物，为高校培养文化大数据人才提供有效助力。第三，引进海外高层次优秀博士回国服务，在引进的海外顶尖科学家和杰出学术领军人物的指导和带领下，将其培养成为具备广阔世界眼光、熟悉国际学术前沿、掌握国际通行规范的高层次杰出青年人才②。

其次要重视促进行业内外的人才交流。一方面，加强文化行业之间的人才交流，图书馆、博物馆、文化馆、美术馆各机构之间，文化产业与公共文化行业之间通过短期研修、借调、挂职等多种方式加强人才交流与互动，在文化大数据领域互相学习先进经验、先进做法等。另一方面，加强文化行业外的人才交流。通过工作调研、人员派驻、“交换生”等各种方式加强公共文化行业与信息产业，大数据产业及交通、医疗、通讯、金融、教育等实际运用大数据的各大行业间的人才交流。这种跨系统、跨行业的人才交流，更加凸显现代社会对人才多样化、多元化、综合化的追求，通过交流学习，可以借鉴先进的大数据应用经验，为我所用。

---

①② 对引进海外顶尖、领军和高层次优秀人才的若干建议[EB/OL]. [2019-07-09]. https://doc.mbalib. com/view/5c50537d19ad5ed5effb9abad72c7f85. html.

③ 关于加强我国大数据人才队伍建设的建议[EB/OL].（2017-07-09）[2019-07-09]. http://www.cq93. gov. cn/content. php?no=20170721074158.

7.5.2 重视产学研等社会力量的参与

1. 充分发挥高校在文化大数据人才培养中的基础性作用

面对大数据时代巨大的人才需求，我国将大数据人才队伍建设纳入国家人才发展战略。在科学分析大数据时代对大数据人才客观需求的基础上，充分认识我国大数据人才队伍建设的重要性、紧迫性，将大数据人才队伍建设纳入国家人才发展规划纲要[③]。教育部为落实国家《促进大数据发展行动纲要》而批准设立了"数据科学与大数据技术"本科新专业，目的在于培养具有从事数据科学与大数据技术相关的软件和硬件及网络的研究、设计、开发综合应用型高级工程技术专门人才。2016 年 2 月，教育部公布了《2015 年度普通高等学校本科专业备案和审批结果》，北京大学、中南大学和对外经济贸易大学三所高校成为首批设立"数据科学与大数据技术"本科专业的高校。2018 年 3 月，西安交通大学、哈尔滨工业大学、东北财经大学、南京财经大学、贵州财经大学五所高校成为首批设立"大数据管理与应用"本科专业的高校。2015—2019 年教育部新增备案及审批的本科大数据相关专业数量如表 7-1 所示。

表 7-1 2015—2019 年度教育部新增备案及审批的本科大数据相关专业数量

单位：个

申报年份	数据科学与大数据技术专业数量	大数据管理与应用专业数量
2015 年	3	—
2016 年	32	—
2017 年	250	5
2018 年	195	25
2019 年	138	52
小计	618	82

根据教育部网站政务公开数据，截至 2020 年 3 月，我国高校新增备案及审批本科"数据科学与大数据技术"专业的高校共有 618 所，本科"大数据管理与应用"专业的高校共有 82 所[①]。高校大数据相关专业数量持续增长，学术型专业和应用型专业并存。

国内虽然诸多高校设立了大数据相关专业，但是这些专业的设置并未细分到文化领

① 中华人民共和国教育部官网–教育部文件[EB/OL]. [2020-05-21]. http://www. moe. gov. cn/was5/web/search?channelid=239993.

域，针对这一点，英国伦敦国王学院的做法值得借鉴，他们针对艺术与人文领域对大数据理论与实践的需求开设了文化与大数据研究生专业，提供全日制与非全日制两种学习模式，并提供不同的课程与评估形式①。

目前，大数据人才培养已经被纳入国家高等教育体系。未来，文化部门要与教育部门持续合作，做好人才需求预测，加大对文化大数据人才学历教育的支持力度，推动在高等院校设置独立的大数据专科、本科直至硕士、博士研究生专业，形成完整的大数据高层次梯级人才培养体系；要支持高等院校做好文化大数据专业设置、专业师资引进、招生就业、硬件建设等工作，加快培养专业化的大数据人才；创新完善高校大数据人才培养模式，支持高等院校加强大数据专业课程研究，按照“厚基础、宽口径、重实训实践、重交叉融合”等要求，科学制定大数据人才培养方案，培养既熟悉数据分析又具备相关业务知识的复合型人才②。

2. 强化企业在大数据人才培养中的主体作用

一方面，拓宽企业的参与途径。政府应支持和引导企业深度参与职业学校、高等学校教育教学改革，多种方式参与学校大数据相关专业规划、教材开发、教学设计、课程设置、实习实训等工作，将文化领域大数据挖掘与应用的需求及企业需求融入人才培养环节。推行面向企业真实生产环境的任务式培养模式。鼓励企业依托或联合职业学校、高等学校、科研院所联合设立文化大数据研究学院和企业工作室、实验室、创新基地、实践基地③。

另一方面，鼓励开展实习实训。健全学生到企业实习实训制度。鼓励以引企驻校、引校进企、校企一体等方式，吸引大数据优势企业与学校共建共享生产性实训基地。支持各地依托学校建设行业或区域性实训基地。通过探索购买服务、落实税收政策等方式，鼓励企业直接接收学生实习实训。推进实习实训规范化，为学生搭建良好的实践操作平台，提升其专业水平和动手能力，满足文化领域大数据人才的需求。

3. 校企深度融合，构建全方位大数据人才培养体系

首先，高等学校和企业应实施校企合作，双方发挥各自优势，共同推进课程内容的

---

① King’s College London. Big Data in Culture & Society[EB/OL]. [2019-01-30]. https: //www. kcl. ac. uk/study/postgraduate/taught-courses/big-data-in-culture-and-society-ma.

② 关于加强我国大数据人才队伍建设的建议[EB/OL].（2017-07-09）[2019-07-09]. http://www. cq93. gov. cn/content. php?no=20170721074158.

③ 朝乐门，邢春晓，张勇. 数据科学研究的现状与趋势[J]. 计算机科学，2018，45（1）：1-13.

更新，完善课程体系，加强课程建设。不断加强理论授课与项目实践教学相结合，达到理论与实践的无缝对接，切实提高学生的理论修养和工程实践能力。校企双方应共同建立并完善产学合作的专业资源库，主要包括：教学计划与大纲、教学视频与课件、学习测试题库、实训作业与项目等。通过校企、校厂深度合作，产教融合，共同制定课程体系和课程内容，建立特色鲜明、动态调整、结构合理的课程体系，使课程内容紧跟社会需求，突出针对性和实用性，建立起以知识传授为主的理论教学体系和以技术、技能培训为主的实践教学体系共同构成的专业课程体系。

其次，以成果为导向，以理论为基础，加强实践环节，提升学生的实践能力。构建产、学、研、用紧密结合的四维实践教学体系，通过校内仿真模拟实验、校外实践、创新训练等培养学生的实践动手能力、行业适应能力和创新能力。学校与企业合作，在学校建立创新研究中心，在企业建立实习实训基地，设置大学生科研创新项目，多方位提升学生的创新能力。结合文化行业对大数据人才的现实需求，对理论与实践课程进行调整和优化，以保证培养的学生能满足大数据时代人才的要求，加强对学生大数据处理能力的培养。

第三，构建由企业讲师和高校教师为主体的师资团队。建设校内校外两支教师队伍，聘请企业技术骨干和科研院所专业技术人员为兼职教师，优化教学资源，发挥企业讲师的智力资源优势，锻炼和培养高校教师的创新精神和实践能力，提升教师教学水平[①]。通过引进和培养相结合的方式来加强师资队伍建设，优化师资结构。一方面，引进具有数据科学与大数据技术方向工作背景的企业精英和科研骨干，或是有海外留学经历的具有国际化视野的优秀人才，为教师团队注入新鲜血液；另一方面，依托相关的大数据技术处理水平处于前沿水平的高校、科研院所和企业，选派有潜力的优秀骨干教师去访问和进修，与这些高校、科研院所和企业的科研和技术人员形成经验互带、技术互帮、知识互传的纽带，逐步形成实践促进理论、理论融于实践的良性知识信息积累与传播系统。

---

① 文化部关于印发《文化部“十三五”时期文化科技创新规划》的通知[EB/OL].(2018-03-12)[2019-07-09]. http://www.ndcnc.gov.cn/shifanqu/fagui/201803/t20180312_1378399.htm.

7.6 项目引导及保障措施

7.6.1 以项目带动文化大数据人才培养

1. 组织实施文化大数据科研项目

第一，依托国家科技人才专项及其他人才项目，发挥高校、科研院所、企业、园区基地优势，以文化领域大数据技术研发和应用为载体，开展科学研究，培养各层次人才。第二，鼓励文化大数据研发团队申报国家重大项目、国家自然科学基金、国家社科基金、国家科技进步奖等①，利用国家已有项目获得资金支持，同时利用重大项目培养和提高科研能力和水平。第三，设定一批文化大数据方向的重点实验室，组建跨学科的数据技术团队，开展公共文化服务大数据应用的基础、共性、关键和前瞻性技术研究，开展公共文化服务大数据标准化研究。建设集大数据实验室、案例、模型、算法代码编写和分享为一体的平台，建设覆盖文化领域的案例库。2017 年 4 月，文化部公共文化发展中心与北京大学联合成立了公共文化服务大数据应用文化部重点实验室，未来要充分发挥该实验室的作用，依托现有工作基础，逐步建成公共文化服务大数据中心，形成公共文化服务大数据系列标准规范，依托若干大数据应用实践基地，建立多源数据采集渠道，打造大数据应用示范项目②。第四，设立一批文化大数据重大科研课题和创新项目，系统性开展文化大数据理论研究和创新实践。

2. 重视开展学术交流活动

文化主管部门要定期召开学术交流活动，通过学术年会、学术报告会、学术沙龙、学术座谈会、讲座、学术论坛、学术研修等形式，及时交流文化大数据研究现状，分享各自经验和成果，共同讨论分享解决问题的办法，促进思想碰撞，激发研究灵感；同时，鼓励文化大数据研究者积极参加国际学术会议，了解大数据领域的国际前沿动态，在开阔眼界的同时，激发科研的内生动力。

---

① 文化部关于印发《文化部“十三五”时期文化科技创新规划》的通知[EB/OL].（2018-03-12）[2019-07-09]. http://www.ndcnc.gov.cn/shifanqu/fagui/201803/t20180312_1378399.htm.

② 公共文化服务大数据应用文化部重点实验室启动会[EB/OL].[2019-07-09]. https://www.sohu.com/a/134218864_589601.

3. 推动科研成果转化

支持企业、高校、科研院所围绕文化大数据关键技术、核心工艺和共性问题开展协同创新，加快基础研究成果向产业技术转化。将文化大数据研究的实际需求作为科研选题的重要来源，由行业企业参与并制定科研成果转化方案。完善科研后评价体系，将成果转化作为项目和人才评价重要内容。继续加强企业技术中心和高校技术创新平台建设，鼓励企业和高校共建产业技术实验室、中间性试验和工程化基地，促进公共文化服务大数据相关科研成果的转移转化与辐射带动，开展新产品和新技术的集成试验研究与示范。利用产业投资基金支持创新成果和核心技术产业化。通过科研成果转化，加强对文化领域大数据的挖掘和应用，促进文化事业的不断发展。

7.6.2 完善激励和保障措施

1. 建立与初、中、高等各层次人才结构匹配的人才评价体系

首先，合理安排初、中、高等各层次文化大数据人才结构，做好与专业技术职称评审、评优等的对接，调动各层次人才的积极性。其次，以文化大数据人才的岗位需求和工作性质为基础，建立科学的人才分类评价体系。根据不同岗位、不同层次人才特点和职责，坚持共通性与特殊性、水平业绩与发展潜力、定性与定量评价相结合，分类建立健全涵盖品德、知识、能力、业绩和贡献等要素，科学合理、各有侧重的人才评价标准，并建立评价标准动态更新调整机制。第三，科学设置评价标准，坚持凭能力、实绩、贡献评价人才，克服唯学历、唯资历、唯论文等倾向，注重考察人才的专业性、创新性和履责绩效、创新成果、实际贡献。第四，创新多元评价方式，重视同行认可和社会效益，丰富评价手段，提高评价的针对性和精准性；同时，畅通人才评价渠道，为引进的海外高层次人才和急需紧缺人才建立评价绿色通道①。

2. 创造积极向上的人才成长环境

第一，健全人才流动和引进制度，完善文化大数据人才薪酬、岗位管理制度和社保关系转移接续政策，激发各类人才创新创业活力。对企业、高校、科研机构等引进的高层次、高技能人才，采用年薪工资、协议工资、项目工资等方式进行聘任管理。完善有利于科技成果转移转化的分配政策，探索建立科技成果入股、岗位分红权激励等多种分

① 关于分类推进人才评价机制改革的意见[EB/OL].（2018-02-26）[2019-07-09]. http://www.gov.cn/zhengce/2018-02/26/content_5268965.htm.

配办法，完善高层次、高技能人才特殊津贴制度①。允许和鼓励品牌、创意等要素参与收入分配。第二，建立健全人才表彰激励机制，对在文化大数据领域取得突出成绩、做出突出贡献的团队和个人给予表彰奖励。第三，创造务实、温暖、和谐的人才环境，好的环境是人才工作的后勤保障，解决好人才的各方面问题，使他们没有后顾之忧，才能锁得住人心。要积极为人才解决好户籍转移、住房、医疗保障、配偶就业、子女入学等实际问题。在日常工作中，要尊重、信任、理解人才，开展人性化管理。

7.7 小结

本章主要对文化大数据人才培养策略开展研究，探讨了文化大数据人才的基本要素和培养原则目标，并提出了人才培训政策的四大着力点。首先，要促进文化大数据人才培养政策的制定与落地，形成长效的经费投入机制。其次，要加强文化大数据人才培养体系的构建，组建专家智库，培养领军人才，加强战略研究与决策支持；组建文化大数据人才培训基地，加强职业培训和继续教育，完善各层面的人才储备。第三，引入外部人才和社会力量，增强文化大数据人才的“质”和“量”，鼓励文化机构、高校、科研机构、企业的多方合作。最后，设立文化大数据重点项目带动人才培养，同时要优化完善激励机制、行业环境来吸引人才，留住人才。

① 中共河北省委河北省人民政府关于深化科技体制改革加快推进创新发展的实施意见[EB/OL].[2019-07-09]. http://rst. hebei. gov. cn/a/redianzhuanti/waizhuanyinzhi/yinzhi zhengce/2015/1112/2179.html.

8 未来展望

本书以文献调研、国内大数据试验区实地调研等为基础，结合我国中央及各省市已出台的文化大数据相关政策法规，探讨了我国文化大数据发展的各方面政策现状和需求，深入研究了我国文化大数据发展政策面临的现状和亟待解决的问题。可以看到，我国的文化大数据相关政策已经起步，但处于发展初期，亟待从其开放共享机制、合作模式、技术扶持、法律保障、人才培养等方面进行深入完善。本书对我国公共文化事业和公共文化大数据发展现状进行了广泛的调研和分析，在此基础上，对涉及的重要内容进行详细的研究和论述，主要研究成果如下：

首先，从应用层面来看，文化大数据发展政策的重要内容是开放共享条例。需要明确文化大数据的数据采集模型、数据源、数据管理主体等方面内容。目前已颁布的大数据开放共享政策，主要偏向于政府数据开放等方面，而对文化大数据提及较少。文化大数据开放共享具有其自身的特点，例如可以减少各省市文化资源的重复建设，加强文化资源的利用和流通；但也存在特有的难题，例如数据资源类型和格式的多元化、文化资源的知识产权保护。文化大数据的数据来源多种多样，除了文化资源数据，还有用户行为数据等机构和用户产生的动态数据，这要求我国在制定文化大数据开放共享政策时要予以充分考虑，建立统一科学的标准规范。建设统一开放的文化大数据云平台，则要考虑如何整合数据源，如何用统一且兼容性强的数据模型适应多样化的文化大数据。从合作模式来看，需要打通政企合作的渠道，运用经济激励、行政激励、安全保障、政策保障等多种手段，多管齐下，建设健全文化大数据的开放共享机制。

其次，文化大数据技术主要涉及 5 个部分：基础设施建设、数据建设与加工、数据保存与管理、数据分析与挖掘、数据应用与服务。下一步可以围绕以下几方面对难点技术和发展中的短板进行解决：一是全面了解文化大数据技术体系和关键构成，对难点技术进行梳理和掌握，扶持具有普遍共性的理论研究和技术应用，为整体行业提供宏观指导。二是从图书馆、档案馆、博物馆等具有丰富文化资源的机构入手，研究针对性的技术解决方案，对涉及资源模型、整合、分析、应用等的关键技术进行细化分解，鼓励高科技企业和专家学者对难点技术进行重点研究，推出小范围、小规模的文化应用工具。

三是在文化大数据技术取得一定成果后，将相关理论和技术进行推广普及，建立更大范围、更为全面的文化数据应用技术体系，实现文化大数据的全面发展。四是要鼓励政府或重要文化部门牵头推动文化大数据技术标准体系建设，并用于指导实际业务。五是针对技术发展短板和难点从财政、人才、场地等方面进行倾斜，鼓励社会力量参与共建，利用其他行业技术对文化大数据发展提供支持。

第三，文化大数据天然存在“异主”“异地”“异构”等问题。从法律保护政策的角度，需要制定相应的所有权保护政策、数据安全保障政策、数据分级开放政策、个人隐私数据保护政策等不同角度的法律保护政策，尤其要重视数据安全保障。大数据技术在提升数据价值的同时，数据安全问题也伴随而来。目前，传统的数据安全保护技术和政策已无法满足大数据环境下的数据安全问题。大数据时代实时在线计算、海量数据访问、频繁的数据流转和交换利用等业务的实现需要新的安全防护方案给予支撑。文化大数据的安全特性包括风险聚合性、动态泛在性、隐蔽关联性等，因此文化大数据安全保障不可能通过单一政策实现，只有建立内部系统互相配合、补充、协调的政策体系，厘清政策思路，确定基本原则，才能科学有效地实现政策目标。

此外，文化大数据的行业应用需要聚集大批专业人才。主要包括直接从事文化大数据行业应用的人才，如文化大数据采集人才、数据分析挖掘人才，以及其他行业大数据人才，如大数据分析师、大数据可视化工程师。文化大数据人才结构最核心的就是专业结构的搭配，确保群体任务完成和功能发挥所必需的专业种类齐全、专业的比例构成均衡。目前已有部分高等院校开设了大数据相关专业，而要进一步鼓励文化大数据人才培养，则需要在政策上鼓励加大人才教育投资，扩大人才引进与交流，鼓励高等院校、科研机构、高新企业联合攻关，建设文化大数据人才培训机制等。尤其要注重文化大数据专门人才与通用大数据人才的能力培养的不同侧重点，着重培养既懂文化行业又懂大数据行业的跨领域跨专业复合人才。还要打造规模合理、结构优化、具备专业素质的文化大数据人才队伍，能够为文化大数据的应用形成坚实的人才支撑。

2017 年，习近平总书记在中共中央政治局第二次集体学习时指出要“推进数据资源整合和开放共享，保障数据安全，加快建设数字中国”。在习近平新时代中国特色社会主义思想的指导下，应努力实现文化大数据的共建共享，促进文化大数据技术全面发展，落实文化大数据创新应用，建设文化大数据法律保护体系，积极培养文化大数据人才队伍。深入挖掘文化大数据发展动能，用新动能推动新发展，以新发展创造新辉煌。

附录1　文化大数据服务管理办法（研究建议稿）

文化大数据服务管理办法

（研究建议稿）

第一章　总则

第1条　为加强文化大数据服务管理，促进文化产业健康发展，充分发挥文化大数据作为国家重要基础性战略资源的作用，根据《中华人民共和国网络安全法》等法律法规和《国务院促进大数据发展行动纲要》等文件精神，就文化大数据标准、服务和监管，制定本办法。

第2条　我国公民在中华人民共和国境内所产生的文化数据，国家在保障公民知情权、使用权和个人隐私的基础上，根据国家战略安全和人民群众文化生活需要，加以规范管理和开发利用。

第3条　坚持以人为本、创新驱动，规范有序、安全可控，开放融合、共建共享的原则，加强文化大数据的服务、监督和管理，推动文化大数据惠民应用，促进文化大数据产业健康发展。

第4条　本办法所称文化大数据，是指我国公共文化领域中涉及文化资源的创建、传播、服务、消费等方面的数据。

第5条　文化大数据收集和利用应坚持合法、正当、必要的原则，并尊重个人隐私。

第6条　本办法适用于县级以上文化行政机关、各级各类公共文化机构、相关单位及个人所涉及的文化大数据的管理。

第7条　文化和旅游部会同相关部门负责统筹规划、指导、评估、监督全国文化大数据的服务和监管工作，牵头推动文化大数据的开放与共享。县级以上文化行政机关会同相关部门负责本行政区域内文化大数据管理工作，是本行政区域内文化大数据安全和应用管理的监管单位。

各级各类公共文化机构和相关企事业单位是文化大数据安全和应用管理的责任单

位。

第 8 条　国家鼓励文化领域行业组织依法制定有关文化大数据的自律性管理制度，引导加强自律管理。

第二章　文化大数据收集与利用规则

第 9 条　公共文化机构和相关企事业单位应当在收集含有个人信息的数据之前，告知用户即将被收集的个人信息的内容和使用目的；未经用户同意，不得收集、使用用户个人信息；不得收集其提供服务所必需以外的用户个人信息或者将信息用于提供服务之外的目的，不得以欺骗、误导、强迫等方式或者违反法律、行政法规及双方的约定收集、使用信息。

第 10 条　公众有权请求公共文化机构披露其所收集的含有本人信息的数据，有权要求公共文化机构删除其收集的含有本人信息的数据。公共文化机构收到可验证的特定公众删除个人信息请求的，应当从其记录中删除有关个人信息。

第 11 条　公共文化机构和相关企事业单位及其工作人员对在提供服务过程中收集、使用的用户个人信息应当严格保密，不得泄露、篡改或者毁损，不得出售或者非法向他人提供。因社会公共利益需要对含有个人信息的数据进行流通的，由县级以上文化行政机关审批后方可进行。

第 12 条　公共文化机构和相关企事业单位对已经做出匿名化处理的文化大数据享有占有、使用、收益、处分的权利，但不应超出公共文化服务业务范围所需。

做出匿名化处理的数据，指去除了数据中的用户身份、消除了身份可识别性的数据。

第 13 条　公共文化机构委托他人代理市场销售和技术服务等直接面向用户的服务性工作，涉及收集、使用用户个人信息的，应当对代理人的用户个人信息保护工作进行监督和管理，不得委托不符合有关用户个人信息保护要求的代理人代办相关服务。

第 14 条　公共文化机构和相关企事业单位在进行文化大数据流通之前，应向所在地县级以上文化行政机关进行备案。备案内容应包括流通主体、资源内容和流转方式。

第 15 条　文化大数据流通交易平台应具备的条件包括：

（1）具有依法经过资格认定的工作人员；

（2）具有与大数据流通交易相适应的技术；

（3）具有与大数据流通交易相适应的必要的仪器设备；

（4）具有大数据的采集、存储、应用、传输、销毁等全生命周期的监管、安全以及保护的法规制度。

第 16 条　公共文化机构可以公开面向业务操作与流程的业务系统数据、面向用户的系统所产生的数据等业务数据，但涉及文物保护、安全保密、个人信息的信息除外。

第三章　标准管理

第 17 条　文化大数据标准管理工作遵循政策引领、强化监督、分类指导、分级管理的原则。

第 18 条　文化和旅游部负责统筹规划、组织制定全国文化大数据标准，监督指导评估标准的应用工作，在已有的基础性、通用性大数据标准的基础上组织制定文化大数据标准体系规划，负责制定、组织、实施年度文化大数据标准工作计划。省级文化部门负责监督指导评估本地区文化大数据标准的应用工作，依据国家文化大数据标准体系规划，结合本地实际，负责指导和监督文化大数据标准体系在本省域内落地执行。

第 19 条　文化和旅游部鼓励公共文化机构、演艺团体、相关企业或行业协会、社会团体等参与文化大数据标准制定工作。公民、法人或者其他组织可提出制修订文化大数据标准的立项建议，并提交相应标准项目建议书。

第 20 条　文化和旅游部负责统一组织实施，择优确定文化大数据标准起草单位和负责人，提倡多方参与协作机制，由各相关单位组成协作组参与标准起草工作。

第 21 条　文化大数据标准起草、审查及发布的程序和要求，按照国家和行业有关规定执行。

第 22 条　文化行政机关应当对文化大数据标准的实施加强引导和监督，充分发挥各级各类公共文化机构、演艺团体等主体在标准应用实施中的积极性和主动性，建立激励和促进标准应用实施的长效管理机制。

第 23 条　文化行政机关应当建立相应的文化大数据标准化产品生产和采购的激励约束机制，积极推进文化大数据标准规范和测评工作，并将测评结果与评审评价挂钩。

第 24 条　文化和旅游部加强文化大数据技术产品和服务模式的标准体系及制度建设，组织文化大数据标准应用效果评估工作，并根据评估情况，对相关标准进行组织修订或废止等。

第 25 条　文化和旅游部动态管理文化大数据标准的开发与应用，对各级各类公共文化机构和企事业单位的标准应用情况进行动态监测。

第四章　服务和监管

第 26 条　文化和旅游部负责制定文化大数据应用领域相关规范、标准，建立文化大数据应用诚信机制和退出机制，制定文化大数据挖掘、应用的安全和管理规范。

第 27 条　前述责任单位实施文化大数据管理和服务，应当按照法律法规和相关文件规定，保护个人信息及隐私。

第 28 条　责任单位应当根据本单位文化大数据管理的需求，明确相应的管理部门和岗位，按照国家授权，实行“统一分级授权、分类应用管理、权责一致”的管理制度，并建设相应的文化大数据信息系统作为技术和管理支撑。

第 29 条　责任单位采集文化大数据，应当严格执行国家和行业相关标准和程序，符合业务应用技术标准和管理规范，做到标准统一、术语规范、内容准确，保证服务和管理对象在本单位信息系统中身份标识唯一、基本数据项一致，所采集的信息应当严格实行信息复核终审程序，做好数据质量管理。

第 30 条　责任单位应当具备符合国家有关规定要求的数据存储、容灾备份和安全管理条件，加强对文化大数据的存储管理。文化大数据应当存储在境内安全可信的服务器上，因业务需要确需向境外提供的，应当按照相关法律法规及有关要求进行安全评估审核。

第 31 条　责任单位选择文化大数据服务提供商时，应当确保其符合国家和行业规定及要求，具备履行相关法规制度、落实相关标准、确保数据安全的能力，建立数据安全管理、个人隐私保护、应急响应管理等方面管理制度。

第 32 条　责任单位委托有关机构存储、运营文化大数据，委托单位与受托单位共同承担文化大数据的管理和安全责任。受托单位应当严格按照相关法律法规和委托协议做好文化大数据的存储、管理与运营工作。

第 33 条　责任单位应当结合服务和管理工作需要，及时更新、甄别、优化和维护文化大数据，确保信息处于最新、连续、有效、优质和安全的状态。

第 34 条　责任单位发生变更时，应当将所管理的文化大数据完整、安全地移交给承接延续其职能的机构或本行政区域内的文化行政机关，不得造成文化大数据的损毁、丢失和泄露。

第 35 条　责任单位向社会公开文化大数据时，应当遵循国家有关规定，不得泄露国家秘密、商业秘密和个人隐私，不得侵害国家利益、社会公共利益和公民、法人及其他组织的合法权益。

第 36 条　责任单位应当加强文化大数据的使用和服务能力，创造条件规范使用文化大数据，推动部分文化大数据在线查询。

第 37 条　文化和旅游部负责按照国家信息资源开放共享有关规定，建立文化大数据开放共享的工作机制，加强文化大数据的共享和交换，统筹建设文化大数据上报系统平台、信息资源目录体系和共享交换体系。

第 38 条　文化行政机关应当加强监督管理，对本行政区域内各责任单位文化大数据安全管理工作开展日常检查，指导监督本行政区域内各责任单位数据综合利用工作，提高数据服务质量并确保数据安全。各级各类公共文化机构应当向文化行政机关开放监管端口。

第 39 条　文化行政机关应当加强监测评估，定期开展文化大数据平台和服务商的稳定和安全测评及文化大数据应用的安全监测评估，建立网络安全防护、系统互联共享、公民隐私保护等软件评价和安全审查保密制度。

第 40 条　公共文化机构应当对报告或者发现的可能违反本办法的行为的影响进行评估；影响特别重大的，相关省、自治区、直辖市文化行政机关应当向文化和旅游部报告。文化行政机关在依据本办法做出处理决定前，可以要求公共文化机构和相关企事业单位暂停有关行为。

第 41 条　文化行政机关会同相关部门建立文化大数据安全管理工作责任追究制度。对于违反本办法规定的单位和个人，由主管部门视情节轻重予以约谈、督导整改、诫勉、通报批评、处分或提出给予处分的建议；构成违法的，移送司法部门依法追究法律责任。

第五章　安全管理

第 42 条　文化大数据安全管理是指在数据采集、存储、挖掘、应用、运营、传输等多个环节中的安全和管理，包括国家战略安全、群众生命安全、个人信息安全的权责管理工作。

第 43 条　责任单位应当建立健全相关安全管理制度、操作规程和技术规范，落实“一把手”责任制，加强安全保障体系建设，强化统筹管理和协调监督，保障文化大数据安全。

涉及国家秘密的文化大数据的安全、管理和使用等，按照国家有关保密规定执行。责任单位应当建立健全涉及国家秘密的文化大数据管理与使用制度，对制作、审核、登记、拷贝、传输、销毁等环节进行严格管理。

第 44 条　责任单位应当采取数据分类、重要数据备份、加密认证等措施保障文化大数据安全。责任单位应当建立可靠的数据容灾备份工作机制，定期进行备份和恢复检测，确保数据能够及时、完整、准确恢复，实现长期保存和历史数据的归档管理。

第 45 条　责任单位应当按照国家网络安全等级保护制度要求，构建可信的网络安全环境，加强文化大数据相关系统安全保障体系建设，提升关键信息基础设施和重要信息系统的安全防护能力，确保文化大数据关键信息基础设施和核心系统安全可控。文化大数据中心、相关信息系统等均应开展定级、备案、测评等工作。

第 46 条　文化大数据相关系统的产品和服务提供者应当遵守国家有关网络安全审查制度，不得中断或者变相中断合理的技术支持与服务，并应当为文化大数据在不同系统间的交互、共享和运营提供安全与便利条件。

第 47 条　责任单位应当依法依规使用文化大数据有关信息，提供安全的信息查询和复制渠道，确保公民隐私保护和数据安全。

第 48 条　责任单位应当按照《中华人民共和国网络安全法》的要求，严格规范不同等级用户的数据接入和使用权限，并确保数据在授权范围内使用。任何单位和个人不得擅自利用和发布未经授权或超出授权范围的文化大数据，不得使用非法手段获取数据。

第 49 条　责任单位应当建立严格的电子实名认证和数据访问控制，规范数据接入、使用和销毁过程的痕迹管理，确保文化大数据访问行为可管、可控，服务管理全程留痕、可查询、可追溯，对任何数据泄密泄露事故及风险可追溯到相关责任单位和责任人。

第 50 条　建立健全文化大数据安全管理人才培养机制，确保相关从业人员具备文化大数据安全管理所要求的知识和技能。

第 51 条　责任单位应当建立文化大数据安全监测和预警系统，建立网络安全通报和应急处置联动机制，开展数据安全规范和技术规范的研究工作，不断丰富网络安全相关的标准规范体系，重点防范数据资源的集聚性风险和新技术应用的潜在性风险。发生网络安全重大事件时，应当按照相关法律法规和有关要求进行报告并处置。

第 52 条　责任单位应当对文化大数据利用和保护情况每年至少进行一次自查，记录自查情况，及时消除自查中发现的安全隐患。

第 53 条　责任单位保管的文化大数据及相关信息发生或者可能发生泄露、毁损、丢失的，应当立即采取补救措施；造成或者可能造成严重后果的，应当立即向所在地县级以上文化行政机关报告，配合相关部门进行调查处理。

第六章　法律责任

第 54 条　公共文化机构、文化相关企事业单位违反本办法第 9 条、第 12 条、第 14 条、第 34 条规定的，由文化行政机关依据职权责令限期改正，予以警告，可以并处一万元以下的罚款。

第 55 条　公共文化机构、文化相关企事业单位违反本办法第 11 条、第 35 条、第 53 条规定的，由文化行政机关依据职权责令限期改正，予以警告，可以并处一万元以上三万元以下的罚款，向社会公告；构成犯罪的，依法追究刑事责任。

第 56 条　公共文化机构工作人员在对大数据工作实施监督管理的过程中玩忽职守、滥用职权、徇私舞弊的，依法给予处理；构成犯罪的，依法追究刑事责任。

附录2　文化大数据开放共享办法（研究建议稿）

文化大数据开放共享办法

（研究建议稿）

第一章　总则

第1条　为了全面实施大数据战略行动，推动文化大数据的开放共享和开发应用，促进数字经济健康发展，构建我国文化大数据开放的共享机制，发挥政府的主观能动性，充分进行资源共享，根据《中华人民共和国网络安全法》《大数据标准化白皮书》等有关法律法规，制定本条例。

第2条　我国文化大数据开放、共享行为及其相关管理活动，适用本条例。

本条例所称文化大数据，是我国公共文化领域中涉及文化资源的创建、传播、服务、消费等方面的数据。包括公共图书馆、艺术馆、博物馆、文化馆等机构所拥有的数字资源、用户行为等相关的数据。

本条例所称文化大数据开放，是文化机构面向公民、第三方组织提供文化大数据的行为。

本条例所称文化大数据共享，是指文化机构将各自的文化数据无条件汇集到共享平台的行为。

第3条　文化大数据开放共享应当以问题和需求为导向，遵循统筹规划、统一协调、统一标准、可持续性、互惠互利、低碳环保的原则。

第4条　人民政府统一领导全国文化大数据开放共享工作。由国务院主导，建立由文化和旅游部、国家文物局、国家档案局等相关部门联合组建的协调机构，负责全国的公共文化大数据开放共享的组织与协调工作。

机构具体职能包括：落实国家有关促进公共数字文化发展的重要决策和法律法规，制定促进文化大数据开放共享的方针政策，组织并推动不同部门之间的横向合作，统筹规划重大的公共文化大数据开放共享项目。

市级文化大数据行政主管部门负责文化大数据开放共享的监督管理和指导工作。区

（市、县）文化大数据行政主管部门负责本辖区文化大数据开放共享的相关管理工作，业务上接受市文化大数据行政主管部门的监督指导。

其他文化机构应当在职责范围内，做好文化大数据的采集汇聚、目录编制、数据提供、更新维护和安全管理等工作。

第 5 条　县级以上人民政府应当将文化大数据开放共享工作纳入本辖区的国民经济和社会发展规划及年度计划。文化大数据开放共享工作所需经费纳入同级财政预算。

第 6 条　行政机关应当加强文化大数据开放共享宣传教育、引导和推广，增强文化大数据开放共享意识，提升全社会文化大数据应用能力。

第 7 条　联合政府机构、大数据厂商、企业用户、科研院所、行业协会、大数据型企业等市场主体的力量，成立文化大数据产业联盟，与文化大数据平台形成综合的配套体系。

第 8 条　鼓励行政机关在文化大数据开放共享工作中先行先试、探索创新。对在文化大数据开放共享工作中做出突出贡献的单位和个人，由县级以上人民政府按照规定给予表彰或者奖励。

第 9 条　实施文化大数据开放共享，应当依法维护国家安全和社会公共安全，保守国家秘密、商业秘密，保护个人隐私和知识产权。任何组织和个人不得利用共享、开放的文化大数据进行违法犯罪活动。

第二章　数据采集

第 10 条　由国务院主导，统一建设国家文化大数据共享平台（以下简称共享平台）和文化大数据开放平台（以下简称开放平台），用于汇聚、存储、共享、开放各类文化大数据。

除法律法规另有规定外，国家文化大数据共享平台、开放平台应当按照规定与省、市、县的共享、开放平台互联互通。共享平台和开放平台建设、运行、维护和管理的具体办法，由文化大数据管理部门制定。

第 11 条　行政机关应当将本辖区、本机关信息化系统纳入市级文化大数据开放共享工作统筹管理，并且提供符合技术标准的访问接口与共享平台和开放平台对接。

第 12 条　文化大数据实行分级、分类目录管理。目录包括文化数据资源目录以及共享目录、开放目录。

行政机关应当依照国家文化数据资源目录编制指南以及标准，在职责范围内编制本辖区的索引目录，并且在共享、开放平台上汇总。

目录应当经过文化大数据行政主管部门审核、同级人民政府审定，市级共享目录、开放目录应当按照规定公布。

第 13 条　所有数据集必须为可机读的格式，主动被开放许可使用。除非相关法律另有禁止的，所有数据集应按照开放许可协议被公布。如果无法提供适当的开放协议，则应当被归入全球公共领域供自由使用。每个文化机构都可与非政府组织、公民、非营利组织、高校、私企和上市公司等机构合作以寻求机会，合法地利用该机构的公开数据，尽可能为公众提供创新机会。

第 14 条　行政机关应当按照技术规范，在职责范围内采集文化数据，进行处理后实时向共享平台汇聚。

采集文化数据涉及多个文化机构的，由相关行政机关按照其规定的职责协同采集汇聚。

行政机关对其采集的文化数据依法享有管理权和使用权。

第 15 条　行政机关应当对所提供的文化数据进行动态管理，确保数据真实、准确、完整。

因法律法规修改或者行政管理职能发生变化等涉及目录调整的，行政机关应当在自情形发生之日起 15 个工作日内更新；因经济、政治、文化、社会和生态文明等情况发生变化，使文化数据变化的，行政机关应当及时更新。

文化大数据使用方对目录和获取的数据有疑义或者发现有错误的，应当及时反馈政府数据提供机关予以校核。

第 16 条　提供文化大数据资源的文化机构或公司，可获取经济补贴。文化机构可领取经济补贴，公司可选择经济补贴或税收减免。

第三章　数据共享

第 17 条　文化大数据共享分为无条件共享、有条件共享。

无条件共享的文化大数据，应当提供给所有个人和组织用户共享使用；有条件共享的文化大数据，需要个人和组织用户提出申请。

第 18 条　无条件共享的文化大数据，通过共享平台直接获取。

有条件共享的文化大数据，数据需求方根据授权通过共享平台获取；或者通过共享平台向数据提供单位机关提出申请，由数据提供机关自受理申请之日起 10 个工作日内答复，同意的及时提供，不同意的说明理由。

数据提供单位不同意提供有条件共享的文化大数据，数据需求方因正当原因确需使用的，由文化大数据行政主管部门协调处理。

第 19 条　数据需求方通过共享平台获取的资源类文化大数据，需遵守知识产权保护的要求，默认为非商业用途。用于商业用途的需付费购买使用权。

第 20 条　数据需求方通过共享平台获取的文化大数据，应当按照其共享范围和用途合理利用，不得以任何方式提供给第三方使用。

第四章　数据开放

第 21 条　文化机构应当向社会开放下列情形以外的文化大数据：

（一）涉及国家秘密的；

（二）涉及商业秘密的；

（三）涉及个人隐私的；

（四）涉及知识产权保护的；

（五）法律法规规定不得开放的其他文化大数据。

前款第一项至第四项规定的文化大数据，已经解密或者经过脱敏、脱密等技术处理，符合开放条件的，应当向社会开放。

第 22 条　县级以上人民政府应当制定文化大数据开放行动计划和年度工作计划，依照文化大数据开放目录，通过开放平台主动向社会开放文化大数据。

文化大数据应当以可机读标准格式开放，公民、法人和其他组织可以在线访问、获取和利用。

第 23 条　社会公众和市场主体关注度、需求度高的文化大数据，应当优先向社会开放。

第 24 条　公民、法人和其他组织认为应当列入开放目录但未列入，或者应当开放但未开放的文化数据，可以通过开放平台提出开放需求申请。文化大数据提供机关应当自受理申请之日起 10 个工作日内答复，同意的及时列入目录或者开放，不同意的说明理由。

公民、法人和其他组织对文化大数据提供机关的答复有异议的，可以向文化大数据行政主管部门提出复核，文化大数据行政主管部门应当自受理复核之日起 10 个工作日内反馈复核结论。

第 25 条　县级以上人民政府应当建立政府与社会公众的互动工作机制，通过开放平台、门户网站、移动数据服务门户等渠道，收集社会公众对文化大数据开放的意见并定期进行分析，改进文化大数据开放工作，提高文化大数据开放服务能力。

第 26 条　行政机关应当通过政府购买服务、专项资金扶持和数据应用竞赛等方式，鼓励和支持公民、法人和其他组织利用文化大数据创新产品、技术和服务，推进文化大数据开放工作，提升文化大数据应用水平。

县级以上人民政府可以采取项目资助、政策扶持等措施，引导基础好、有实力的企业进行文化大数据示范应用，带动各类社会力量对包括文化大数据在内的数据资源进行增值开发利用。

第 27 条　在各地设立文化大数据开放共享试验区，试点先行，在实践中摸索文化大数据开放共享的方向和道路。

第五章　保障与监督

第 28 条　人民政府应当依法建立健全文化大数据安全管理制度和共享开放保密审查机制，其他行政机关应当落实安全保护技术措施，保障数据安全。

第 29 条　文化大数据行政主管部门应当会同有关行政机关依法制定政府数据安全应急预案，定期开展安全测评、风险评估和应急演练。发生重大安全事故时，应当立即启动应急预案，及时采取应急措施。

第 30 条　文化大数据行政主管部门应当定期组织行政机关工作人员开展文化大数据共享开放培训和交流，提升共享开放业务能力和服务水平。

第 31 条　各级省市人民政府应当制定考核办法，将文化大数据开放共享工作纳入年度目标绩效考核，考核结果向社会公布。

第 32 条　县级以上人民政府应当定期开展文化大数据开放共享工作评估，可以委托第三方开展评估，将结果向社会公布。

鼓励第三方独立开展文化大数据开放共享工作评估。

第 33 条　公民、法人和其他组织认为行政机关及其工作人员不依法履行文化大数据开放共享职责的，可以向上级行政机关、监察机关或者市大数据行政主管部门投诉举报。收到投诉举报的机关应当及时调查处理，并且将处理结果反馈投诉举报人。

第 34 条　鼓励社会和高校合作，积极培养文化大数据专业人才，提供人才保障。

第六章　法律责任

第 35 条　违反本条例规定，行政机关及其工作人员有下列行为之一的，由其上级机关或者有关机关责令限期整改，通报批评；逾期不整改的，对直接负责的主管人员和其他直接责任人员依法给予处分：

（1）不按照规定编制、更新目录的；

（2）不按照规定采集、更新文化大数据的；

（3）不按照规定汇总、上报目录的；

（4）不按照规定建设共享平台、开放平台的；

（5）提供不真实、不准确、不完整的文化大数据的；

（6）不按照规定受理、答复、复核或者反馈文化大数据共享或者开放需求申请的；

（7）要求申请人重复提交能够通过共享平台获取的文化大数据的；

（8）将共享平台获取的文化大数据提供给第三方使用的；

（9）无故不受理或者处理公民、法人和其他组织投诉举报的；

（10）违反本条例规定的其他行为。

第 36 条　违反本条例规定，在文化大数据共享、开放过程中泄露国家秘密、商业秘密和个人隐私，或侵犯知识产权的，依照有关法律法规处理。

第七章　附则

第 37 条　本条例自 2020 年 1 月 1 日起施行。

附录3　重庆市调研报告

重庆市调研报告

一、调研目的

“文化大数据发展政策研究”是文化和旅游部科技教育司委托国家图书馆开展的科研项目，旨在从公共文化服务的角度出发，推动文化大数据发展的顶层设计和制度建设，为构建目标明确、操作性强的政策体系提供理论参考和经验借鉴，分步骤、分阶段实现大数据在公共文化领域的应用，创新技术手段、促进产业融合、提高服务效益。

为更好地开展工作，课题组对国内大数据产业，特别是文化产业领域的大数据应用发展较好的省市和地区进行调研梳理，选择重庆市作为调研目的地，于2019年5月13—17日对当地大数据的开放共享、产业体系、技术发展、相关法律法规建设、支持政策进行深入调研，通过实地走访大数据产业基地和公共文化机构，掌握地方大数据应用发展第一手资料，并进行总结分析，为课题研究提供理论支持和政策依据。

二、调研行程

（一）调研地点的选择

重庆市是我国西南地区重要的一线城市，历史文化底蕴深厚，经济基础良好，设为直辖市以来，重庆经济和社会快速发展，产业结构逐步优化。在传统支柱产业对经济增长的支撑作用不断减弱的背景下，重庆市政府不断创新发展思路，推动产业转型，建设产业园区，大力培育信息技术、智能产业、文化创新产业等高新技术行业。同时，优化政府组织与管理结构，成立大数据应用发展管理局，制定战略规划并提供政策支持，提升大数据分析对经济社会发展的促进作用。

首先，在重庆市政府的重视和支持下，重庆市社会各界将大数据提升到战略高度，在不同领域采取不同对策，利用优势条件和良好发展环境，加强技术研发，促进数据共享，提升应用效益。作为全市大数据发展的顶层规划者和组织实施者，重庆市政府发挥了关键的领导作用，大数据产业发展最好的地区之一——江北区，其成就的取得离不开区政府相关部门的政策支持。因此，本次课题调研重点选择江北区大数据应用发展管理局，对江北区大数据发展中政府发挥的作用和政策扶持体系做出深入了解。

其次，作为大数据发展的实施主体和代表，重庆市云计算和大数据产业协会发挥了重要的桥梁和智库作用。其一方面为重庆市政府部门制定大数据战略和政策提供参考和辅助决策，另一方面对接不同行业领域的实体机构，制定标准，协调分工合作，为构建产学研融合的大数据发展格局提供必要支持。

最后，作为公共文化服务领域的重要组成部分，重庆市图书馆在大数据研究与应用方面取得了很大的进展。本课题在调研过程中对重庆市图书馆的大数据规划以及应用系统进行了详细了解，为公共文化大数据的落地实践提供借鉴。

（二）调研单位简介

1. 重庆市江北区大数据应用发展管理局

重庆市江北区大数据应用发展管理局（以下简称“江北区大数据局”），是 2019 年重庆市江北区政府将区经济和信息化委员会的人工智能、大数据、信息化推进职责及智能产业发展职责，区发展和改革委员会的社会公共信息资源整合与应用职责等整合组建的，是区政府工作部门。在江北区大数据局的组织与领导下，江北区曾举办以“大数据智能化·重庆创新发展新动能”为主题的 2018 重庆产业互联网高峰会。江北区保利中心建有“大数据产业基地”，其中企业涉及物联网、游戏动漫、智能生活等领域。

图 1　重庆市江北区保利大数据产业基地

2. 重庆市云计算和大数据产业协会

重庆市云计算和大数据产业协会（以下简称“重庆大数据协会”）于 2013 年 1 月成立，是中西部地区首个省级云计算和大数据行业协会。作为服务政府、服务行业、服务社会的专业化社会团体，协会汇聚了如中国电信、中国联通、中国移动、华为、紫光、重庆大学、重庆邮电大学等 200 余家行业龙头企业、高校科研院所、创新创业企业和相关机构单位，充分发挥行业组织的“桥梁纽带”作用，努力成为服务为本、治理规范、行为自律的社会组织。

3. 重庆市图书馆

重庆市图书馆于 2017 年开发图书馆大数据分析试验系统，分为图书馆大数据分析与应用系统、图书馆大数据可视化系统、图书馆文化服务创新项目系统 3 个子系统，旨在利用大数据技术，通过采集、聚合数据，并应用规律分析处理，得出结论，建立一套基于数据收集、分析挖掘、展示应用、分析服务的公共图书馆大数据分析平台。对内，指导图书馆业务工作；对外，引导读者阅读选择，重塑读者与图书馆、内容供应商间的关系，对行业发展起到推动作用。

（三）调研行程安排

此次赴重庆市调研的课题组成员共 3 人，实际调研时间为 2 天。在重庆市文化和旅游委员会和重庆市图书馆的组织安排下，调研组依次走访了江北区大数据局、重庆大数据协会、重庆市图书馆，与相关领导、专家和工作人员进行了深入的沟通和交流，并作详细访谈记录。同时对江北区保利大数据产业基地和重庆市图书馆进行了实地参观，实际感受和了解大数据产业发展成果以及文化大数据技术的具体应用。本次调研行程安排紧密，地方政府和相关单位给予了大力支持，为课题的充实和完善提供了宝贵的一手材料，对于文化大数据的规划、政策的制定和落实起到重要的参考和借鉴作用。

三、调研内容

本节内容根据调研过程中的访谈记录以及整理的相关资料汇总而成，具体如下所述：

（一）发展战略

重庆是一个集大城市、大农村、大山区、大库区为一体的西部地区直辖市。设为直辖市以来，全市经济社会发展取得长足进步，但区域之间、城乡之间发展仍然不平衡，实现统筹协调发展还有很长一段路要走。从区域关系看，全市 38 个区县在产业布局、产业结构、发展质量等方面还存在诸多问题，比如区域特色产业不明显、同质化竞争严重、产业链不完善、企业植根性不强、资源配置效率不高等亟待解决。

加快大数据发展和应用，有利于充分发挥信息技术强大的融合和整合作用，促进各区县在更广阔的平台上实现产业协同合作，促进区域产业联动发展，推动生产、文化、旅游、电子商务等领域发展，不断缩小城乡数字鸿沟，增加广大农民收入，缩小城乡差距，实现统筹协调发展。

为了应对互联网时代海量数据的管理，提高数据共享和行政运作效率，国内各地就大数据发展纷纷出台方案，机构改革蓝图已经绘就，关于大数据的规划与实施全面铺开。2013 年，重庆市在全国率先出台《重庆市大数据行动计划》（渝府发〔2013〕62 号），积极推动大数据广泛应用，逐步完善了产业布局和生态体系。该计划总体目标是：到 2018 年，全面形成数据共享与开放机制，实现数据资源高效汇聚和运转，系统平台集约建设成效显著，大数据技术广泛应用于经济社会各领域，基本实现宏观调控的科学化、社会治理的现代化、公共服务的高效化，推动经济转型升级和大数据产业跨越发展，建成国内领先的大数据应用示范先行区和产业高地。

重庆市大数据发展目标的实现需要各级政府部门通力合作，分阶段、分步骤以重点工程的形式加以落实。具体的重点任务及责任单位如表 1。

表 1　重庆市大数据重点工程及相关负责单位

工程	具体任务	进度安排	牵头单位	配合单位
政务数据共享工程	制定政务数据共享管理办法和标准、目录、指南	2017 年出台重庆市政务数据资源共享管理办法，制定数据共享标准、目录、指南。	市发展改革委、市经济信息委、市政府电子政务办	各区县（自治县）人民政府、市政府各部门、有关单位
	建设重庆市政务数据共享交换平台	2016 年基本建成重庆市政务数据共享交换平台。2017 年，逐步实现金税、金关、金财、金审、金盾、金宏、金保、金土、金农、金水、金质等信息系统通过该平台进行数据共享和交换，市级层面实现数据统一共享交换的全覆盖。	市发展改革委、市经济信息委、市政府电子政务办	市政府各部门、有关单位
	健全三大基础数据库	2017 年基本建成三大基础数据库。2018 年全面建成三大基础数据库，并实现在电子政务平台上共享。	市发展改革委、市公安局、市工商局、市规划局	市政府有关部门、有关单位
	建设全市统一的电子政务云平台	2016 年完成电子政务云平台建设，全市各级政府各部门、国有企事业单位信息系统完成迁移任务。2018 年，政务信息系统在电子政务云平台上运行比例达到 80%。	市经济信息委、市财政局	各区县（自治县）人民政府、市政府各部门、有关单位

续表

工程	具体任务	进度安排	牵头单位	配合单位
政务数据开放工程	制定政务数据开放标准与目录	2017年，出台政务数据开放标准与开放目录，50%以上的市政府部门公布数据资源开放清单。	市发展改革委、市经济信息委、市政府电子政务办	各区县（自治县）人民政府、市政府各部门、有关单位
	制定公共数据开放计划	2017年，50%以上的市政府部门公布数据开放计划。	市经济信息委、市发展改革委、市政府电子政务办	各区县（自治县）人民政府、市政府各部门
	建立重庆市政务数据统一开放平台	2017年，重庆市政务数据统一开放平台基本建成，各区县（自治县）人民政府、市政府各部门、有关单位逐步依托该平台开放数据。	市经济信息委、市政府电子政务办	各区县（自治县）人民政府、市政府各部门、有关单位
政府治理大数据工程	构建全市统一的数据采集和综合利用体系	2017年，制定出台《重庆市大数据开发利用管理办法》。2018年，启动政府和社会合作开发利用大数据试点工作。	市经济信息委、市发展改革委	市政府有关部门、有关单位
	建立重庆市综合市情系统	2016年建成以空间信息为载体，集成全市基础地理信息、地表自然和人文信息、经济社会发展信息、各类规划信息及城市运行信息等内容的市情系统。2017年，根据市情系统应用情况不断完善数据内容和软件功能，提升政府决策水平。	市规划局	市政府有关部门、有关单位
	建设重庆市政府网上审批系统	2016年初步建成网上审批系统和网上审批大数据资源库。2017年实现跨部门并联审批。	市政府办公厅	市政府有关部门、有关单位
	搭建信用建设应用平台	2016年全面实施以组织机构为基础的统一社会信息代码制度变革，初步建成信用建设应用平台。2017年实现信用信息查询服务。2018年完成登记证照转换。	市发展改革委	市工商局、市民政局等
	建立城市人居环境信息系统	2018年，基本建成城市人居环境信息系统，实现与交通、环保、公安等有关部门互联互通、信息共享。	市城乡建委、市发展改革委	市经济信息委、市交委、市环保局等
	建设舆情分析大数据平台	2018年，建成舆情分析大数据平台，并对重点信息源进行有效监控。	市网信办、市公安局	市经济信息委等
	建设社会治理应用平台	2017年建成社会治理应用平台。	市委政法委	市公安局、市司法局、市民政局、市卫生计生委、市国土房管局、市教委等

续表

工程	具体任务	进度安排	牵头单位	配合单位
公共服务大数据工程	建立社区公共服务综合信息平台	2016年初步建成社区公共服务综合信息平台，并在部分区县（自治县）开展试点。2018年，整合全市乡镇、街道公共服务。	市民政局、市经济信息委	市发展改革委、市公安局、市财政局等
	完善信息惠民应用平台	2016年开通300项信息惠民服务功能。2017年主城区市民信息惠民服务全覆盖，开通500项以上信息惠民公共服务功能，开通自助终端、服务网点、热线电话等多种服务渠道。2018年，开通1000项以上信息惠民公共服务功能。	市经济信息委	市政府有关部门、有关单位
	医疗健康服务大数据应用	2017年基本建成市、区县两级人口健康信息平台。	市卫生局计生委	市食品药品监管局等
	社会保障服务大数据应用	2018年，基本建成覆盖各区县（自治县）的社会救助、社会福利、社会保障大数据平台，实现与有关部门信息共享。	市人力社保局	市民政局等
	教育大数据应用	2016年基本建成集中统一和数据共享的基础数据库，初步形成重庆市教育云体系。2018年基本建成全市“数字教育资源超市”，深化基于教育云的教育大数据应用。	市教委	市内各学校
	文化大数据应用	2016年整合全市数字文化资源，基本建成数字文化数据库。2018年建成重庆市文化传播综合服务平台。	市文化委	各文化类企事业单位
	交通服务大数据应用	2016年基本建成重庆交通服务大数据平台。2017年完善平台功能，为公众提供多样化的交通出行服务。	市公安局	市交委、市市政委、市规划局等
	旅游服务大数据应用	2017年基本建成重庆智慧旅游云计算数据中心。2018年，基于重庆智慧旅游云计算数据中心，推进各项旅游大数据应用，进一步提升旅游服务水平。	市旅游局	市交委等
经济领域大数据工程	工业大数据应用	2018年，形成一批工业大数据应用产品和服务，建立多家数据工厂和智能工厂。	市经济信息委	市发展改革委、市科委等
	农业大数据应用	2018年，建成涉农大数据中心和农业资源要素数据共享平台，逐步实现涉农数据共享开放。	市农委	市经济信息委、市食品药品监管局、市质监局等

续表

工程	具体任务	进度安排	牵头单位	配合单位
经济领域大数据工程	服务业大数据应用	2018 年，形成一批面向金融、电信、物流等行业的大数据解决方案，服务质量和服务能力进一步提升。	市商委、市外经贸委、市发展改革委、市经济信息委、市金融办	市政府有关部门、有关单位
	电子商务大数据应用	2018 年，基本建成电子商务大数据应用平台，为我市电子商务企业提供各类大数据应用服务。	市商委、市外经贸委、市发展改革委、市经济信息委、市金融办	市政府有关部门、有关单位
大数据技术创新工程	强化基础研究与技术攻关	2017 年，成立大数据技术协同创新联盟。2018 年，建成大数据工程（技术）中心、重点实验室等研究机构，形成一批具有自主知识产权的大数据相关技术。	市科委	市经济信息委、市发展改革委等
	加快发展大数据产品与服务	2018 年，形成一批融合大数据技术的信息产品和大数据应用解决方案。	市经济信息委	市发展改革委、市科委等
	发展万众创新大数据	2017 年，科技数据资源逐步开放共享，建成一批大数据创新创业孵化平台。2018 年，基本建成大数据科学研究中心和应用服务中心，形成一批大数据公共服务产品，大数据驱动创新创业成效显著。	市科委	市发展改革委、市经济信息委、市教委等
大数据产业发展工程	统筹布局全市数据中心	2017 年，两江国际云计算产业园形成 30 万台服务器的运营支撑能力。	市经济信息委	市发展改革委、两江新区管委会等
	加快建设国际数据通道	2017 年，开通中新国际数据通道。	市经济信息委、市通信管理局	市财政局、两江新区管委会、中国电信重庆分公司、中国移动重庆公司、中国联通市分公司等
	推进中新互联互通示范工程	2016 年开始，每年遴选 2—3 个信息与通信技术（Information and Commaniotion Technology，ICT）重点项目开展合作。	市经济信息委、市通信管理局	市外经贸委、两江新区管委会、中国电信重庆分公司、中国移动重庆分公司、中国联通市分公司等

续表

工程	具体任务	进度安排	牵头单位	配合单位
大数据产业发展工程	引进和培育大数据企业	2017 年，实现培育和引进 5 家核心龙头企业、200 家大数据应用和服务企业的目标。2018 年，实现培育和引进 10 家核心龙头企业、500 家大数据应用和服务企业的目标。	市经济信息委	市政府有关部门、有关单位
	开展大数据产业试点示范	2018 年，形成一批示范效应良好、产业带动作用突出的应用示范企业和重点示范项目。	市经济信息委	市政府有关部门、有关单位
	培育大数据新模式、新业态	2018 年，形成一批数据采集、数据交换、数据处理、数据分析、数据营销等新业态企业。	市经济信息委	市政府有关部门、有关单位
	建立中小微企业公共服务大数据平台	2017 年，实现重庆市中小企业服务平台与各区县（自治县）、各领域中小企业服务线上管理系统的对接。2018 年，形成全市统一的中小微企业公共服务大数据平台。	市中小企业局	市经济信息委、市金融办等
大数据安全保障工程	完善信息安全保障体系建设	2018 年，形成完善的大数据安全评估体系，关键信息基础设施安全防护能力显著提高。	市网信办	市公安局、市经济信息委等
	提升信息安全监测、预警通报、应急处置能力	2017 年，建立起完善的信息安全监测、预警通报和应急处置机制。2018 年，进一步完善网络和信息安全基础设施，信息安全监测、预警通报和应急处置能力明显提升。	市网信办	市公安局、市经济信息委等
	加强网络安全信息共享和重大风险防护	2017 年，基本建成重庆市网络安全信息汇聚共享和关联分析平台。2018 年，实现政府部门网络风险信息共享与交换，并逐步向企业、研究机构延伸。	市网信办	市公安局、市经济信息委等

（二）组织与实施

1. 机构改革

通过表 1 可以看出，重庆市大数据规划起步较早，在各项重点工程的实施过程中，各单位和部门存在职能重合、交叉、冲突的情况，一定程度上干扰了任务的落实和进展。为此，重庆市政府决定在统筹全局和合理规划的基础上，专门成立负责推动大数据发展和实施的职能机构。2018 年 11 月 5 日，新组建的重庆市大数据应用发展管理局正式挂牌成立。按照《重庆市机构改革方案》要求，市大数据应用发展管理局作为市政府直属机构，将市经济和信息化委员会的人工智能、大数据、信息化推进职责，以及市发展和改革委员会的社会公共信息资源整合与应用、智慧城市建设职责等进行整合。

在市委统一管理下，各区县也开始机构改革进程。江北区大数据局由原区发展改革委员会和重庆市经济和信息化委员会负责智能化制造和大数据业务的相关部门组成，主要职责是制定区级大数据发展规划和政策体系，统筹大数据和智能产业发展，筹建大数据平台，推动社会各单位大数据的汇总、共享和应用，为社会和经济发展提供支持。

2. 行业协会

2012 年，重庆市提出要大力发展云计算和大数据技术和产业。在此背景下，2013 年重庆大数据协会成立并通过市民政局注册。2016 年开始，在重庆市的规划和发展背景下，协会业务有了质的飞跃。协会的定位是作为企业和政府之间的桥梁，推动产业的发展，属于产业服务型，具体服务对象是政府、产业和社会。

2012 年以前，协会的业务主管单位是重庆市经济和信息化委员会，目前实行行业协会脱钩，单独独立出来，成为独立法人机构，不是挂靠在某一个政府部门下面，而市经信委则成为其业务指导单位。协会与重庆市大数据局和经信委的联系非常紧密，工业大数据、工业互联网等其他信息化相关工作，以及软件服务业、信息服务业、与大数据相关的人工智能领域，都属于协会的工作范畴。

在组织上，协会采取会员制度，企业自发自愿加入，无任何强制性，有完善健全的会员章程和管理办法，目前的会员制度是 4A（最高为 5A 标准），已有 300 家会员企业。会费来源主要有成员单位缴纳会费、方案制定和技术咨询费用、项目评审评估服务费等。

协会日常工作主要是参与行业政策咨询，提供行业组织的意见，参与市级政策的制定。此外，还有申请软件著作权、组织培训以及配合政府部门承接会议活动，比如重庆产业互联网高峰会。2019 年协会建立了数据管理能力成熟度评估体系，评估指标共计 400 个。

（三）扶持政策

1. 顶层规划

江北区的大数据发展总体来讲正处于起步和发展阶段。从 2017 年开始，以智能江北建设为抓手，以书记区长双组长制的领导小组模式建立智能江北领导小组，各个部门成员单位均包含在小组成员中。江北区大数据发展事业主要依托智能产业和智能应用优势，包括民用建筑商务这一方面全面发力来抓项目建设，智能江北几乎涵盖所有的大数据、自动化改造等相关的项目。从制度层面，2019 年进行智能江北的顶层设计，解决政策做什么、注意哪些方面、从哪些方面作为突破或者是切入口等问题，以及怎样开展工作以成为全市甚至是全国的标杆等问题。

具体政策细节方面，截至 2019 年，大部分政策正处于起草和审核阶段，尚未有能够公开的资料信息。据了解，正在起草的政策会将整个信息服务业与大数据相关的信息服务、政策支持、产业扶持办法等都系统地涵盖在内。

保证政策的贯彻和落地，主要靠领导自上而下的重视和资金支持。江北区的大数据发展好，首先是由于区长、区委书记等对这方面的重视。江北区将计划设立产业招商联系会，后续的执行贯彻均以产业招商联系会的会议纪要为准逐步兑现。其次，江北区税收在重庆市各区排名第一，财力雄厚。对于企业而言，最关心的是利益和政府承诺。政策落实方面主要是依靠领导和政府的重视，以及财政税收等方面的支持。

2. 数据共享技术平台

江北区有超过 40 亿条的大数据。在大数据的智慧城市建设和管理方面，区领导非常重视，并且在政策和资金上均给予大力支持，目前已取得了很大成绩，特别是完成了某些互联网企业和传统企业的智能化改造。政府管理的高效离不开各部门数据的交换和共享。在数据整合方面，江北区大数据局正在着手开发和建设覆盖全区范围的大数据整合平台，利用先进的计算机技术实现各部门和机构的数据提交与汇总，为政务分析和一站式服务奠定基础。

首先，要完成各个部门和机构的数据目录的摸底和梳理，明确各个部门都做了什么业务、有哪些数据，形成一个数据建设目录。其次，加强技术研发，构建数据共享平台，对提交的数据进行格式转换或清洗，打通数据壁垒。最后，在实际服务中对某些符合要求的单位或机构进行部分数据公开，以支持其他单位的研究和工作。平台不对个人用户公开。

3. 人才培养

重庆市政府重视人才的引进与培养，从政策上对高端人才给予优惠，提供教育、住房等福利和补贴；同时，注重本土人才的培养，大数据协会在促进学校学科交叉和产业融合方面有显著贡献。在某些高校开设大数据相关课程和专业，如基于数理统计分析专业新设数据科学专业，学生毕业后授予理学学士学位；基于计算机通信专业新设大数据技术专业，学生毕业后授予工学学位。重庆理工大学于 2017 年新设置重庆市第一批数据科学与大数据技术专业，专门培养大数据研究与应用的专业人才。重庆邮电大学正按照“让重邮成为重庆市大数据智能化的一个实验场所、人才高地、科技高地”这一重要战略部署稳步推进，全面推进双一流建设。“一场所两高地”建设聚焦大数据智能化领域的技术创新和应用，以“集成电路（通信芯片、微感测器件）、智能硬件、大数据智能化应用”为重点，“大数据智能化工程教育产业型学院”“大数据智能化产业技术协同创新研究院”“环重庆邮电大学大数据智能创新创业体系”为平台，聚集了各方人才和创新资源，推动大数据智能化领域相关学科建设、人才培养、理论创新、技术突破和应用示范全方位发展，为壮大大数据智能产业和数字经济，加强和创新社会治理，提高行政效能，有力支持科技强市、网络强市、数字强市、智慧重庆建设，提供科技支撑和人才保障。

4. 标准规范

大数据本质是一个工具，只有与不同行业相结合，在具体的应用过程中才能体现它的价值。所以重庆大数据协会的最重要职责就是从标准上来推动重庆市各行业和经济产业的发展。标准规范的制定主要包括技术和行业两个方面。技术规范也是分行业来做，体系不同规范不同，例如制造业会产生制作规范、操作规范、质量检验的规范等，互联网采集行业会产生数据采集、数据格式、清洗、隔离等相应的规范。更重要的是制定团体标准，需要行业内的数十个企业达成共识，比如数据怎么采集、采集哪些数据、怎么清洗、怎么共享、怎么进行二次开发等，达成了共识才能更好推进产业的发展。团体标准比政策性文件更容易落实到具体的产业上。

标准规范工作的开展：首先要以团体标准的名义来进行。我国的标准有五个体系：国家标准、行业标准、地方标准、团体标准、企业标准。现在国家大力提倡的是团体标准，这是由于我们国家的标准体系在向西方发达国家的标准体系靠拢，西方发达国家的标准体系实际上只有三个：国际标准、国家标准、团体标准，国家要通过这种方式提高团体标准的质量。标准研制的流程是非常长的，一个国家标准的批准时间最少一年。2019 年以来，在协会的努力下，已发布 1 个 ISO 国际标准，39 个团体标准，有 4 个团体标准已经立项，4 个已结题，这也说明了重庆市的标准化管理部门对协会工作的认可。下一步计划成立标准化委员会，让高校来牵头，分别与各企业进行对接，明确政企职责分工，建立合作共享机制。

5. 产业扶持

（1）招商引资

在产业方面，企业入驻税收采取三免两减半的政策，房屋租金参照税收的产业奖励，并实行高管人才政策，如果企业上市，会单独有一些奖励和扶持。同时，如果企业的效益增速好，每年增速能够在百分之三十以上，也会有相应的奖励，建立阶梯形奖励机制。

（2）技术扶持

技术方面的扶持政策包括对企业的研发投入、专利申请、与高校的合作（与高校的合作要切实带来收益）等进行扶持。

（3）产业融合

产业融合需要依托具体的业务，由甲方提出具体需求、承建方通过技术手段实现具体应用的模式来实现。如由重庆的三甲医院牵头，并提出具体需求，通过项目外包和技术研发推动大数据和健康医疗的融合。

（四）文化大数据的应用与发展

1. 文化和旅游大数据的应用与发展

2018 年 8 月 24 日，在“智博会”旅游大数据发布与签约授牌仪式上，文化和旅游部数据中心重庆分中心挂牌成立，该中心将助力重庆旅游的智慧发展，推动重庆旅游行业全面提档升级。该中心由重庆市旅游发展委员会和中国旅游研究院（文化和旅游部数据中心）联合成立，双方将加强对重庆旅游总体形象的宣传和推广合作，加强统计与数据建设交流与合作，开展旅游统计业务指导、各类旅游专项课题研究、人才交流等。重庆市文化和旅游发展委员会还与阿里云计算有限公司、重庆旅游投资集团有限公司、美丽华旅游有限公司、重庆小雨点小额贷款有限公司、银联商务股份有限公司、深圳市普乐方文化科技股份有限公司签订合作协议，达成合作共识，包括建设重庆旅游云、开发“山城通”APP、引进“普乐方科技旅游体验”等。

重庆公共服务数字阵地建设加快，2018 年 8 月 21 日，重庆智慧旅游研究院挂牌成立，全域旅游云建设加速推进，旅游公共信息服务体系基本建成，“科普文化云”“巴渝文化云”“群众文化云”全面上线运行。

此外，文化和大数据的结合促进了文化保护和服务工作的发展，以大数据、云计算、人工智能等先进信息技术手段使文物资源数字化，实现文物信息资源共享开放是智慧博物馆体系建设的重要目标之一。2012 年，国家文物局正式将大足石刻列入中国文化遗产监测试点。2013 年，《大足石刻世界文化遗产监测预警系统总体技术方案》通过了重庆市文物局组织的专家评审。利用大数据技术建设的大足石刻世界文化遗产监测预警平台不仅有卧佛等石刻造像的实时监控画面，还显示着温湿度监测、岩体表面温度监测、可吸入颗粒物监测等多项监测结果。智慧博物馆的建设方面，以重庆三峡博物馆的“互动展示魔墙”为例，这面 10 余平方米的高清“魔墙”，展示了该馆珍贵馆藏文物和重庆市全国重点文物保护单位的图文介绍。站在“魔墙”前，参观者会被面前不断涌现的文物图片所震撼。参观者对哪件文物感兴趣，只需轻轻一点，就可以欣赏这件文物的细节和文字介绍。此外，这块“魔墙”还提供了检索功能，只要输入关键词，就能检索到相应的文物资源。“重庆中国三峡博物馆”APP 中，展示了“群鸿戏海图”等 11 个动画短片。打开“群鸿戏海图”，可以看到画中的鸿雁时而翩翩起舞，时而低头觅食，充满了浓郁的传统文化韵味。2018 年 9 月 3 日，红岩革命纪念馆的基本陈列已经完成改陈，2000 余平方米的展厅中，增添了许多互动参与设施。尾厅部分，正在建设“红岩记忆”数字体验厅，将运用曲面投影、全息投影、增强现实（AR）、虚拟现实（VR）等方式展示“重庆大轰炸”等历史事件，给观众身临其境的参观体验。

2. 图书馆大数据的应用与发展

（1）三大文化惠民工程系统建设

重庆市图书馆利用三大文化惠民工程（现在统称为公共数字文化工程），与其他部门合作，共建几个跟大数据有关的系统：一是基于馆藏资源和重庆网络电视台共同打造 IPTV 新媒体平台。二是和重庆广电系统合作，建设“巴渝文化”的有线数字电视平台，实施主体是重庆网络数据有限公司。三是与重庆市科协和重庆市文化委在 2016 年底至 2017 年初启动“科普文化云”项目，主要提供整个平台以及终端推广，计划在全市设立三千个科普文化的实践推广试点，后台的文化类资源主要由重庆图书馆提供。

图 2 重庆市图书馆“科普文化云”

（2）“图书馆大数据分析试验系统”项目

2015 年初，重庆图书馆在 2015 年度国家文化科技提升计划项目中选择“大数据”选题，以《公共文化服务类大数据分析试验系统与应用示范——图书馆大数据分析试验系统的研究与应用》为题申报国家文化科技提升计划项目，并获得立项。项目拟以图书馆相关信息系统为基础，结合目前逐渐应用于各行业的大数据技术、理念，建立一套基于数据收集、数据分析挖掘、数据展示应用、数据分析服务的公共图书馆大数据分析处理系统，借助本研究系统中对各项数据的分析挖掘、业务模型的模拟预测评估和可视化数据展示，为图书馆相关的文献业务处理、管理决策参考、文化深度服务等方面的工作起到重要的指导和参考作用。

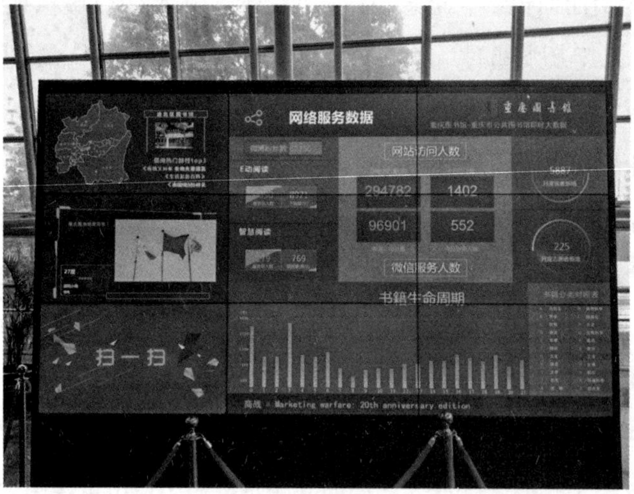

图 3　重庆市图书馆图书馆大数据分析试验系统

项目突破的关键技术在于运用图书馆系统业务相关的静态数据批量分析处理、动态流式数据交互处理、图形数据综合处理等手段，以实现当前大数据环境下的图书馆资源优化配置、服务职能升级、业务项目拓展。通过构建“图书馆大数据后端决策分析子系统”和“图书馆大数据可视化子系统”实现对图书馆内部业务工作的指导、各系统数据的关联、对读者的阅读指导。

“图书馆大数据分析试验系统”项目结合重庆市图书馆行业建设实践，在建设模式、技术实现方式、功能需求等方面进行深入研究，推出适合全国图书馆行业的低运行成本的、具备可复制的、适宜管理的、可提供多形态服务的、引进先进技术的全新形态的文化大数据系统。在实践的基础上，其软件产品和应用服务模式将会在一定程度上推动国内图书馆界的相关技术的研究和进步，为全国各地所应用。项目由科研成果转化为产品投放市场以后，市场开发的潜力较大；同时，该系统在国内图书馆的推广和全面投入应用，将较好地推动我国图书馆数字化建设的进程，从一定程度上促进公共文化事业的发展。

项目面临的困难主要在于数据的来源，即静态数据和动态数据的获取。静态数据主要是从办证信息中来获取，然而供填写的20个字段中，读者填写的一般只有三分之一，且读者有30万左右，其中活跃者只有6万左右，因此读者信息的完善是一个难点，仅靠静态数据难以收集其社会属性。同时，没有有效的激励机制，激励读者来重新完善信息。图书馆曾计划从社保等部门获取数据，但是考虑到数据隐私、安全的问题最终没有实现。动态数据主要包括17个系统的数据：外购数据库、自建数据库、门禁、到馆统计、无线网络认证等系统，其获取也有一定的困难。

四、问题和对策

（一）大数据的理解误区

有些地方认为做大数据就要做大数据中心，投入巨资和人力兴建基础设施建设和采购设备。实质上，做大数据不一定要有数据中心。数据中心作为信息基础建设只是大数据存储和管理的载体，关键是如何利用现代信息技术对大数据进行分析，实现数据挖掘和价值提炼，为具体的社会、经济、科研、文化、民生等事业服务。就地方而言，大数据的工作重点也各不相同，有些地区重在通过改组政府机构，成立专门的大数据发展管理局，通过整合政务数据提高行政效率；有些地区则重在整合发掘产业数据，为不同行业的企业实体提供数据服务，促进产业发展。

（二）数据的获取和提交

大数据政策的落实离不开数据的收集和整理。实际工作中，数据的来源和提交面临较大困难。首先，各单位内部业务流程繁杂，工作环节多，导致其自身数据类型众多，数量庞大，长期以来对自身大数据的认识程度不够，对数据的梳理和摸底不够深入细致，难以有效提取和提交大数据资源。其次，数据作为企业或机构的重要战略资源，具有重大的价值，涉及核心利益，因此使其自愿主动提交面临较大阻力，而通过行政命令强制提交的数据则可能存在数据不全、质量缺陷、未按时提交的问题。最后，各机构的技术平台和数据结构不一致，导致提交的数据存在异构性，统一整合难度较大。因此，需要研究数据收集机制，利用激励、行政、商业等手段，鼓励社会力量参与数据的提交。同时，需要对内部数据进行全面详细梳理，联合各界建立数据建设和加工标准，为数据的整合提供支持。

（三）数据的共享及安全

目前，国家层面还尚未出台涉及数据所有权、隐私权、数据安全等的相关立法。最近的相关政府文件是2019年4月国家卫计委发布的关于健康医疗大数据的指导性的意见，目前国家层面针对医疗行业，只有这一个文件明确了患者的个人信息归患者个人所有，但是它只是一个规范指导性的意见。对于个人来讲，个人信息是个人资产；对于企业来讲是企业资产；对于政府来讲，政府的数据资产还涉及数据安全问题。目前重庆市在数据隐私和保护方面的立法尚未取得足够进展，没有国家级的参考，而且涉及的开创性内容很多，需要太多的研讨、验证、校验等。未来，需要联合企业、研究机构、专家和地方行政机构对数据的共享和安全问题进行深入研究，并呼吁国家对数据安全领域建立较为完善的法律规章制度，使大数据的应用有法可依，为适应将来大数据的规模化和社会化应用提供必要的保障。

附录4　杭州市调研报告

杭州市调研报告

根据文化大数据发展政策研究课题组的统一安排，本调研组于2019年5月7日至10日期间赴浙江省杭州市进行调研。调研组重点调研了杭州市国家文化消费试点城市创建领导小组、杭州市数字资源管理局、浙江省文化产业促进会、宁波云朵网络科技股份有限公司，与相关工作人员进行了座谈，并走访了杭州市图书馆、浙江省图书馆。现将情况报告如下。

一、调研单位的基本情况

（一）杭州市国家文化消费试点城市创建领导小组

杭州市人民政府于2017年7月成立了杭州市国家文化消费试点城市创建工作领导小组（以下简称“领导小组”），领导小组办公室设在市文广新闻出版局。领导小组整合17家文化相关部门和单位资源，并依托文化类大企业、大平台，通过文化类大数据的采集、挖掘和利用，分析判断文化消费群体及个人偏好，实现文旅消费供给侧和需求端的精准对接[①]。2018年，杭州市出台《杭州市全面推进“三化融合”打造全国数字经济第一城行动计划（2018—2022年）》，领导小组积极落实全面推进数字产业化、产业数字化、城市数字化“三化融合”[②]的工作要求，全方位运用大数据、云计算、移动互联网等信息技术，研发新平台、设计新产品、打造新零售，撬动文旅消费新引擎，取得了明显成效[③]。2019年春节黄金周实现旅游总收入61.02亿元，其中文娱消费3.72亿元，同比增长61.26%。

（二）浙江省文化产业促进会及宁波云朵网络科技股份有限公司杭州第二总部

在浙江省委宣传部的主导下，浙江省文化产业促进会与宁波云朵网络科技股份有限

---

① 大数据时代杭州拉动文化消费三策[EB/OL].[2019-05-17]. http://www.0571ci.gov.cn/article.php?n_id=9474.

② 杭州市全面推进“三化融合”打造全国数字经济第一城行动计划（2018—2022年）[EB/OL].[2019-05-17]. http://www.hangzhou.gov.cn/art/2018/10/11/art_1345197_21770290.html.

③ 加快文旅融合步伐推动产业高质量发展[N/OL]. 中国旅游报，2018-04-11[2019-05-17]. http://www.ctnews.com.cn/art/2019/4/11/art_116_38480.html.

公司共同打造了浙江省文化产业大数据服务平台（浙朵云），并于 2017 年 6 月 26 日由浙江省文化改革发展工作领导小组办公室发文（浙文改办〔2017〕7 号）正式启用。该平台分为文化产业数据、资讯、服务三大版块，利用互联网、云计算、大数据等先进信息技术和管理模式，按照“政策引导、市场化运作、面向产业、服务企业、数据共享、注重实效”的原则，覆盖浙江省 11 个地级市，88 个县市区，为当地文化产业主管部门、文化企业和第三方机构提供基于云计算的“文化产业公共服务平台及一站式服务”①。截至 2019 年 3 月 31 日，该平台注册文化企业 125 万家，接受文化企业咨询 65 万条，组织文化企业学习使用浙朵云 330 场，培训企业超 3.2 万家。除了为企业提供服务以外，也为政府的管理提供方便，政府通过大数据分析，可以精准施策，更好地制定发展战略。

（三）杭州市数字资源管理局

杭州市数字资源管理局成立于 2017 年，是统筹全市数据资源管理的市政府工作部门，承担拟订全市数据资源发展战略、发展规划、年度计划、政策措施和评价体系并组织实施，组织实施国家和地方数据技术标准，研究制定全市数据资源采集、存储、使用、开放、共享等标准规范，负责全市政务数据和公共数据平台建设和管理，组织协调全市政务数据和公共数据资源的目录制定、归集管理、整理利用、共享开放，推动数据资源在政府管理和社会治理领域的应用，组织实施城市“数据大脑”等重大项目的建设等九大职责②。

近年来，杭州市数字资源管理局响应浙江省“最多跑一次”改革，协调推进杭州市“数据大脑”等重大项目建设，联合阿里巴巴、华数传媒、咪咕数媒等行业骨干企业，搭建杭州市公共数据工作平台，有效提升了城市管理水平。

二、杭州地区文化大数据发展政策及应用现状

（一）较为完善的大数据组织机构

浙江省和杭州市紧跟国家步伐，重视大数据建设，在大数据规划和应用方面居于全国前列，这得益于其完善的组织机构建设所发挥的顶层设计、统筹引领作用。

---

① 浙江省文化产业大数据平台[EB/OL]. [2019-05-17]. http://www.zdool.com/zdweb/login.aspx.

② 杭州市数据资源管理局基本信息[EB/OL]. [2019-05-17]. http://www.hangzhou.gov.cn/col/col1390103/index.html.

自 2015 年 9 月 5 日国务院印发《促进大数据发展行动纲要》后，浙江省迅速响应，于一个月后成立了浙江省数据管理中心，这个机构是为加快推进浙江省信息资源的整合开放和大数据产业发展①，强化大数据建设发展顶层设计而成立的机构。2016 年 2 月浙江省政府印发了《浙江省促进大数据发展实施计划》②。在“最多跑一次”精神引领下，2018 年 10 月浙江省新增副厅级单位——浙江省大数据发展管理局，以加强互联网与政务服务的深度融合，统筹管理公共数据资源和电子政务，加快推进政府数字化转型和数字浙江建设③。2017 年，杭州市人民政府办公厅发布《杭州市数据资源管理局主要职责内设机构和人员编制规定》，设立杭州市数据资源管理局，统筹全市数据资源管理④。

在文化大数据建设方面，杭州市将国家文化消费试点城市创建工作领导小组办公室设在杭州市文化广电旅游局，探索“互联网 + 文化消费”模式。在文旅融合背景下，杭州市于 2017 年初成立了杭州旅游经济实验室，打造旅游大数据分析平台——杭州文旅大数据决策系统和大数据公共服务平台，促进文旅消费对接精准化。

（二）相关大数据政策法规

杭州市制定了相关的政策、行政法规等为大数据的开发与利用保驾护航。在数据安全方面，杭州市为加强政务数据安全管理，建立健全政务数据安全保障体系，预防政务数据安全事件发生，依据《中华人民共和国网络安全法》《浙江省公共数据和电子政务管理办法》等法律、行政法规，制定并发布了《政务数据安全管理办法（暂行）》⑤。2018 年 12 月 30 日以浙江省杭州市地方标准的形式发布了《政务数据共享安全管理规范》，该规范规定了政务数据共享的总则、基本要求、数据归集安全、数据传输安全、数据存储安全、数据处理安全、数据共享安全和数据销毁安全，为大数据从产生到销毁

---

① 浙江：成立省数据管理中心[EB/OL].（2017-12-07）[2019-05-17]. http://leaders. people. com. cn/n/2015/1031/c58278-27761013. html.

② 浙江省人民政府关于印发浙江省促进大数据发展实施计划的通知[EB/OL].（2016-02-18）[2019-05-17]. http://www. zhejiang. gov. cn/art/2016/3/1/art_12460_263726. html.

③ 浙江新增这个副厅级单位有新意　因地制宜组建大数据发展管理局[EB/OL].（2018-10-23）[2019-05-17]. http://k. sina. com. cn/article_1651428902_626ece2602000dwy2. html.

④ 杭州市数据资源管理局主要职责内设机构和人员编制规定[EB/OL].（2017-10-30）[2019-05-17]. http://www. hangzhou. gov. cn/art/2018/1/10/art_1450801_4231. html.

⑤ 关于转发《杭州市政务数据安全管理办法（暂行）》的通知[EB/OL].（2018-10-12）[2019-05-17]. http://xxgk. xiaoshan. gov. cn/art/2018/12/24/art_1310577_28101011. html.

的全流程建立了一个严密的管理规范①。

在数据共享方面，2014年浙江省人民政府办公厅出台《浙江政务服务网信息资源共享管理暂行办法》，以促进政务数据资源的优化配置和有效利用，充分发挥浙江政务服务网杭州平台的作用，推动政府部门之间数据共享和业务协同，切实提高行政效能、服务质量和管理水平②。根据该暂行办法精神及有关法律、法规、政策和技术标准，2015年2月15日杭州市人民政府办公厅发布了《杭州市政务数据资源共享管理暂行办法》③，比国务院2016年9月5日印发的《政务信息资源共享管理暂行办法》④早了一年多。

（三）文化和旅游消费大数据

首先，杭州市注重文化和旅游消费数据归集，精准对接文旅消费供与需，具体措施如下：①专门建立文化类信息资源数据库，并依托阿里巴巴、华数传媒、咪咕数媒等骨干企业，分别建立演出消费、电影消费、数字电视消费、网络文学消费用户数据库，目前已积累文化类企业信息14.4万条。②围绕交互、在线和智能的“城市大脑”核心要素，推出全国首个市级旅游大数据集成应用平台——杭州文旅大数据决策系统以及“杭州数字旅游”等大数据公共服务平台，以游客行前预订、行中消费为和行后反馈为主线，实现实时监测、协同指挥、应急预警的数据快速响应。③开展用户数据分析。基于海量的文化消费数据，开展深度剖析，了解不同地域、年龄、性别用户的消费偏好。④发布文化数据报告。利用文旅大数据，并通过整合运营商手机信令数据、OTA订单数据、网络爬虫数据，先后发布《杭州市文化市场发展报告》《杭州市文化产业社会消费数据白皮书》《数字阅读白皮书》《网络文学发展报告》等，预测消费趋势，为政府制定政策提供支撑。

其次，杭州市利用文化消费大数据，推动数据应用赋能文旅产业。包括：①大数据挖掘技术将用户和内容进行匹配，实现“千人千面”的精准推荐和“心有灵犀”的消费体验，如咪咕数媒的“数字阅读+”计划，华数传媒的新型智家产品体系。②制订差异

① 杭州发布城市大脑与政务数据安全管理两项地方性标准规范[EB/OL].（2019-01-14）[2019-05-17]. http://www. sohu. com/a/288852644_488937.

② 浙江政务服务网信息资源共享管理暂行办法[EB/OL].（2014-11-28）[2019-05-17]. http://www. zj. gov. cn/art/2014/12/16/art_32432_189482. html.

③ 杭州市人民政府办公厅关于印发杭州市政务数据资源共享管理暂行办法的通知[EB/OL].（2015-03-31）[2019-05-17]. http://www. hangzhou. gov. cn/art/2015/3/31/art_807152_1052. html.

④ 国务院关于印发政务信息资源共享管理暂行办法的通知[EB/OL].（2016-09-19）[2019-05-17]. http://www. gov. cn/zhengce/content/2016-09/19/content_5109486. htm.

化营销策略。针对不同地域观众对演出、展览、赛事的不同喜好，调整市场策略，如大麦网、飞猪旅行推出的市场策略和服务产品。③推动新零售业态落地。通过传统文化和智能设备搭建文化消费新场景。在景区、地铁、公共图书馆等城市窗口设置文化诚信消费柜 68 组，自 2018 年 6 月以来已实现销售额 153 万元。

（四）文化产业大数据服务

浙江省文化产业促进会联合宁波云朵公司共同建设了浙江省文化产业大数据服务平台（以下简称“平台”）。平台覆盖浙江省 11 个地级市，88 个县市区，为当地文化产业主管部门、文化企业和第三方机构。平台建立了文化行业动态数据库，目前包含创意设计服务、内容创作生产、文化辅助生产和中介服务、文化传播渠道等多种类数据，共 12.3 万条动态数据。平台依托大数据，面向文化企业，提供信用评级、投融资、贷款周转、无形资产抵押、知识产权保险等金融服务；提供创业创新服务与技术共享，促进通过转让、许可或作价投资等方式向文化企业转移技术；通过整合高校、科研机构、文化企业和其他社会资源，举办适合文化产业发展的各种特色培训班和实训基地，完善人才信息及招聘信息。

（五）大数据应用及服务依托企业实现

调研中发现，几家调研对象单位的大数据应用及服务的系统都委托给了公司搭建，包括文化消费大数据、浙江省文化产业大数据服务平台、杭州市公共数据工作平台。大数据系统采用外包建设模式，这种建设模式对调研对象单位的 IT 部门能力要求不高，能够满足单位的系统建设需求，但单位对系统的控制能力较低，也存在着一定的系统安全和数据安全隐患。

（六）良好的人才培养政策及环境

杭州市拥有较为完善的人才培养政策及人才生态环境，吸引了大量创新创业人才。根据猎聘网发布的《2018 年杭州中高端人才及杭漂大数据报告》，杭州人才净流入率为 13. 6%，排名全国第一[①]。

首先是有省级人才引入计划作为政策依托。浙江省于 2009 年、2017 年先后出台省

① 吴静. 13. 6%！杭州人才净流入率全国第一[N/OL]. 杭州日报,2018-04-13[2019-05-17]. https://hzdaily. hangzhou. com. cn/hzrb/2018/04/13/article_detail_1_20180413A237. html.

级“千人计划”[①]和“万人计划”[②]，引进并重点支持包含文化艺术领域在内推动学科及科技创新发展的高层次人才。

在此基础上，杭州市推进人才发展体制机制创新。2015年，杭州市委市政府先后发布《关于杭州市高层次人才、创新创业人才及团队引进培养工作的若干意见》[③]、《关于深化人才发展体制机制改革完善人才新政的若干意见》[④]，通过人才新政增强本市人才吸引竞争力。在此基础上，发布《杭州市高层次人才分类目录》，将本市高层次人才划分为国内外顶尖人才（A类）、国家级领军人才（B类）、省级领军人才（C类）、市级领军人才（D类）、高级人才（E类）五个层次类别[⑤]，不同层次人才可以享受到不同政策待遇，使人才政策精准发力。

此外，杭州市还注重对人才的激励保障，通过出台《杭州市高层次人才住房保障实施意见（含暂行办法）》等保障政策，打造良好的人才生态环境。

（七）企业与高校联合推进文化产业人才培养

当前，我国大数据专业在高校教育体系中刚刚起步，还不能有效满足社会对大数据人才的需求。杭州市部分企业先行一步，与高校达成合作，面向在校生开设大数据相关课程、讲座、沙龙，利用企业“反哺”教育的形式，提升高校学生的大数据素养，推进校企间的需求对接和良性互动。

云朵网络科技有限公司目前已与复旦大学、台州学院等多所高校联合，主要面向高校非大数据专业在校生，开设数据挖掘相关大数据通识课程，提升不同专业背景、领域学生的大数据素养。根据学校不同需求，云朵公司可为其个性化定制不同周期、不同形式的课程，如提供每周一次的固定课程、每月讲座、不定期大数据沙龙等，其灵活的课程形式受到多家高校欢迎，目前与复旦大学、丽水学院、宁波工程学院、万里学院、浙

① 《关于大力实施海外优秀创业创新人才引进计划的意见》和《浙江省“海外高层次人才引进计划”暂行办法》[EB/OL]. [2019-05-17]. http://dj. ouhai. gov. cn/art/2014/1/14/art_1266084_3668743. html.

② 关于印发《浙江省高层次人才特殊支持计划》的通知[EB/OL].（2017-03-01）[2019-05-17]. http://www. zjkjt. gov. cn/news/node01/detail0101/2017/0101_75279. htm.

③ 关于杭州市高层次人才、创新创业人才及团队引进培养工作的若干意见[EB/OL].（2015-03-31）[2019-05-17]. http://rc. zjhz. hrss. gov. cn/articles/detail/123. html.

④ 关于深化人才发展体制机制改革完善人才新政的若干意见[EB/OL].（2018-01-10）[2019-05-17]. http://rc. zjhz. hrss. gov. cn/articles/detail/3079. html.

⑤ 杭州市高层次人才分类目录[EB/OL].（2018-05-30）[2019-05-17]. http://rc. zjhz. hrss. gov. cn/articles/detail/3669. html.

江大学宁波理工学院等 16 所院校达成合作，共同推进大数据人才培养。

（八）开放共享的法规尚待推动施行

杭州市积极推动大数据相关地方法规的立法调研工作，于 2017 年草拟了《杭州市政务数据共享开放条例》，但因浙江省尚未出台与此相关的地方法规，加之国家层面也没有相应的法律或其他指导性文件，此条例目前还未得到杭州市人大批准实施。据了解，贵州省于2016年3月1日开始施行《贵州省大数据发展应用促进条例》[①]，这是我国首部大数据地方法规。此外，贵阳市于 2017 年 5 月 1 日开始施行《贵阳市政府数据共享开放条例》[②]，天津2019年1月1日开始施行《天津市促进大数据发展应用条例》[③]，这些都是地方立法的有益尝试，杭州市或者浙江省在大数据开放共享方面的立法工作尚需进一步推动。

（九）文化大数据应用场景不够明确

杭州市大数据应用在国内虽走在前列，但其主要应用范围集中在政务、旅游、交通、医疗等领域。文化领域虽搭建了“浙朵云文化产业大数据服务平台”等大数据平台，但主要服务于文化产业尤其是中小型文化企业，对于图书馆、博物馆、美术馆、文化馆等公共文化领域，仅有用户画像、借阅大数据整理等较为初级的大数据应用尝试，尚未形成具有庞大数据归集、共享、应用的公共文化大数据项目。相较于有经济驱动的文化产业，公共文化领域目前还缺乏对大数据应用场景和应用目的的进一步明确，客观上导致了当前公共文化大数据较为分散、利用程度不高、成效不突出等现实问题。

（十）文化机构大数据人才流失

杭州市宽松的人才政策，有效吸引了大量人才来杭工作，但绝大多数大数据人才选择进入企业，到政府机关部门从事管理工作的大数据高级人才严重缺失，工资待遇、发展前景、准入门槛等成为政府机关部门大数据人才引进的制约因素。目前，杭州市数字资源管理局等多家大数据业务相关政府机关部门的工作人员，大部分为非大数据相关专

① 贵州省大数据发展应用促进条例[EB/OL].（2016-01-15）[2019-05-17]. http://www. gzrd. gov. cn/gzdt/lfgz/lfgg/16726. shtml.

② 《贵阳市政府数据共享开放条例》5月1日起施行[EB/OL].（2017-04-11）[2019-05-17]. http://www. gysrd. gov. cn/News_show. aspx?xid=2&lmid=16&nid=7078.

③ 天津市促进大数据发展应用条例[EB/OL].（2018-12-17）[2019-05-17]. http://www. tjrd. gov. cn/flfg/system/2018/12/17/030011277. shtml.

业背景人士，缺乏精通大数据技术与管理的复合型高级人才，多数单位只能通过较为有限的业务知识培训提升工作人员的大数据知识技能水平，客观上对推动大数据政策制定及技术发展起到了一定制约作用。

三、对文化大数据发展政策

（一）文化大数据开放共享方面的建议

1. 成立专门的组织机构

针对公共文化大数据的开发应用、开放共享，基于我国公共文化服务机构隶属于不同的文化行政管理部门的基本情况，建议在现有的体制框架内建立不同层次的组织协调机构。如在国家层面，由国务院主导，文化和旅游部、国家文物局、国家档案局等相关部门联合组建协调机构，负责全国的公共文化大数据开放共享的组织与协调工作，主要负责落实国家有关促进公共文化发展的重要决策和法律法规，制定促进文化大数据开发应用、开放共享、安全管理等各方面的方针政策及法律法规，组织并推动不同部门之间的合作沟通等。各级地方政府也应成立相应的组织协调机构，组织各级各类公共文化机构开展公共文化大数据的开发应用与开放共享。

2. 出台开放共享的政策法规

长期以来，我国大数据发展一直处于法律法规缺位的困境中。中关村大数据产业联盟秘书长、北京大数据研究院副院长赵国栋曾表示，大数据一直处在“灰色地带”，其使用权属一直以来缺乏明确界定，通过立法确定大数据的使用权属推动数据的开放利用，有利于保证大数据产业的健康发展[①]。贵州能在没有上位法可参照、没有同类法可借鉴的情况下，率先出台大数据地方法规非常可贵，天津等地也相继出台了大数据相关条例，但大多数省份因各种原因在大数据立法方面仍然裹足不前，踌躇观望，所以亟须国家层面出台大数据开放共享相应的政策法规或者指导性意见，将大数据产业纳入法制轨道，进一步促进大数据产业的健康顺畅发展。公共文化大数据是大数据的下位分类，政府应在现有法律法规、政策文件的指导下，把握现实需求，出台相应的政策文件，指导我国公共文化大数据的开发与利用。

（二）文化大数据的数据安全建议

---

① 中国首部大数据地方法规出台[EB/OL].［2019-05-17］. http://news.cntv.cn/2016/01/16/ARTIjeYGqvEbEqc8CkhCXciL160116.shtml.

大数据系统建设及应用服务普遍采用外包模式，由专业公司来实现文化大数据的采集、存储、分析及应用，相应的系统平台需要由公司来具体搭建，因而存在一定的系统安全风险、数据安全风险。这就需要从法律法规、管理制度、安全防范措施、监控等方面确保文化大数据的安全。在法律法规方面，应开展法规条例的预研，制定文化大数据安全管理条例；在管理制度方面，可以制定文化大数据安全管理办法，实施单位应规范大数据业务流程、制定安全条例和数据安全预案；安全防范方面，大数据系统管理应考虑加强权限管理、数据加密、数据脱敏脱密、日志管理和审计等安全措施；在安全监控方面，应采取措施，在办公室、机房等场所安装门禁、实时监控设备。此外还可以通过签署系统安全协议、人员安全保密条例等，加强文化大数据系统及数据的安全。

（三）文化大数据法律制度的建议

1. 开放共享相关条例

为了全面实施大数据战略行动，推动文化大数据共享开放和开发应用，促进数字经济健康发展，提高政府治理能力和公共文化服务水平，有必要制定《文化大数据开放共享条例》，对文化大数据采集汇聚、数据共享、数据开放、保障与监督、法律责任等方面进行详细规定，为我国文化大数据的开放共享提供法律依据。

2. 数据安全相关条例

考虑到文化大数据系统及数据存在诸多的安全隐患，建议尽早制定《文化大数据安全管理条例》，或是在其他法律制度文件中加强对文化大数据安全管理的要求。具体来说，条例应明确安全责任主体及相应的安全责任，制定大数据收集、存储、传输或应用的各个环节的安全措施，建立监测预警与应急处置机制，制定安全管理和审计制度，明确法律责任，以及明确相关部门需要配合开展的工作。

（四）文化大数据人才培养的建议

1. 打造吸引人才的政策环境

依托国家高层次人才引进计划，为文化大数据高级人才制定更有针对性的引进政策。明确文化大数据人才需求，从国家层面制定文化大数据人才目录，对不同层次人才进行分类，分别制定与其相适应的引进政策及激励保障制度，为各地制定地方性文化大数据人才政策提供方向和参考。

完善文化大数据人才激励政策，为行业从业人员提供良好的人才生态环境。由于目前文化大数据人才稀缺，国家可以在现有人才激励措施的基础上，鼓励地方进一步制定在落户、住房、升学等方面面向文化大数据人才倾斜的激励政策，吸引相关人才尽快进入该领域，扩充文化大数据人才队伍，推动文化大数据行业稳步发展。

2. 加强对各级人才的培养

加强高校大数据人才的培养。在开设大数据专业基础上，将大数据基础、数据分析与挖掘等课程纳入通识教育体系，面向艺术文化类专业学生开放，培育同时具备文化领域专业能力与大数据素养的复合型人才，逐步解决当前文化领域人才不懂大数据、大数据人才不了解文化领域特征及需求的问题。

促进校企合作，推进产学研一体化，通过“订单式”人才培养向社会输送符合当下需求的文化大数据人才。企业可从文化大数据人才需求出发，与高校签订人才培养协议，并在师资、技术、平台建设等方面相互借力，为学生提供更有针对性的课程和实践平台，共同培养能满足文化大数据用人需求的专业人才。

加强文化大数据从业人员的业务培训，提升行业整体大数据素养。通过举办文化大数据业务培训班、讲座沙龙等形式，对从业人员尤其是非大数据专业人员进行业务培训和技术指导，增强其对大数据的认知和理解，使其更好地胜任文化大数据领域各项工作。

增进人才交流，促进文化大数据行业内人才合作发展。搭建文化大数据专家库，建立专家交流指导机制。通过到企业挂职、交流学习等方式，提升文化大数据行业管理人员专业素质，激发行业活力。

附录5　贵州省调研报告

贵州省调研报告

根据文化大数据发展政策研究课题组的统一安排，本调研组于2019年5月13日至16日期间赴贵州省贵阳市进行调研。调研组重点调研了贵州省大数据发展管理局、云上贵州大数据产业发展有限公司、贵州省数据调度中心、国家信息中心大数据产业生态示范（贵阳）基地、贵阳创新驱动发展战略研究院、贵州省图书馆等单位。通过实地走访和座谈会等形式，调研了大数据开放共享、运行机制的情况；文化大数据发展规划、扶持政策、组织实施方法、法律法规、条例制度等情况；大数据项目（平台）建设情况；大数据人才结构和引进情况等。现将情况报告如下。

一、贵州省大数据发展管理局

（一）单位简介

2017年2月，根据中央编办相关批复，经贵州省政府同意，省政府办公厅印发《贵州省大数据发展管理局主要职责内设机构和人员编制规定》（以下简称《规定》），贵州省公共服务管理办公室更名为贵州省大数据发展管理局，为省人民政府正厅级直属事业单位。

管理局主要职责如下：

（1）负责起草相关地方性法规、规章草案，拟订大数据、信息化行业技术规范和标准并组织实施。

（2）负责统筹数据资源建设、管理。统筹政务数据采集汇聚、登记管理、共享开放工作，推动社会数据汇聚融合、互联互通，统筹推进大数据安全体系建设和安全保障工作。

（3）负责统筹协调全省政务信息化、电子政务建设，推动政务信息系统整合、数据共享开放，促进大数据与政务服务融合应用，统筹推进“数字贵州”建设。

（4）负责研究拟订全省信息化建设、信息基础设施、大数据发展规划、政策措施和评价体系并组织实施。开展大数据应用政策研究，提出推广应用、优化产业布局、产业结构的政策建议。

（5）负责统筹推进信息化发展和大数据融合应用。指导协调推进大数据与“四个融合发展”（与实体经济、社会治理、民生服务、乡村振兴融合发展）；统筹协调通信业发展；促进通信、广播电视和计算机网络融合；承担统筹推进国家大数据（贵州）综合试验区建设工作；负责信息化应急协调工作。

（6）负责数据中心规划建设与集约利用。统筹协调电子政务基础设施规划建设，负责全省统一的大数据平台“云上贵州”建设管理。监督管理全省网络和信息服务市场。联系在黔电信运营企业有关工作。

（7）负责全省大数据相关产业发展和行业管理，推进数字经济产业化、产业数字化发展。承担软件和信息服务业行业管理工作。推动大数据、信息化等方面的新技术、新产品、新业态发展和应用。统筹协调产业发展中的重大问题并提出对策建议。指导行业技术创新和技术进步，促进科研成果产业化，推动大数据产学研用结合。

（8）负责提出大数据、信息化领域投资规模及方向（含利用外资和境外投资）、中央支持建设资金安排建议，提出大数据、信息化投资项目审批、备案和核准的建议，拟订省级大数据发展专项资金年度使用计划报省政府审批后组织实施。统筹省级政务信息化项目建设应用。指导大数据基金的建立和管理。

（9）承担大数据、信息化领域对外交流合作。组织大数据、信息化领域相关企业参与重大交流合作活动，组织和指导相关企业开展区域化合作，指导大数据、信息化领域行业协会、学会、联盟机构工作。

（10）承担大数据、信息化人才队伍建设工作。拟订并组织实施大数据、信息化人才发展规划，组织协调全省大数据、信息化人才教育有关工作。

（二）调研内容

1. 贵州省大数据发展（大数据局发展）优势

一是先天优势。大数据需要数据中心承载，而大型数据中心需要建在气候凉爽、电力充足、没有地震的地方。贵州具有“清新的空气、凉爽的天气”这“两口气”，能源充沛，地质稳定，这样的先天优势给贵州省带来无限的机会。二是先发优势。贵州省大数据发展起步于2014年3月1日在北京举办的大数据推介会，率先形成了全国第一个省级发展大数据的系统思路，在全国得到广泛认可，国家给了综合试验区的“金牌”，一批大数据企业落地。谈大数据必谈贵州，谈贵州必说大数据，贵州从来没有一个产业，能像大数据一样有今天在国内、国际上的地位，大数据已成为贵州的对外开放平台和名片。可以说，在大数据发展方面，贵州比国内其他地区抢跑了两年左右的时间。三是先行优势。在先发优势的推动下，当前贵州在大数据发展领域取得了一系列的率先：率先获批建设首个国家大数据（贵州）综合试验区，此后又建设贵阳·贵安大数据产业发展集聚区、贵阳大数据技术创新试验区；率先建成全国第一个省级政府数据集聚、共享、开放的云上贵州系统平台；率先设立全球第一个大数据交易所；率先制定大数据发展应用地方法规；率先举办大数据产业博览会和峰会；率先举办“云上贵州”商业模式大赛；率先创建大数据资产评估实验室并推动大数据资产评估标准化；率先形成了全国第一个省级发展大数据“345333”的系统思路，得到全国各方面的广泛认可，国家给了贵州省大数据综合试验区等三块“金字招牌”。同时，在先行方面贵州省全力做好了两件事情：一个是持续营造创业创新环境，让创业者、创新者、企业愿意来。把建设国家批复的“三大试验区”作为发展大数据的“登云梯”，抓住创新这个“牛鼻子”，给创业创新者提供资源，营造环境，比如政府开放数据、创新试验平台、人才待遇保障等，推动数据交换、交易、应用，建立完善相应的规范标准和立法保障等。另一个是政府带头主动干、主动学、主动用，一起去面对和解决问题。“试验田”的发展中非常重要的是，政府部门同志要懂大数据，愿意担当，能和大数据企业一起解决开拓创新中不断遇到的新问题。共同努力营造先行先试、共同创新、容许试错、包容失败的发展环境，给企业创新的空间，共同建设名副其实的国家大数据综合试验区，这样贵州省才能一直是全国最具吸引力的大数据“试验田”，持续保持先行优势。

2. 大数据发展措施

（1）省委引导，领导带头精研大数据

按照陈敏尔书记“要坚定不移地把大数据作为‘十三五’弯道取直、后发赶超的战略引擎和产业创新、寻找‘蓝海’的战略选择”和孙志刚省长“强力推进大数据战略行动，加快建设国家大数据综合试验区，推动大数据与各行各业深度融合，促进产业转型升级和政府治理能力、公共服务水平全面提升，全力打赢抢先机突围战，助推贵州弯道取直、后发赶超”的要求，抓好顶层设计，理清发展思路，不断丰富和完善的“345333”总体思路和“四区四中心”建设指导全省工作。一是突出三个问题。围绕数据从哪里来、放在哪里、如何应用几个问题推进大数据聚集、融通、应用。二是坚持四个理念。树立“数据是资源、应用是核心、产业是目的、安全是保障”的理念，把握大数据的本质、内涵和外延，努力推动大数据产业爆发式增长。三是打造五个层级产业链。大力发展基础设施层、系统平台层、云应用平台层、增值服务层、配套端产品层等5个层级产业链，全力打造大数据全产业链。四是建设三个中心。提出要分三步走，建设国家级大数据内容中心—大数据服务中心—大数据金融中心。五是发展三类业态。发展大数据采集、存储等核心业态，发展智能终端、电子商务、呼叫服务等关联业态，发展智慧物流、智慧旅游等衍生业态，推动大数据与三次产业融合发展。六是实现三个目的。以大数据提升政府治理能力、以大数据推动转型升级、以大数据服务改善民生，实现以大数据优政、兴业、惠民。七是建设“四区四中心”，这是贵州省贯彻落实国家大数据综合试验区建设的需要。加快推进大数据产业集聚发展示范区、政府治理大数据应用示范区、大数据惠民便民示范区、大数据体制机制示范区等“四个区”建设，在原来“三个中心”建设的基础上增加了一个大数据创新中心，变为“四个中心”建设。

（2）国家层面的大力支持

在国家政策支持下建设实验区，在一定范围内深入应用大数据，并研究可复制可推广的模式。

（3）省内成立领导小组，由统一的机构来推动发展

一是加强组织领导。贵州省成立了省长任组长、各市（州）政府、省直部门一把手为成员的贵州省大数据发展领导小组，并加挂国家大数据（贵州）综合试验区建设领导小组牌子，领导小组下设办公室，并设立省政府直属正厅级参公事业单位——贵州省大数据发展管理局，设立省大数据产业发展中心，成立国有全资的云上贵州大数据产业发展公司，组建贵州省大数据专家咨询委员会，形成“一领导小组、一办、一局、一中心、一企业、一智库”的发展管理机制。各市（州）也开展相应探索，贵阳市设立市大数据管理委员会，为市政府组成部门，遵义等市（州）设立大数据办。二是坚持战略推进。2015 年 11 月，省委十一届六次全会决定实施大扶贫和大数据两大战略行动，将大数据作为“十三五”期间引领经济社会发展的战略引擎，作为抢占先机、弯道取直、后发赶超的重大举措，把发展大数据上升到全省战略的层面，坚决打好大数据这场抢先机的突围战。三是强化统筹部署。2016 年 6 月省委、省政府召开全省大数据战略行动推进大会，将大数据战略行动与国家大数据综合试验区建设统筹部署，把大数据综合试验区建设作为大数据战略行动的主平台和主抓手，结合实际出台《关于实施大数据战略行动建设国家大数据综合试验区的意见》等一系列“1+8”文件，统筹推进国家批复开展

的数据资源共享开放、数据中心整合利用、大数据制度创新等七项系统性试验。制定“1+8”文件百项重点任务分解表，进一步细化年度目标任务作战图，挂图作战、挂牌督办。如 2016 年市（州）作战图明确任务 106 项，省直部门作战图明确任务 243 项，实现每月定期调度，定期通报进展。

（4）产业发展，对重点企业进行扶持

抓重点项目，加快推动产业发展。一是加快推进重大项目建设。如 2013 年中国电信、中国移动、中国联通三大运营商南方数据中心落户贵安新区，富士康（贵州）第四代绿色产业园开工建设。2015 年，高通、IBM、联想、华为、腾讯、印孚瑟斯等世界或国内 500 强企业落户贵州。2016 年 1 月省政府与美国高通公司签署战略合作协议，在贵州省实施数据服务器芯片研发制造项目。二是积极开展产业示范试点。如 2015 年 2 月工信部批复建设贵阳・贵安大数据产业发展集聚区，这是全国第一个国家级大数据试点示范区。2015 年 7 月科技部同意支持贵州省建设贵阳大数据产业技术创新试验区。2016 年 8 月国家新闻出版广电总局同意贵州开展互联网电视内容服务并发给互联网电视内容服务牌照。此外，国家统计局批准在贵州省试行新的大数据产业统计报表制度，这是全国首个大数据产业统计制度。

（5）抓融合发展，促进产业转型升级

一是积极开展“千企改造・大数据助力企业转型升级专项行动”。腾讯、阿里巴巴、西门子、三一重工、用友等 68 家国内外知名企业为贵州省企业提供了 173 个转型升级解决方案，185 名企业专家分批赴贵州省 23 家重点企业开展会诊服务，并举办了 3 场集中推广辅导会，帮助贵州省企业找“痛点”、开处方、促合作。二是积极推广大数据在各领域的融合应用。加快推进两化融合发展，实施重点行业“互联网 +”示范企业培育工程，正在培育朗玛、信邦制药、中科汉天下等 50 家示范企业，建设茅台、开磷等智能化车间和智能化工厂，贵州工业云注册企业 58744 家。大力发展电子商务，贵州电子商务综合服务平台上线，为电商主体提供征信服务、产品溯源、客服外包、企业 ERP 等 445 个“一站式”应用服务，平台已聚集服务商 117 家。大力发展农村电商业务，加快推进“贵农网”农村电商平台建设，目前已覆盖 420 万农村居民；加快推进“农经云”建设，已建成 94 个大数据村域经济服务社，平台汇聚了 7 大类共 8000 多万条涉农数据。加快推进智慧物流建设，传化智能公路港、马上到公路港等物流信息平台加快建设，开展“货车帮县县通行动”及“传化公路港全省推广行动”。

3. 省内推动政府公共数据“聚、通、用”

政府公共数据“聚、通、用”深入推进，实现政务数据“统筹存储、统筹规范、统筹共享、统筹安全”。数据共享交换平台升级到2.0版，完成353个数据资源目录的梳理和170个数据集上云，发布共享数据集118个，108家网站与省政府门户网站实现数据交换。贵州省政府数据开放平台上线运行，面向公众开放了13个省直部门数据资源，在全国率先开放省级政府可机读活数据集。截至2019年5月，省市两级已有624个应用系统汇聚“云上贵州”，日均访问量近10亿次。加快迁移应用系统，省市两级政府部门应用系统迁移全面部署，平台共有485个应用系统迁入。加快集聚平台数据，省市两级政府部门迁云工程全面部署，建设迁移进程加快。2016年底已建成人口、法人、空间地理、宏观经济四大基础数据库。截至2016年底，云上贵州系统平台集聚了7.5万GB数据量，增加2.5万GB数据量。推动各部门数据开放，部门之间数据交换共享。

4. “一云一网一平台”①

打造承载全省政务数据和应用的云上贵州“一朵云”，构建全省政务信息系统互联互通的政务服务“一张网”，建设全省政务服务和政务数据智能工作“一平台”。

（1）建设云上贵州“一朵云”，形成“一云统揽”新体系，实现全省政府数据大集中

云上贵州“一朵云”承载省、市、县政府部门全部的9274个应用系统，实现所有系统网络通、应用通、数据通，数据集聚量从2015年的10TB增长到现在的1316TB。云上贵州从一个物理分散、逻辑集中的“大仓库”，变成为一个统一的“大应用程序”，实现了应用和数据大集中。根据不同权限，通过云上贵州总云，可以查看访问省、市、县所有应用系统和相关数据，可实时查看每一个系统存在哪个数据中心、哪个机房、哪一台服务器上，占用多少存储量，并能实时监控每个机房、每个机柜、每台服务器的用电、通风、温度、湿度等情况，确保数据和系统安全可控。

（2）建设政务服务“一张网”，形成“一网通办”新支撑，实现政务服务大联通

推进各级各部门电子政务外网、业务专网、互联网互联互通，除国家另行规定外，省级21家单位24张业务专网全部打通。利用广电网推进电子政务网络村级全覆盖，已在安顺市平坝区的92个行政村实现试点覆盖，2019年底，贵州省将在全国率先实现电子政务网络省、市、县、乡、村五级全覆盖。桌面端建设“贵州政务服务网”，移动端

① 我省“一云一网一平台”如期建成广受好评[EB/OL].[2019-07-15]. http://dsj.guizhou.gov.cn/xwzx/gzdt/201905/t20190515_3431900.html.

打造“云上贵州多彩宝”，打造为群众提供政务服务的统一入口，实现全省网上政务服务端口“大统一”。“贵州政务服务网”首批接入国家政务服务平台，网上可查询和办理的省、市、县、乡、村五级服务事项达58. 8万项，注册用户达2370万，占全省常住人口66%，实现“进一张网，办全省事”。“云上贵州多彩宝”面向老百姓提供高频服务事项，稳定用户约190万，占常住人口的5%，仅次于广东省的“粤省事”。生育登记、社保资格认证、婚姻登记预约等16 000多服务事项可直接在网上办结，还提供了身份证、驾驶证等电子凭证。因此在贵阳，人们坐飞机、住酒店可以不带身份证，通过“多彩宝”电子身份证认证即可；开车忘记带驾驶证时，也可以出示驾驶证电子凭证。

（3）打造智能工作“一平台”，形成“一平台服务”新赋能，实现数据资源大调度

打通各级各部门自建业务审批系统，建设全省统一的数据治理平台和政务服务平台，统一服务省、市、县、乡、村五级，提供协同办公、行政审批、资金监管、数据调度、数据搜索等服务。在全国率先建立数据调度机制，探索政府数据治理体系，率先建成全省数据调度平台，着力解决数据“互联互通难、信息共享难、业务协同难”等问题，实现跨层级、跨地域、跨部门的数据高效调度管理，全省统一数据共享交换平台首批与国家平台对接，公安部、住建部、教育部等8个国家部委数据下沉贵州省。整合各级各部门办事服务平台，实现全省的工作人员在一个平台上办公、在一个平台上审批、在一个平台上获取使用数据。政务移动办公平台注册用户达到20.7万。积极破解政务数据“全网检索”难题，在交通、农业领域初步实现了相关数据关联分析、智能搜索。

5. 政策层面出台政策、条例

（1）抓机制标准，不断增强创新活力

一是积极开展立法探索。2016年1月15日贵州省人大常委会第二十次会议审议通过《贵州省大数据发展应用促进条例》，11月贵州省政府印发了《贵州省政务数据资源管理暂行办法》等法规文件，以制度保障为大数据发展保驾护航。二是积极制定地方标准。贵州省制定发布了《政府数据：数据分类分级指南》《政府数据资源目录第1部分：元数据描述规范》《政府数据资源目录第2部分：编制工作指南》《政府数据：数据脱敏工作指南》四项大数据地方标准，不断抢占大数据领域话语权。三是积极参与国家标准制定。贵州省与国家信标委大数据标准工作组进行合作，在贵阳试点“政府数据的基础元数据、数据质量、数据分类技术标准”“政府数据共享交换标准”“政府数据共享安

全标准”三项标准试点，参与《信息技术　数据交易服务平台　交易数据描述》(GB/T 36343—2018)、《信息技术　数据交易服务平台　通用功能要求》(GB/T 37728—2019)两项国家标准制定。四是开展统计体系探索。国家统计局2016年8月批准在贵州省试行新的大数据产业统计报表制度，这是全国首个大数据产业统计制度。《贵阳市政府数据共享开放条例》(以下简称“条例”)，于2017年1月24日贵阳市第十三届人民代表大会常务委员会第四十八次会议通过，2017年3月30日贵州省第十二届人民代表大会常务委员会第二十七次会议批准。《条例》将政府数据共享开放工作、经费、目标考核纳入法制化管理，确保政府数据共享开放可持续、有序顺利推进；对各级各部门的相应职责进行了具体规定和明确，利于推动各级各部门在政府数据开放共享工作中各司其职、齐抓共管、形成合力。《条例》中规定了行政机关通过共享平台获取的文书类、证照类、合同类政府数据，与纸质文书原件具有同等效力，可以作为行政管理、服务和执法的依据。《条例》实施后，百姓到政府办事，可从平台直接调取需要的数据。《条例》还从政府购买服务、专项扶持和应用竞赛的层面来推动市场发展，并鼓励和支持公民、法人和其他组织利用政府数据创新产品、技术和服务，引导基础好、有实力的企业利用政府数据进行示范应用，带动各类社会力量对包括政府数据在内的数据资源进行增值开发利用。此外，在政府数据共享开放中，政府数据提供机关不同意开放政府数据的，要说明理由，并限时答复。尤其是在政府数据开放中，除了规定不同意开放要说明理由外，还规定了对政府数据提供机关的答复有异议的可以向市大数据行政主管部门提出复核申请，大数据行政主管部门应当及时反馈复核结果。

(2)抓政策支撑，优化产业发展环境

积极打造大数据发展政策“洼地”，省级层面出台了《贵州省大数据产业发展应用规划纲要(2014—2020年)》《关于加快大数据产业发展应用若干政策的意见》等一系列推进大数据发展的政策措施，在项目建设、土地、财政、融资、能源、人才配套等方面全方位支持大数据发展；出台了《贵州省数字经济规划(2017—2020年)》，顺应了贵州经济社会发展的需要，是贵州省抢抓机遇、强力推进大数据战略行动的一项重要举措，对2017—2020年全省数字经济发展进行了谋划和布局，对于贵州省实施创新驱动、加速转型升级、培植后发优势，引领和带动贵州经济社会平稳健康较快发展，具有十分重要的战略意义和现实意义。贵阳市先后出台了支持创业创新的“创客十条”和支持服务外包及呼叫中心产业发展的“黄金十条”及《贵阳市大数据产业行动计划》和《贵阳市大数据产业发展实施意见》，贵安新区出台了《贯彻落实五大发展新理念加快实施大数据战略行动意见》，其他市（州）也出台了加快推进国家大数据综合试验区建设的政策措施。

（3）对数据进行分类和分级，出台数据规范

贵州数据大体分为三类：不能共享数据、有条件共享数据和可共享数据。如果不提供或者有条件提供共享，需要拿出政策依据。

二、云上贵州大数据产业发展有限公司

（一）单位简介

云上贵州大数据产业发展有限公司于 2014 年 11 月经贵州省人民政府批准成立，注册资金 23 500 万元，由贵州省大数据发展管理局履行出资人职责，贵州省国有企业监事会进行监管。

云上贵州大数据产业发展有限公司致力于推动大数据电子信息产业发展，构建大数据产融生态体系，建设运营云上贵州系统平台，发起设立各类基金，搭建投融资平台，建设运营双创基地，孵化培育项目和企业。通过全方位的大数据基础设施、数据处理与存储、数据挖掘与交易、产业投资与基金管理、信息技术咨询、通信网络设备租赁、互联网接入、软件开发及信息系统集成服务和专业的云平台及云应用服务，满足各级政府部门和各类企业客户的差异化需求。

（二）调研内容

全面建成云上贵州“一朵云”。以云上贵州“一朵云”聚合全省各级各类政务数据和应用，面向全省提供统一的云计算、云存储、云管控、云安全等云服务。全省各级政府部门不再新建政务云平台和数据中心，已建政务云平台和数据中心要整合接入云上贵州“一朵云”，省级政府“部门云”和各地“市州云”要基于云上贵州“一朵云”建设，各县（市、区、特区）要基于“市州云”部署云应用。加快完善人口、法人、空间地理、宏观经济四大基础数据库，加快电子证照、公共信用、电子文件和政务服务事项等政务服务库建设，加快提升和丰富精准扶贫、智慧交通、生态环保、卫生健康、食品安全等主题库，形成一数一源、多源校核、动态更新、纵向贯通、横向连通的政务数据资源体系。强化安全能力建设，应用符合国家要求的密码技术产品，优先采用安全系数高的软硬件产品、系统和服务，实现安全可控。

工作目标：到 2019 年 5 月，“一朵云”基本实现省级政府“部门云”和“市州云”全部接入，初步建成政务数据资源体系，面向全省提供服务。到2020年5月，“一朵云”实现政府部门应用系统全部接入，政务数据资源体系更加完善，服务能力进一步提升。到 2021 年 5 月，实现“一云统揽”，除国家另有规定外，云上贵州承载全省所有政务数据和应用。

三、贵州省数据调度中心

（一）单位简介

2018 年 5 月 24 日，在全国由贵州首创的块数据指挥调度中心正式亮相于贵阳举行的 2018 中国大数据产业博览会，展示国家大数据（贵州）综合试验区重大创新成果。

贵州省块数据指挥调度中心是贵州省政务数据综合指挥调度的平台，也是让政务数据共享交换看得见、摸得着、调得动的数据指挥调度枢纽。块数据指挥调度中心的建立，标志着贵州省政务大数据的发展进入全面融合新阶段，巩固了贵州省作为国家首个综合试验区的先行优势。

（二）调研内容

1. 一云一网一平台

一云（云上贵州）统揽，承载全省政务数据和应用。四个节点：移动、电信、联通、广电网络。

一网通办，使全省政务信息系统互联互通。具体包括：贵州政务服务网、云上贵州多彩宝、电子政务网络。

一平台服务，是全省政务服务和政务数据智能工作的数据共享交换平台。包括：数据治理平台、政务服务平台。

建设“一云一网一平台”，创新政务信息化建设新机制，建立以大数据驱动政务创新的政务大数据建设新模式，实现从“独立架构”向“云网一体化架构”转变、从单一系统建设向大数据统筹建设转变，打造贵州政务数据“聚通用”升级版，为全省大扶贫、大数据、大生态三大战略行动和打好防范化解重大风险、精准脱贫、污染防治三大攻坚战提供大数据支撑。

2. 合作模式

所有单位新建服务平台，统一由云上贵州来建设。单位提需求，直接拨款给云上贵州。

四、国家信息中心大数据产业生态示范（贵阳）基地

（一）单位简介

优易数据响应国务院关于大力推进大众创业万众创新的号召，依照国家发改委对于创新创业工作的总体要求，由国家信息中心授权在地方建设和运营“国家信息中心大数据创新创业 / 产业应用基地”，以数据资源和技术创新为驱动力，助力城市打造成熟的大数据产业生态。该基地由国家信息中心、贵阳市人民政府共同建立。基地规模为一期 50 000 平方米，地址位于贵州省贵阳市高新区长岭南路高科一号。基地定位为数据清洗加工车间，以汇集海量政务数据、互联网数据、行业数据为基础，通过数据清洗加工车间的采集汇集区、清洗加工区、挖掘分析区以及敏感数据区流水化的作业进行数据加工，从而形成数据产品。

（二）调研内容

该基地以大数据生态圈培育为特色，着力汇聚大数据产业链各专业领域企业，为其提供产业“土壤”和数据“营养”，形成大数据产业化、生态化、系统化、可持续化和示范性、引领性的“大数据 + 生态”系统[①]。

基于贵阳市政务数据的开放共享，该基地以提供数据共享增值服务、构建大数据产业体系作为重点，打造以产业化、生态化、系统化、可持续化、示范性、引领性为特色的大数据生态体系，成为具有全国标杆性和旗帜性的大数据产业生态体系展示基地、大数据产业集聚基地、大数据产业高端化示范基地。

一条生态链、一个数据仓库、一个完整的数据技术体系，是产业生态示范基地的三大目标。

打通一条大数据产业的生态链。目前，该基地分别在北京、成都、沈阳、盐城、苏州等地建立了完善的大数据产业体系，已聚集了 100 多家企业，全产业链覆盖。

打造一个数据仓库。基地的数据资源来自部分国家部委、贵州省和贵阳市的政务数据、通过社交平台和科研平台收集的数据，以及同云商合作收集的经过脱敏脱密的个人行为数据，这些数据将向入驻企业开放。

---

①　聚焦数据价值输出　构建产业生态体系——贵阳高新区大数据产业生态示范基地走笔[EB/OL].[2019-07-15]. http://www.cbdio.com/BigData/2017-05/28/content_5529138.htm.

建立一个完整的数据技术体系。这个技术体系是由国家工程实验室和基地内企业的大量技术体系组成。基于这个体系，基地构建了一个数据工厂，有数据清洗加工车间，在金融、民生、教育、医疗、科研等行业得以应用。

“没有经过清洗加工的数据是不能使用的，因为里面可能涉及很多非公开的数据，或者一些没有价值的数据、重复的数据等。所以，需要一个数据清洗加工基地，进行数据处理。”贵州优易合创大数据资产运营有限公司副总经理董传晔介绍说，贵阳政务数据开放与增值服务平台，通过与贵阳市现已建成的数据汇集平台进行整合与集成，采集可公开的政务数据进行数据处理加工，同时汇集海量社会数据资源及企业数据资源，提供数据加工与增值处理服务，最终形成面向社会大众提供数据资源服务的数据开放与增值服务平台；向贵阳市各政府部门与政务机构，提供针对政务数据的元数据采集制作、数据清洗加工和挖掘分析等服务，并为全市大数据企业和基地内企业提供数据资源支持。

五、贵阳创新驱动发展战略研究院

（一）单位简介

贵州大学贵阳创新驱动发展战略研究院是经贵阳市民政局批准成立的跨学科、专业化、开放型非营利性智库机构。其主要职责为：负责承担贵阳市委、市政府交办的重大调研课题；负责对贵阳经济社会发展中出现的全局性、综合性、战略性、长期性问题进行研究，并为市委、市政府决策和贵阳中长期发展规划制定提供建议和意见；负责收集、整理、研究和提供国内外实施创新驱动发展和生态文明建设具有参考和借鉴价值的信息，为贵阳全面实施创新驱动发展战略，加快建设全国生态文明示范城市提供理论支撑、路径支撑、政策支撑和经验支撑；负责接受委托参与、组织区域发展规划和重大项目的专题调研、课题招标、民意调查和评估论证工作；负责对贵阳经济社会发展成果进行经验总结和理论提升，促进区域发展成果的交流、展示、推广和应用等。

（二）调研内容

（1）该单位参与了贵阳大数据法规立法起草等工作。参与了《贵阳市政府数据开放共享条例》等两部法规的制定。

（2）针对“数权”的概念进行研究。研究权益保护，打造政策法规体系。

（3）围绕“阳明文化”开展工作。研究王阳明的理论；建设王阳明资料数据库；开发王阳明机器人，这一机器人可以写书法，其字迹与王阳明一样。

六、贵州省图书馆

（一）单位简介

贵州省图书馆始建于 1937 年 5 月，前身为贵州省立图书馆。总分馆面积共计 30 548 平方米，是贵州省规模最大、藏书最多的综合性省级公共图书馆，也是全省文献资源、信息传播、馆际协作、图书馆研究及专业人才培训中心。馆藏总量 213.9 万册（件）。建成 40 余个数据库，资源总量超过 150TB；除建有各种馆藏书目数据库外，还建有“贵州府县志”“贵州地方文献”“贵州省民国图书”等全文数据库和“贵州农民画”“贵州公开课”“贵州地方特色文化”等视频数据库。馆藏古籍 117 638 册，占全省汉文古籍的一半。所藏何应钦的《兵镜》、《八阵合变图说》等十几部古籍兵书均属全国稀见珍本和孤本。贵州省图书馆全年 365 天免费开放，设有各类文献借阅室 21 个。全面开展书刊借阅、文献检索、参考咨询、讲座、展览、社会培训等读者服务工作。

贵州省图书馆引进大数据服务平台，运用客流系统、读者行为分析资源库等系统的智能算法，对后台数据进行挖掘，推送到前端大数据显示大屏，实时发布图书馆借还量、办证量、馆藏量、到馆人次以及读者借阅排行榜等信息，不断追踪读者行为偏好和个性化信息需求，全面提升图书馆服务效率，为广大读者提供优质、公开、高效的信息服务。

贵州省图书馆十三五规划中提到，要“充分发挥贵州省图书馆的区域龙头作用，以省级馆为中心、市级馆为分中心，县级馆为县级中心，建设省—市—县三级联动的业务大数据平台，全省业务数据互联互通，统一标准，优化采购，有效对接群众需求，提供优质高效的公共文化服务。此外还可对全省业务数据进行挖掘，清洗出有效的业务采编、读者流通数据，为领导层做决策服务。”

（二）调研内容

“贵州文化云”项目主要由贵州省图书馆负责。2015 年，贵州省图书馆党委副书记韩洪带领研究贵州文化云建设。2017 年，贵州已完成“聚通用”，汇聚政务大数据。其中存在的困难有：未出台元数据标准；统一开放平台待实现。

文化大数据现状：①政策层面要落地，就要上行下效，自上而下地打通三个层面

（国家—省—市县）。②数据需要行业数据分类、制定元数据标准。这是“通”的基础。③应用层面，针对不同的行业、对象等，再根据需要制作应用，选择需要的数据。要做“活”的大数据。④困难在运营队伍、经费、人员等。⑤先在政策层面成立机构，如保障机构、组织机构等。

数字图书馆共享工程情况：①自建资源，全省共享。全国图书馆数据共享需要自上而下进行开发。②需要建立统一的大数据平台，进行行业数据分类。现在图书馆、博物馆、文化馆都在做自己领域的小规模的数据汇集，需要国家建立统一的平台。③问题：共享机制、数据标准、管理问题（谁维护更新、提交原始数据还是标准化数据格式等）、平台的可持续发展策略（政策支持）、人才培养等。

数据建设问题：①数据杂乱，分类及收集的依据不清晰。②搭建平台，靠企业合作，引进第三方公司。③融合方面问题，包括如何呈现给用户一个统一的界面等。④战略数据＋共享数据，涉及数据长期保存的问题。

七、主要经验

（1）路径创新，是西部地区弯道取直、后发赶超的正确选择。在新常态下，西部地区面临“转”和“赶”的双重压力，亦步亦趋的路径难以实现赶超，只有选好选准发展路径，才有可能实现弯道取直，找到自己的发展新路。贵州把握住大数据时代发展机遇，一方面做大做强大数据产业，另一方面推动大数据与三次产业融合，促进产业转型升级，经济社会实现平稳较快发展，连续四年 GDP 增速排名全国前三，初步走出一条有别于东部、不同于西部其他省份的发展新路。

（2）容错试新的“试验田”，是贵州大数据最突出的比较优势。大数据是新生事物，应用模式和产业模式都需要创新、需要试验打造，包容创新的“试验田”环境是吸引要素聚集的关键。贵州开放资源，给创业创新者搭建数博会、商业模式大赛、创客空间等技术和资本对接的平台，和大数据企业一起解决开拓创新中不断遇到的新问题，形成了企业愿意来试、资本愿意来投、人才愿意来找机会的氛围。

（3）“一把手”重视并率先应用，是推动大数据发展的关键所在。信息化是“一把手”工程，“主要领导抓，主要领导用”是推动信息化建设的关键。贵州发展大数据坚持“一把手抓、抓一把手”，省级政府各部门和市州政府一把手任“云长”，各行各业都用大数据，省地联动，协同推进，大家干、大家用、大众享。

（4）先行先试，才能在创新驱动发展中不断突破。贵州敢于摸着石头过河，大胆先行先试，探索中形成了多个“率先”，涉及产业、立法、安全、平台、创业创新等多方面。贵州大数据“摸着石头过河”创出了新路子、培育了新动能、拓展了新空间，也为国家大数据战略积极探路，积累好做法好经验。

（5）体制创新，是推动大数据发展的保障支撑。贵州聚焦制约大数据发展的体制机制障碍，在发展环境、财政资金、人才配套、机构设置等方面大胆突破，有力支撑大数据发展。比如，出台了大数据地方立法和标准制定，出台了推进大数据发展的政策措施，成立了全国第一个省政府直属正厅级建制的大数据管理机构——贵州省大数据发展管理局；建设“云上贵州”系统平台，着力消除部门“数据壁垒”；率先制定一批政府数据地方标准，探索大数据统计制度；等等。

八、存在的问题

（1）大数据发展法律法规较为滞后。一是目前国家层面大数据应用创新、使用权属、数据流通、隐私保护、安全保障等方面的法律法规不健全，标准规范不完善，地方探索制定相关法规没有上位法支撑，立法权限有限。二是新生事物不断涌现，新模式、新应用、新业态加快发展，立法的滞后性使得在某些新领域存在法律空白。例如缺乏数据跨境流动的法律规章，使得该领域的大数据无可依从。三是原有法规制度部分条款提法已显落后，与大数据时代新形势新任务不相适应，束缚大数据的发展，制约了大数据增值性、公益性开发和创新应用。

（2）大数据工作向上对接渠道多门。大数据战略、网络强国战略已成为国家战略，“互联网＋”行动也在国家层面推动，但国家层面缺少统筹抓大数据发展的部门，目前国家发改委、工信部、中央网信办都在抓大数据，国家大数据综合试验区也是三部委共同批复，国家大数据发展部际联席会议是非常设机构，难免“多龙治水”。

（3）政府数据资源壁垒难以突破。一方面是来自于制度制约。由于历史原因，很多部门应用系统是国家部委自上而下条状建设，一些“金字工程”应用系统之间长期条块分割严重，政务部门信息资源的所有权、管理权和使用权尚缺乏明确的界定，横向、条块之间系统难以互通，“数据烟囱”“数据孤岛”现象普遍。另一方面是来自于技术制约。部门应用系统建设缺乏统一的数据标准，规范不一，造成相互间兼容性差，难以互联互通，导致数据开放共享存在一定技术障碍。

（4）数据安全问题不断凸显。数据开放共享的良好数据安全保障体系尚未建立，一是由于缺乏系统的数据安全和制度保障，致使数据权属不明，数据流动、数据共享、数据整合等过程中安全责任不清，导致部门在开放数据中存在顾虑，制约了政府数据的开放共享。比如在数据开放共享与涉密定级、数据交易与隐私保护上，由于尚无法律法规规范，使得数据开放共享、数据交易等活动存在诸多限制，影响了新应用推广和新业态发展。二是随着互联网广泛应用而来的非法数据窃取和破坏，日益威胁着数据资源安全，对数据资料安全和灾备提出了更高要求。三是目前国家尚未建立共性平台的技术开发体系，地方政府云平台建设尚无统一标准，存在重复建设的隐忧和一定安全隐患。

（5）大数据产业发展尚有制约因素。一方面，随着国家投资模式的转变，国家支持资金主要是设立的产业投资基金，而产业投资基金权限未下放到省，以项目方式对大数据新兴产业给予的支持较少。另一方面，由于传统的融资渠道以固定资产抵押进行融资，大数据企业大多是轻资产企业，资产形式以知识专利、应用平台等无形资产为主，可以量化的有形固定资产较少，难以得到银行贷款融资。比如，全国互联网百强“独角兽”企业货车帮、定期发布“财新 BBD 中国新经济指数”（NEI）的数联铭品（BBD）等，就因有形固定资产抵押问题得不到必要的银行贷款融资，企业壮大发展困难。

（6）人才瓶颈制约日益彰显。发展大数据需要充足的人才群体支撑，贵州在实践中日益体会到人才困境，引得进、留得住、用得好成为地方发展大数据的瓶颈。比如，2016 年贵州本地大学培育的大数据相关人才实现 100% 签约就业，市场人才需求率仍存在 60% 的缺额，远远不能满足大数据发展需要。

九、相关建议

（1）开展大数据发展法律法规建设。一是尽快开展国家层面大数据发展法律法规研究，建立科学的标准规范体系，为地方大数据发展提供上位法和标准规范支撑。二是开展国际数据流动政策法规研究，探索建立相应的监管机制和规则。三是开展对不适应新形势新任务的法规制度的排查，及时进行修订完善。

（2）理顺大数据发展工作机制。建议积极适应国家大数据战略、网络强国战略及互联网 + 行动发展形势，在国家下一轮机构改革中统筹考虑明确大数据发展牵头部门或设立专门的大数据主管部门。

（3）加强国家数据资源管理。一是尽快开展政府数据资源开放共享研究和探索，理顺数据管理体制，寻求制度突破和技术突破，加快打破数据壁垒。二是按照规范统一的数据标准，建立国家指导、省级统筹，便于各级互联互通的一体化国家大数据中心体系，形成政府应用系统“一张网”，不分部门、不分行业“一网打尽”，实现跨层级、跨地域、跨部门的政务服务，防止各行其是、各自为政、闭门造车。

（4）高度重视数据安全建设。一是尽快开展数据资源涉密分级研究，出台便利操作的涉密分级细则，打消政府数据资源开放共享顾虑。二是大力支持数据安全、清洗、灾备建设，完善数据安全体系。三是建立共性平台的技术开发和安全统筹体系，确保共性平台安全。

（5）加大对大数据产业发展的支持力度。一是适当下放大数据产业的产业投资基金投放审批权限，或者增加对省级以下大数据企业的专项资金支持力度。二是探索大数据企业资产评价体系，赋予科学合理的征信授信，修订完善融资政策，为企业与银行贷款、风投资金建立融资渠道，拓宽大数据企业融资空间。三是建议国家对大数据综合试验区给予一定的政策、资金支持，尤其贵州省扶贫攻坚、同步小康任务较重，同时作为首个试验区，再承担国家要求的 7 个方面系统性试验，国家应给予一定的“真金白银”支持。

（6）强化大数据人才流动导向。建议建立大数据人才流动导向优惠政策和机制，鼓励人才流向试验区，打通大数据企业与人才的流通链条，为欠发达地区发展提供人才支撑。